JN262257

日本人に相応しい英語教育

文科行政に振り回されず生徒に責任を持とう

目　次

はじめに　3

第1章　英語力はどうすれば伸ばせるか？　7

「英語が使える」とはどういうことか？ ― 7
どういう英語が話せれば良いのか ― 8
対話をコントロールする ― 10
「英語で授業」すれば英語教育は崩壊する ― 11
「外国語教育＝コミュニケーション」ではない！ ― 12
英語でする授業の中身 ― 14
政治家が歪める英語教育 ― 16
教師の意識 ― 17
英語での授業の適正な割合 ― 18
英語で授業すれば英語力が育つのか？ ― 19
文科省が英語教育を歪め崩壊を招く ― 20

第2章　外国語教育は言語的な距離が決定要因　22

言語・方言・外国語 ― 22
言語差を踏まえた外国語教育 ― 25
言語差と外国語習得 ― 26
言語差のない言語の習得（欧州諸語） ― 29
言語差のない言語の習得（日韓語） ― 31
日本語はかなり習得しやすい言語 ― 33
英語は構造制約が大きい ― 36
外国語習得の難しさは双方向的ではない ― 37

第3章　日本の英語教育の目標をどう設定するか　39

日本の伝統的な英語教育の目標 ─────────── 40
文法や読解中心の英語教育は間違っていたのか？ ──── 41
「日常会話が目標」で良いのか？ ──────────── 43
現実的に達成可能な目標 ──────────────── 44
コミュニカティブ・アプローチ実施の条件 ─────── 44
「コミュニケーション」にだまされるな！ ─────── 46
コミュニケーションの前に近現代史の知識 ─────── 48
伝統・風習・宗教・政治経済・技術・産業 ─────── 51
生徒の主体性を重んじる学習の前提 ─────────── 55
文法知識は役に立つ ───────────────── 57
囲み記事　社会生活において使う表現 ───────── 58

第4章　公立学校外で始動した早期英語教育　61

「小学校英語教科化」に向けて ──────────── 62
幼稚園・保育園の英語学習 ─────────────── 63
英語教育の経済格差 ───────────────── 65
小学校での英語教育は効果ないか？ ─────────── 66
小学校の教師にいきなり英語活動 ─────────── 67
退職英語教師を活用せよ！ ─────────────── 68
日本の小学校の教師の意識 ─────────────── 68
「プレキソ英語」は小学校でやれる ─────────── 69
Total Physical Response の文型習得効果 ───────── 71
幼児が習得した言語は帰国すると忘れるか？ ────── 71
語彙を習得するとはどういうことか ─────────── 73

目　次

第5章　音声教育の欠如　74

「英語を使う」には発音教育が不可欠 ──────────── 74
英語発音の劇的な変容 ──────────────────── 75
発音のダイナミズム ───────────────────── 76
聴き取りの秘儀 ─────────────────────── 79
単語の綴りが苦手なのは当たり前−綴りと発音が対応しない ──── 80

第6章　言語習得理論について　82

何がどのように獲得され管理されるのか？ ─────────── 83
母語習得メカニズムを外国語習得に利用する宣伝 ────────── 84
子供の言語獲得プロセス ─────────────────── 86
コラム　野生児・隔離児 ─────────────────── 88
外国語学習には言語獲得期がないのか ───────────── 90
母語獲得と外国語習得のメカニズム ────────────── 93
ナチュラル・アプローチ ─────────────────── 94
学習されたことが習得につながらないのか？ ──────────── 96
バイリンガルの脳メカニズム ───────────────── 98
共通基底能力について ─────────────────── 100
気付きと習得について ─────────────────── 102
コラム　「自動化理論」批判は間違っている ───────────── 104
　正しい知識を教えることはコミュニケーションへの意欲をそぐか？　105
　外国語の習得はインプットだけではできない ─────────── 106
　インプット理論は外国語教育にそのまま適用できない ─────── 107
　思春期の学習は運用の自動化が難しい ──────────── 107
　インプットだけで文法は習得できるか？ ──────────── 108
　教科書で扱われるのは最低限の文法事項 ────────── 109
　記述文法と教育文法は違う ─────────────── 110
　教師が教えるべき文法事項 ────────────── 110

v

語法レベルなら生徒でも簡単に発見できる ——————————— 112
　　文法教育をやめて多読に変えれば成績が上がる？ ————— 112
　　英作文でフィードバックは無駄ではない ————————— 113

第7章　総合的な訳読の多彩な役割　114

　　「話せない」のは文法訳読式が原因か？ ————————— 114
　　文法と訳読は相互補完的 ————————————————— 114
　　訳読は理解確認に不可欠な手段 ————————————— 115
　　「上滑りの和訳」を避ける ———————————————— 115
　　「和訳を先渡し」の誤謬 ————————————————— 116
　　英文を日本語の語順に直して訳す ———————————— 117
　　言語分析的に捉えた訳読指導過程 ———————————— 118
　　英語で授業をする ——————————————————— 118
　　脳内の文意理解プロセスの変容 ————————————— 119
　　総合的な「訳読」授業の実践 —————————————— 120
　　日本語らしい表現 ——————————————————— 125
　　訳読と文法教育 ———————————————————— 126
　　音読による語彙・文法アクセスの自動化 ————————— 127
　　黙読と音読のプロセス ————————————————— 128
　　音読による脳の多重活性化 ——————————————— 129
　　慣用句・連結句 ———————————————————— 130
　　多読・速読の効用 ——————————————————— 130
　　文法・語彙アクセスの自動化に有効 ——————————— 131
　　訳読による速読や多読以前の読解力養成 ————————— 132
　　母語と外国語の読解過程 ———————————————— 133

第8章　差し迫った学習動機　134

　　学習動機付け ————————————————————— 134

目　次

  学習目標と学習効果の認識 ——————————————— 136
  英語の文法的な仕組みへの知的関心 ————————————— 138
  英語を使わなくても困らない社会 —————————————— 139
  グローバル化だから英語が不可欠？ ————————————— 139
  誤解に始まる「英語が使える日本人」 ————————————— 140
  グローバル化はグローカル化 ———————————————— 141
  赴任地域の言語を習得しなければならないか？ ————————— 142
  グローバルな人材とは？ —————————————————— 145
  全ての生徒が英語を学ばなければならないか？ ————————— 146
  囲み記事　英語の社内公用語化は浅はかな思い込み！ ————— 147

第9章　リメディアル教育　150

  大学のリメディアル教育 —————————————————— 150
  海外留学するべきか？ ——————————————————— 150
  海外留学よりリメディアル ————————————————— 151
  授業には出席ではなく参加が必要 —————————————— 152
  基礎知識を明示的に教えれば劇的に伸びる ——————————— 153
  生徒のつまずきについて —————————————————— 154
  コラム　第5文型は複文 —————————————————— 156
  生徒がつまずく文法事項 —————————————————— 159
  何故be動詞を習得し損なうのか？ —————————————— 160
  形容詞の配列制約 ————————————————————— 162
  二重属格 ————————————————————————— 163

第10章　どういう英語を教えるべきか？　165

  イデオロギーに囚われない教育 ——————————————— 165
  地域英語の特徴 —————————————————————— 166
  米語をモデルとする根拠 —————————————————— 167

相手の理解度に配慮した言語使用	168
英語には発音記号が必要！	169
激変する英語の発音	169
日本語訛りの英語で良いのか？	171
どこまでの英語力を目標とするか：目標の二極分化	172
「イギリス英語」なんか存在しない！	173
「日本英語」なんてない！	175

第11章　翻訳と通訳はどう違うのか？　177

どこまで翻訳できるのか？	177
異質な文化参照枠に沿った翻訳・通訳	179
日英同時通訳は神業	179
修飾関係と翻訳	180
地域英語の通訳	181
機械翻訳ではどういった言語処理ができるのか？	183
囲み記事　テキストの機械翻訳例	185

主要参考文献　189

日本人に相応しい
英語教育

文科行政に振り回されず生徒に責任を持とう

はじめに[1]

　経済界や世間が「日本の英語教育は失敗だ」と断罪し、「使える英語」を求める声に押され、文科省は文法を軽視し形ばかりの「会話に偏った英語教育」を行なってきたが、その結果、「ゆとり教育」による「授業時間と教育内容の大幅な削減」と相俟って、急激な学力低下を招いた。この結果と批判を受けて「ゆとり教育」の是正を図ったが、まだ成果が出ていない中で、過去の失敗への真摯な反省もないままに、平成25年度からは、「英語の授業は英語で行なう」方針が高校で実施されている。このままだと、教師の英語が聴き取れない生徒の不満で授業が崩壊しかねない。「コミュニケーション」も「英語での授業」も、英語を使う基盤（文法力）が前提だ。それが脆いと、英語の聴き取りや会話もできないが、ネット時代の実践力になる（メールや添付ファイルの）英文の読み書きもできない。そのことが認識されないまま、文科省の無軌道な行政によって、英語教育の現場が壊されかけている。
　「日本の英語教育」が、期待される成果を生まなかったのには、言語的な理由がある。第一の理由は、外国語の習得には「言語的な距離」ないし「言語差」が決定的に影響するということだ。国際的英語能力検定試験[2] TOEFLの成績は、北欧諸語圏が毎年トップを占め、ほかの欧州諸語圏などがこれに続く。これはその文法が英語に近く操作面で転用可能なためだ。これに対し、英語とかけ離れた言語を使う日本、韓国、中国は下位に低迷してきた。一方、「日本語能力試験」は、（日本語と文法・語彙が極めて近い朝鮮（韓国）語を使う）韓国が断トツ1位で、（漢字を使う）台湾、中国がこれに次ぐ。日本人が英語習得に苦しむのは、甚だしい言語差に起因するのだ。英語教育に根本的な問題があるからではない。第二の理由は、特に口頭運用に関わるが、英語には「数や時制

---

[1] 「はじめに」においては、本書の各章における内容のエッセンスを、予め紹介する全般的な解説を行なっており、各章の記述と重複する箇所も少なくないが、ご了解いただきたい。
[2] これ以降、本書では「国際英検」と省略する。

の一致」や（疑問詞・関係詞の）「節境界を越える無限移動」などの、瞬時的処理を必要とする文法的な計算や操作などが含まれ、その脳内処理が大きなハンディになる。人間の思考は脳の「作業記憶」（ワーキング・メモリー）における活動だが、リアルタイムの処理の「時間と容量」には強い制約がある。日本人は英語の聴取・理解と発話の構成に手間取り、論点を分析し対案を提示する余裕がない。このため、ネイティブ[3]主導の討議になる危険性が高い。さらに「情報が正確に共有できない」恐れもある。

　日本の英語教育は、招聘教授が英語で講義して「英語の達人」を輩出した明治以来、エリートを養成した旧制中学においても「文献の読解」を目標とし、文法を教え込んで高い読解力を育成した。外国人教師を厚く配して会話力も重視したが、義務教育となった戦後の新制中学では生徒が10倍以上に激増し、発音・聴取訓練のできる教師の育成と配置が難しくなった。「話す環境が無いことも大きいが」、「話せない」のはそのためだ。筆者が米国アラバマ大学で客員准教授として日本語を教えていた1989年[4]には、何人かの駐在社員から「赴任時は聴き取れなかったが、3ヶ月ほど経った頃から、良く解り商談もできるようになった」と伺った。皆さん一流大学の出身者だった。受験勉強で鍛えた文法・語彙・読解力が運用環境で結実したのだ。

　日本人にとっては、中学から英語を外国語環境で学ぶのは困難だが、文法も発音もその仕組みをしっかり学び、そのエッセンスを意識して、繰り返し何度も何度も練習すると、どうにか半自動化までは到達する。英語が使えるようになった方々は、文法が役に立つことを実感しているし、それを踏まえた構文や統語操作の徹底的な訓練が、その定着と自動化に効果があることを認識していることと思う。その訓練には、パターン・プラクティスや訳読など、近年批判されることの多い伝統的な教授法も含まれる。

　英文法は「英語を使う仕組み」である。これを軽視しては英語が使えない。

---

[3] 「ネイティブ」は「ネイティブ・スピーカー」の省略形で、英米人は「ネイティブ」のみで言及されることに違和感を感じる人が少なくない。
[4] 現地（ハンツヴィル市）には（ブリジストンや三菱商事など）日本からの進出企業も多い。保護者の依頼で日本語補習校の設立責任者となり、地域の教育委員会や南部地域を統括するアトランタ日本総領事とも交渉し、外務省の課長の訪米時に認可を取り付け、3ヶ月という異例の速さで正式設立が決まった。保護者の一人にはNASAとアラバマ大学に所属した宇宙飛行士の毛利衛氏もいる。

英語教育の根幹なのだが、従来は「言語の仕組みの面白さ」が伝わるような教え方ではなかった。構文の特徴や仕組みが分かれば、その構文を含む英文を大量に読んだり書いたりすることにより、その知識を定着させ、どうにか自動処理できるようになる。それにはいろんな技法が考えられるが、特に「訳読」は生徒が英文を理解しているかどうかの確認に欠かせない教授技法だ。文の構造や文化・社会的背景を解説し、読解力を高めれば、「直読直解」に導くことができる。「訳読」に慣れると、一旦「和訳しなければ理解できなくなる」という批判は誤解だ。「訳読」において、英文の構造と意味を反映した音調で音読[5]を行えば、口頭運用にも備えた総合教育になる。なお、音読には発音教育が前提となる。英語は発音が劇的に変容するため、その仕組みを説明して訓練しなければ、「日本語の耳で」音を歪めて聴いてしまい、容易に上達しない。だが、文科省は会話を偏重しながら、肝心の発音教育を怠ってきた。全ての教師が発音の仕組みを学ぶことを義務付け、生徒にも体得させることで、聴き話す能力は格段に向上する。

　文科省は小学英語についても誤りを犯している。「中学の基本英語の前倒しを禁止し、表現手段を奪いながら、(母語で育成できなかった)コミュニケーション力を育てる」という矛盾を孕む「お遊びの英語活動」を、英語が苦手な担任に委ね、浅薄な「国際理解」という理念を掲げて、保護者を欺いている。ところが園児の８割が通う私立幼稚園の７割が、(週一回から数回)ネイティブによる「お遊びを越える英語教育」を導入している。毎日、ネイティブと英語に堪能な日本人が保育する保育園（日本人対象のインターナショナル・スクール）も急増しており、卒園時には高校レベルの英語力を獲得し、発音もネイティブ並みの児童が少なくない。このままだと、小学校低学年までに英語力に圧倒的な格差が生じ、高学年の「英語活動」は混迷して、中学校においては「能力別」でないと授業が成り立たなくなる事態が予想される。海外では、自然に英語が習得できる小学低学年までの「言語獲得期」を生かすのが常識だが、現状の日本社会では、文科省の教育行政を凌駕する幼児英語教育が広がりつつあり、そ

---

[5] 授業の中で音読を実施する教師は多いが、音声学の知識と訓練の経験がない場合は、構造と意味を踏まえた正しい音調の教育が不十分である。また日本語とは微妙に違う英語の個々の音について、その音質や発声の仕方を日本語の近似音と対照する形で、分かりやすく説明するような指導はできていない。

の事態に備えた教育行政の根本的な改革が迫られている[6]。

---

[6] 安倍政権では、小学校教育を全て英語で行う「国際拠点特区」の設置を検討すると発表したが、これは園児を対象とするインターナショナル・スクールとは違う。この特区の学校の児童は、日本語を、「生活言語」としては使えるだろうが、漢字を始め、学校での学習活動に必要な「認知／学習言語」として学ぶ機会を奪われ、①日本語の文章を読み書きできない、②（漢字ベースの）同音異義語を聞いても区別できない、③（中学や高校、大学で授業を受けても、）日本語が分からないために、教科内容が理解できない、④（教師が英米人になると、）日本人的な思考ができない、ということが危惧される。児童の将来の職業選択の道を狭め、日本社会において生きることを難しくする危険性がある。米国協調志向の「アベノミクス」だが、国際化と属国化とは違う。自国の言語と文化を捨てざるを得ない国民を作るべきではない。

第1章　英語力はどうすれば伸ばせるか？

　「日本人が英語を話せないのは日本の英語教育が間違っていたからだ」という短絡的な考えが世間に広がっているきらいがある。確かに、中学校から大学の教養／共通教育課程まで8年に亘って英語の授業を受けるだけでなく、塾や予備校で学習する生徒も少なくない。家庭でも勉強すれば、通学の電車の中でも単語を覚える。それだけ英語に時間と労力を費やしながら、なかなか英語を聴き取ったり話したりできるようにならない。そのことに苛立ちを覚えるのも無理はない。実際、自由に聴き話せる人は例外だ。しかし、口頭運用が苦手[7]なだけで、「英語が使えない」ことになるのだろうか。

「英語が使える」とはどういうことか？

　標準的な英文ならば、辞書を片手にほぼ読める高校生は少なくない。70年代、80年代には、難解な哲学書や評論なども読んでいた。それだけの読解力というのは、（かつては「受験戦争」と呼ばれ、不当に悪評の高かった）大学受験に向けた競争の中で、学校や塾・予備校ないし家庭で、懸命に勉強した過程で習得した英語力であり、それは賞賛に値する学習結果だ。標準的な英文が読めるならば、メールの英語が読めるし、自らメールを書くこともできる。現在のようにネットでの実務が不可欠な時代には、これも重要な運用能力だ。「聴き話す」のが苦手でも、そうした「読み書き」の能力があるならば、立派に「英語が使える」と言える。むしろ、しっかりした「読み書き」の能力こそ重要になるだろう。

　読み書きの能力がある場合は、その基盤となる文法・語彙力が間違いなく育っているのだが、それが聴き話す能力の基盤にもなる。あとは発音教育（そのメ

---

[7] 「口頭運用」は脳内のワーキング・メモリーにおける言語処理がスムーズか否かが決め手になる。英語は統語操作や処理方向が全く違うので、日本人には難しい。

カニズムの解説と訓練)をしっかり行えば、日常会話[8]程度はすぐにできるようになるし、文法・語彙力を磨けば実務にも使えるようになる。高校を出ても、大学を出ても、「英語が話せる」ようにならなかったのは、「聴き話す」際のインタフェースとなる音声教育が行なわれなかったためだ。コミュニケーションが強調された90年代以降も、(CDを聴かせるなど)通り一遍のものだった。英語音の音質や発音の仕方の生理的な説明がほとんどなかった。まともに発音教育をしていないのだから、音声面の能力が弱いのは当然の結果だ。英語は「音声が強勢の影響で劇的に変容する」点で、ほかの欧州諸語と較べても「聴き取りや発音が格段に難しい言語」なので、音韻変容のメカニズムが理解できるような、しっかりした発音教育が不可欠だ。

どういう英語が話せれば良いのか

「英語ができる」というのは、基本的に標準的な英文を「読み書き」、「聴き話す」ことができることだが、従来の学校教育では「読み書き」はどうにかできても、「聴き話す」こと(英会話)ができないと批判されてきた。「英会話力があるかどうか」という場合、気を付けなければならないのは、「ネイティブ同士の会話」と「外国人同士の会話」ないし「ネイティブと外国人の会話」では、同じ会話と言っても、話す速さを含め、その文体のレベルと質が異なることだ。外国人がネイティブ同士の会話を理解できなくても、一向に構わない。ネイティブ同士の会話は、親しい仲でとりとめもない内容になるほど、早口になりがちだし、くだけた口語体になるだけでなく、俗語表現や仲間内の言葉もふんだんに使われる。英米文化や地域風習に馴染んでいないと、分かり難いジョークなどが盛り込まれることもある。社会的な方言や地域方言も使われる。発音面でも音の歪みや脱落が頻繁に起こる。そうした会話を聴き取り理解することは非常に難しい。映画を見ていて、そうした会話が聴き取れなくても、がっかりすることはない。刑事ドラマでは、エディ・マーフィのような黒人刑事がやたら早口でまくし立てる。その上、俗語や隠語、仲間内のジョークで一杯だ。

---

[8] 日常会話というのは、実務的な交渉やゼミでの討議など、複雑な構文が使われる対話ではなく、買い物やレストラン、道を尋ねる時の対話などを指す。比較的簡単な構文や定型的な表現、語彙からなる。

黒人は言語能力に関して「いかに早口で話せるか」を評価するので、読み書きの能力を評価する白人と比べ、とにかくしゃべり方が速い。

　英語力にあまり自信がなくても、「持てる英語力」を最大限に拡張する方法がある。それは自分の関心のある分野に特化した英語力を伸ばすことだ。たとえば、医者であれ看護師であれ、将来海外の医療現場で活躍したいという医学部の学生の場合、医療現場でよく使う「患者とのやり取り」の表現を使って、学生同士がペアで練習しておけば、医療ドラマを聴き取ることができるようになる。医療ドラマは、専門用語が聴き取れれば、医者同士や看護師との対話の内容が推察できる。一般に、自分の専門分野の英語のやり取りを学習する場合には、背景知識と専門用語の面での強みが発揮できるが、とにかく「実際に使う」予定があると、学習動機が強く、高い学習効果が期待できる。大学の「特定目的の英語」ESP（English for special/specific purposes）では、そのような英語の授業を実施するところが増えている。

　時事的なものでも良い。メディアで放映される英語も聴き取りの難しいものと比較的易しいものがある。たとえば、ニュースキャスターの英語は、限られた時間内になるべく多くの情報を伝えなければならないので、話す速度はかなり速い。このため、その英語を全て聴き取ることは大変だが、対談番組ならば、考えながらゆっくり話すことが多いし、フォーマルな対談ほど俗語をあまり混ぜない。したがって、「対談の英語が聴き取れる」ようになるのが、現実的な学習目標だろう。大統領の演説なども薦められる。移民も含まれる大衆に対して、一文が短めで、随所に"Yes, we can."のようなキーワードを入れて、よく理解できる明快な話し方をする。繰り返し聴けば、どうにか聴き取れるだろう。

　ただ、同じニュースが日本語でも報道されるものなら、事前に日本語で概要を知った上で、英語でのニュースを聴くということであれば、ニュースキャスターの早口の英語でもどうにか聴き取れる。一般に背景知識があれば、内容が理解しやすくなるので、普段から日本の新聞やテレビの報道に接していることが、聴き取りの向上にもつながる。同じ報道をビデオで繰り返し聴いて練習することも可能だが、同じ番組では飽きるので、CNNやABCもしくはBBCなど、日本で視聴できる違う国や局のキャスターの英語を聴いても良い。視聴可能な大学もあるので、同じニュースを中東のアルジャジーラで聴くと、日本や欧米

とは違う視点から捉えられ、アラビア語訛りの国際英語にも慣れるだろう。

🗨 対話をコントロールする

　日本人は英語でネイティブと対話する時に、相手の話し方に注文を付けることはあまりしない。語学教師でない限り、普通のネイティブは、外国人と話す時でも、相手が英語が話せると分かると、日常的な速さで話すことが多い。俗語表現も入るし、(ease down「速度を落とす」、ease up「(苦痛、心配を) 取り去る」、ease out「辞職させる」のような、)「基本動詞に副詞を付けた表現」を多用する。そうした表現は、外国人にとっては、かえって分かりにくい。ネイティブと話す時には、外国人でも分かるような英語で、ゆっくり話すことを要求して構わないのだ。もっとも、判断力のあるネイティブならば、敢えて言わなくても、外国人に分かりやすい話し方をするように配慮する。それがエチケットだ。言語的に大きなハンディを背負う日本人は、ネイティブ同士の会話は聞き取れなくても良い。相手が外国人であることに配慮した会話が理解できれば十分なのだ。よく聞き取れないとか、意味が分からない場合には、"I beg your pardon." や "Will you speak more slowly?" を遠慮なく何度でも言って、自分に合わせてもらえば良い。遠慮して沈黙するとか、意味を取り違えたまま、とんちんかんなやり取りになるのは避けたい。

　欧州連合（EU）においては、「母語以外に2言語の学習」を教育政策に掲げ、「複言語主義[9]」(plurilingualism) を言語政策の根幹に据える。これは異言語能力の評価にも通じるが、外国語を「各人の用途と得手不得手に応じて、使えれば良い」とするもので、「読む能力」だけでも立派な英語力になる。「4技能」が全て揃う必要はないのだ。現代のネット社会の実務では、「聴き話す」ことよりもメールの英語を「読み書き」できることの方が重要なことが少なくない。そうした観点に立って、習得目標を再検討することを考えるべきかもしれない。特に、日英語の言語差を考慮すると、自動処理が必要で作業記憶の制限を受ける口頭運用力を学習の直接目標とすることよりも、まず文法・語彙の習得を踏まえた上で、読解・作文力を伸ばすことを目標とし、その学習の中で、（音読

---

[9]　多言語主義（multilingualism）はそれぞれの言語の能力が4技能全てにおいて高いことを意味する。

などで）音韻面を繰り返し訓練する。慣れたところで対話練習にも励む。結果的に、口頭運用に不可欠な「言語処理の自動化」を達成する、というが現実的だろう。

「英語で授業」すれば英語教育は崩壊する

　日本人がどのように英語を習得するのか、その仕組みの「いろは」が分かっていない、経済界による「使える英語」教育への要請[10]に沿うべく、政治家が文科省に圧力をかけて、「英語で授業を行なう」という無謀な方針を学校教育の現場に押し付けた。その文科省の方針が平成25年度から実施されているが、そのことにより高校は英語教育の崩壊の危機に瀕している。この方針は、教師、生徒の双方に問題があるだけでなく、日本における英語教育の実情を精査すると、理論的にも妥当性がない。「英語の授業は英語で行なう」という高校の学習指導要領の指針は、中央教育審議会の外国語専門部会において討議の対象になることはなかったし、当然議事録にも討議の記載がない。文科省の役人が一部の推進者と結託して、一方的に決めたことなのだ。こうした事態に明確な懸念を表明する委員もいるが、それは大多数の大学の英語教育研究者の間でも共有される懸念である。高校の現場ではこの指針への対応に混迷している。

　「新課程直前・高校英語『授業は英語で』を考える―何のために、どのように行うのか―」（上智大学・ベネッセ応用言語学シンポジウム2012）の中の講演「『授業は英語で』なぜ行うのか―生徒・教師は教室でどのように変わるのか」において、文科省の調査官は、「新学習指導要領外国語科の目標は「コミュニケーション能力を養う」ことだけである」と断じ、これにより「高校の外国語科の科目は一新される」と述べている。しかし、英語でのコミュニケーションは、英語力がなければ不可能である。ところが、現実には、中学修了時までに習得すべき基礎的な英語能力を習得できていない生徒が過半数以上いる。この状況において、そのようなコミュニケーション能力のみに偏った目標を設定することは、生徒の英語力の実情を無視した暴挙であるばかりか、高校の授業において、「基礎的な英語能力の支えとなる文法力」やそれを踏まえた「読み書きの

---

[10]　「小・中・高校においては、英会話を重視した英語教育に一層の力を入れるべきである」（経団連意見書「グローバル化時代の人材育成について」2000）

能力」を、ますます軽視することになりかねない。この目標のまま「英語での授業」を進めれば、英語力を支える基盤が脆弱で、運用にも重大な支障をきたすようになる。

　質疑応答において、「教科書の本文を、和訳せずにどのように英語で指導すれば良いのか、具体的に教えていただきたい」という高校教師からの質問に対し、「ゴールはあくまでも英語によるコミュニケーション能力そのものを身につけることであって、日本語に訳す力ではないという点が重要である。日本語に訳しても英語の力が身につくわけではない。ある単語がわからないために全体像が理解できないというのであれば、教師が本文を言い換えたり、ワークシート上にパラフレーズする仕掛けをつくって精読させたりするといった活動が考えられる」と答えている。

　質問者は「ゴールが何かではなく、英語だけでどうやって英文の意味を精確に理解させられるのか」を尋ねている。「日本語に訳しても英語の力が身につくわけではない」というのも、論点が全くずれている。「和訳が英語力を伸ばす」とは誰も主張していない。生徒が日本語に訳さないと、英文を真に理解したかどうかが教師には分からない。このため、「生徒に和訳させて、どれだけ理解しているのか、どこでつまずいたのかを確認し、教師が英文の構造や表現形式や文化的な背景などを日本語によって説明することで、生徒の英文理解を図る」訳読教授法と同じレベルの英文理解の育成効果が、果たして英語による指導だけで達成できるのか[11]。そのことが問われているのである。文科省は、現場の高校教師の悩みに適切に応える方策を出せていない。

💬「外国語教育＝コミュニケーション」ではない！

　どうも「外国語教育＝コミュニケーション」という一面的で偏頗な考え方が、語学教育のあり方を歪めているように思う。別に教養主義というわけではないが、実用一辺倒の英語教育が「コミュニケーション」を錦の御旗に、言語教育の多様で豊かな可能性を排除しているように感じられる。外国語を学ぶのは、コミュニケーションだけが目的ではない。かつては「原書で文学を味わいたい」

11　「教師が本文を言い換えたり、ワークシート上にパラフレーズする仕掛けをつくって」も、それで「原文の意味が精確に理解できる」ようになるわけではない。和訳の方が直接理解を確認できる。

第1章　英語力はどうすれば伸ばせるか？

とか「欧米の文化に触れたい」といった憧れもあった。日本ではフランス文学やロシア文学、ドイツ哲学が流行した時代もあるが、その頃はフランス語、ドイツ語、ロシア語が第二外国語として人気だった。明治期には欧米の学問、産業、社会制度を原書で読んで知るという目標があったし、現代は、医療、バイオ、ロボットなど先端科学技術分野では、文献や記事を読むだけでなく、海外への発信、国際学会での発表においても、英語の素養は欠かせない。人間に関わるあらゆる活動が言語に結びついている。ところが、「コミュニケーション」という言葉が小中高の英語教育との関連で使われる時には、実態として「浅薄なレベルの日常のやりとり」しか意味しない（第3章「「コミュニケーション」にだまされるな！」参照）。本当の「コミュニケーション」というのもあるが、小中高の授業ではそうなっていないのだ。そろそろ実体のない「コミュニケーション」という虚像に引きずられるのは、辞めにしたらどうだろうか。英語の基礎をしっかり育てることが先決だ。

現在の北朝鮮の世襲指導者や中国の支配層の金権汚職[12]の記事を見ると、大学の頃に読んだジョージ・オーウェルの（共産主義を風刺した）「動物農場」[13]の光景が頭を過ることがある。ツルゲーネフの「初恋」やトルストイの「戦争と平和」、ギリシャ文明を伝えるホメロスの叙事詩「イリアス」、「オデュッセイ」だけでなく、漱石の「こころ」も英訳で読んだ。学生が自主的に読むのが望ましいが、大学の外国語教育では、コミュニケーションだけでなく、文学作品の芳醇な香りを原書や英訳で味わう機会がもっとあっても良い。言うまでもなく、

---

[12] 国民党を追放し1949年に中華人民共和国を設立して以来、共産党幹部の権力と利権は子から孫へ世襲される。国営企業も委譲され、莫大な蓄財を海外の銀行に移し、親族や妾が米国などでセレブな生活を送る。習近平主席も共産党高級幹部の師弟グループ「太子党」の一員である。2012年には、清廉とされた温家宝首相の親族の27億ドルの蓄財がニューヨーク・タイムズ紙で報道されたが、2013年には「全国人民代表大会」の代表の中、83人が10億ドルを超える資産を有することが報道されている。なお、世界銀行の発表によると、1日1.25ドルの国際貧困基準では、中国は貧困層が4.74億人で、総人口13.35億人の35.6％に達し、過半数の人口を占める農村部に集中している。ただし、中国元の価値を適正化すると、中国は実質1日1.8ドルの貧困基準以下の国民が7、8千万〜1億人に留まるが、これでも超格差社会であり、慢性的に暴動が起こる危険水域にある。
[13] 動物を搾取する人間の農場主を革命で追い出し、豚たちの指導の下で「動物主義」に基づく「動物農場」を作るが、雄豚が独裁者となった動物の仲間社会では争いが耐えず、混乱と恐怖に陥る。

研究者になるとか企業で英語を使う実務に就く予定がある学生は、高度な英文の読解力と英文作成力を鍛えなければならない。その実力さえ身に付ければ、コミュニケーション力は後で付いてくる。

英語でする授業の中身

（読売新聞 2012 年 6 月 2 日によると）スーパー・イングリッシュ・ランゲージ・ハイスクール（SelHigh：2002 〜 2009 年に 169 校で実施）の指定を受けた旭川北高校では、文科省幹部の「訳読を排除した授業をしてほしい」との特命を受け、英語の授業を英語で行なう。文法は補助プリントを配布し、英語のやり取りを通じて身に付け、教科書の予習は禁止し、初見の本文を黙読させ、Q&A で理解度を確認する。こうしたやり方は、教科書の英語のレベルの英文を解析できるだけの文法力が備わっていないと、実効[14]が危ぶまれる。教師は「わからない所は想像力で埋めていく、70％の理解でいい」と言い切るが、それで本当に読解の実力や文法力が養われるのだろうか。教科書の英文に現れる構文や文法事項については、その都度取り上げて説明することで、構文や文法の理解を深めることができるが、これには日本語でしっかり説明することが不可欠だ。外国語環境では、それも「実践的な英語教育」なのだ。大学院生、研究者になって英語の文献、文書から情報を得ようとした時、また企業人、技術者になって商取引や技術提携をする時、「70％の理解で、あとは想像力で補う」ということでは、とんでもないことになる。教師は「ガラパゴスウミガメは甲羅があるから生きられる。人間にとって甲羅にあたるものは何」と尋ねて、"mother"、"money" と声が上がり、ある生徒が "It's hope!" と答えると、教室に笑顔が広がった。「今のやり方だからこそ共有できた時間」と教師は自賛するが、これが英語の授業なのだろうか。とても英語力そのものが伸びたとは言えない。英語教育の目的を錯誤した自己満足のように映る。

　何よりも問題なのは、「大意が分かれば良い」として、「英文の構造を解説し、文意を精確に解釈させる」ことを放棄する姿勢だ。これでは、構造理解が不可欠な文を理解できる英語力は育たない。たとえば、"The ability to carry out the simplest conversation requires profound knowledge that speakers are

---

14　母語の知識が英語に活用できる欧州諸国でなら効果がある。

unaware of. This is as true ①[of speakers of Japanese] as ②[of English speakers], ①[of Eskimos] as ②[of Navajos]." は特異な文ではない。「どんなに簡単な会話でも、それをしようとすれば、話者が気付かないような深い知識が必要だ。これは英語の話者同様日本語の話者にも当てはまるし、ナヴァホ語の話者同様エスキモー語の話者にも当てはまる」という意味だが、第2文の構造は [ ] で示されるパラレルな関係にあり、('as true' の) 省略がみられる。構造関係を示し、省略部を補って、日本語で説明すれば分かるだろうが、教師が英語だけで説明しても、その意味を理解させるのはなかなか難しい。また、限られた授業時間を効率的に使うことにはならない。

「英語で授業している」という場合、具体的に「どういう内容の授業を、どれだけの時間、何人の生徒を相手にやってきたのか」ということも検証しなければ、本当に「英語で授業ができている」のかどうかは分からない。「英語で授業している」という教師が、日本語で行なっていたような、高度で複雑な内容の説明をしているケースはほとんどないだろう。実際、英語担当教師に求められる英語力[15]の目安、英検準一級、国際英検 TOEFL 550 点に達しているのは、中学で 28％、高校 53％に留まる[16]。この程度の英語力では、そうした説明を英語でできるとは考えられないのだ。現実には「指示」などを中心とした、いわゆる「教室英語」に留まる場合でも、「英語で授業している」と報告されることが少なくない。

「80％は英語で授業をしてうまく行った」という報告もあるが、これは例外的と考えて良い。それが SelHigh の指定を受けた学校だと聞いた時には、「やはり」という思いだった。その指定を受けたことで、ネイティブの配置も手厚く予算も潤沢になる。そうした学校を含め、「英語で授業をしてうまく行った」

---

15 文科省の設置した「外国語能力の向上に関する検討会」がまとめた「国際共通語としての英語力向上のための5つの提言と具体的施策」（2012年6月）の中で、教師に求められた指針だが、生徒には、中学生が卒業時に英検3級以上、高校生が卒業時に準2級から2級という指針が設定された。ところが、現実には中学3年生で英検3級以上が約26％、高校3年生で準2級以上が約36％に留まる。
16 TOEFL は、ペーパー版の PBT（満点：677 点）、コンピュータ版の CBT（満点：300 点）、インターネット版の iBT（満点：120 点）の3種類があるが、その得点の対応を PBT/CBT/iBT で示すと 600/250/100、570/230/89、550/213/80、500/173/61、450/133/46 となる。

という学校の生徒は、実際は学校の授業の中だけで運用力を習得している訳ではない。教師が英語で行なう授業に、どうにか対応できるように、生徒は塾・予備校で文法や語彙、読解をしっかり教え込まれ、家庭でも懸命に学習しているのだ。自分の学校では「英語で授業ができる」と言う教師は、自分たちの指導・教育だけでそれが可能になった訳ではない、ということも認識しなければならない。英語での授業が学内の教育だけでもうまく行くのは、中高一貫教育の私立校だとか、私立大学付属の小学校（初等科）で1年生から英語の授業を受けてきた生徒などが多く進学しているケースだ。ところが、費用の負担ができなくて、学習の余裕のない生徒は、授業が理解できない状況に追い込まれかねない。そこに教育格差拡大の危険性が潜む。

　これまで授業において、日本語で行なってきた水準の説明が、英語でもできる教師は極めて限られるし、英語での授業が理解できる生徒も決して多くはない。授業が分からない、それも肝心の内容ではなく、「説明の英語が分からない」。ごく簡単な内容ならば分かるかも知れないが、それでは、生徒の知的レベルに届かない、つまらない授業になる。知的好奇心を満たすほど高度な内容になればなるほど、説明の英語も高度になり、その英語が理解できない生徒が増える。「理解の前に聴解の壁がある」のだ。そのことで、生徒のフラストレーションが鬱積し、英語嫌いや落伍者を大量に生むことになる。「教師の技能や生徒の英語力の現実」と「言語習得の仕組み」を無視したと言うか、教育の現場を全く理解していない教育指針なのだ。生徒の教育に責任を持つ教師は、（「ゆとり教育」の失敗にも懲りず、時流や経済界や政界からの圧力に流される、）文科省のいい加減な行政に面従腹背してでも、高い読解力を育ててきた文法訳読法を、（理論的な根拠もないのに、）安易に捨てることなく、しっかりした教育に取り組むことが望まれる。事実、生徒や保護者への責任を持つために、そうした対応を取る進学校は少なくない。

🗨 政治家が歪める英語教育

　「コミュニケーション英語」への転換と「ゆとり教育」によって、中高生の英語力は低下傾向が続いているが、「ゆとり」からの脱却後まだ成果が何も出てない中で、25年度4月より公立高校では、文科省の「英語の授業は英語で行なう」という指針が実施されたばかりで、学校によっては授業の崩壊も危惧

される状況だ。それなのに、自民党の教育再生実行本部がまとめた「成長戦略に資するグローバル人材育成部会提言」(2013年4月8日)では、「大学において、従来の入試を見直し、実用的な英語力を測るTOEFL等の一定の成績を受験資格および卒業要件とする」とし、国公立トップ30校の卒業要件をiBT 90点にした。これは文科省の設置した「外国語能力の向上に関する検討会」が英語教師に求めた要件iBT 80点よりもかなり高い。国立大学3、4位の大阪大学でも、これを満たすのは最難関の医学部医学科の学生の上位者のみで、全学部平均は60点に満たない。

本部長の遠藤利明議員は「高校卒業レベルは英検2級、TOEFL 45点ぐらいなので、それを目指す」とし、さらに「まずは、センター試験から英語をやめ、TOEFL一本にする」と述べている（朝日新聞「争論—大学入試にTOEFL—」(2013年5月1日)）。だが、英検2級を取れても、TOEFLで45点は取れない。英検2級で出題される英文は高校生の文法力と（指導要領が定める3000語の）語彙力でどうにか読めるが、TOEFLは「英米の大学・大学院の講義が理解できるか論文が読み書きできるか」を測るものなので、文法も遥かに高度で語彙力も1万5千語ほどなければ読みこなせない。英検2級レベルでは、歯が立たずほとんど点数が取れないのだ。センター試験ではほとんどの受験生の英語力が測れるが、TOEFLではとても測れない。平均的な高校3年生にとっては、全く解ける代物ではないのだ。例えて言えば、連立方程式も覚束ない生徒に微分・積分の問題を解かせるようなものだ。教育再生実行本部には英語教育の専門家が1人もいなく、「学力がどういう試験で測れるか」が理解できていないのだ。外国語習得の仕組みについて何の知見もない、英語習得のまともな経験もない政治家が、目標達成のための教育方略を描けないまま、学生の英語力の実態さえ踏まえず、どうして荒唐無稽な指標を掲げるのだろう。思い込みで英語教育に干渉するのは百害のみで一理もない。

教師の意識

中には本気で「英語の授業なのだから英語で教えなければ」と思い込んでいる教師がいる。英語での授業について行くために、生徒が習得しなければならない基盤力がどういうものかを理解せずに、薄っぺらな理念に囚われているのだ。教師養成に当たる教育大の先生も、現場の一部の教師にこうした誤った思

い込みがあることに対し、「困ったものだ」という感を抱いている。文科省の学習指導要領や指針に対する教師の意識は小中高でかなり違うようで、ベネッセのアンケートによると、高校の教師は、大学受験に合格できる英語力を身に付けるには、どういう英語教育が必要か理解しており、生徒への責任も感じていることから、文科省に全面的には従わないことが多い。一方、中学校の教師は、どうにかコミュニケーション的なやりとりができるようになれば良い、という程度の目標設定に留まることが多く、概して文科省の方針には従うようだ。なお、小学校の教師は、「英語教育がどういうものか」を理解できていないこともあり、文科省の指導に従う傾向が強い。理由を含め、予想に近い結果だ。

英語での授業の適正な割合

　公立高校の場合、校長など管理職の意向もあり、文科省の指針に全面的に逆らうことも難しい。そこで、敢えて授業を英語で行なうとすれば、授業で使う英語の構文や文法形式について予め解説した上で、その実例練習の役割も果たす形で、「授業全体の4分の1程度だけを英語で行なう」という配慮が必要だろう。それならば、授業の英語に付いて行けない生徒を極力減らすことができるし、授業で使われる英語の構文や文法形式が練習できる。こうした配慮はコミュニケーションの授業でも求められる。基礎練習をした上で、音声教育をしっかりやれば、どうにか「英語で授業をする」ことができるだろう。ただし、それはあくまでも標準的な英文を読む基盤となる文法・語彙力がしっかり養成されていることが条件だ。高校生になったばかりの時点では、一部の生徒を除いて、大方が文法・語彙力が不十分で、基礎がかなり脆弱な生徒も多い。中堅以下の学校では、そうした生徒が溢れている。基礎もない生徒に対し、(現状のように) 発音教育をまともに行なわないまま、「英語で授業をする」ということは、「方法論的に間違っている」というより、あってはならないやり方である。無責任極まりない。特にゆとり教育の影響で生徒の英語力（文法・語彙力・読解力）がそれ以前より格段に落ちている[17]ことが明確で、ゆとり教育の方針転換後もさほど成果の出ていない状況で、全て「英語で授業を行なう」ことは到

---

[17] 60-80年代の受験地獄の時代とは較べるに値しないほど、平均的な生徒の英語力は低下している。

底実行できないのだ。そのことは高校の教師が良く認識している。

💬 英語で授業すれば英語力が育つのか？

　海外留学して帰ってから、「学校の時、もっと文法をやっておけば良かった」「文法をやっていたことが、随分役に立った」としみじみ述懐する人が、学生にも企業人にも多い。文法の授業を否定する人はほとんどいない。「文法はいらない」と言う人は、ブロークンな英語で通じたから、それで良いと思い込んでいるのかも知れない。だが、そういう英語を仕事で使っていると、蔑視はされないかもしれないが、敬意もなかなか受けられない。また、留学先で、どうにか大意が分かるという範囲で「講義が理解できた」と感じたことで、自信を持って帰国する学生の中には、英訳や和訳をさせてみると、ほかの日本人学生より誤りが目立つ者が少なくない。むしろ「かなり多い」というのが実感だ。こうした学生の問題点は、「本当は自分の英語力がしっかりしていない、今後伸びるための基盤が不十分なままである」ことに気が付いていないことだ。

　どうも世間には「英語で授業すれば、英語力が育つ」と考える向きが多いようだ。そういう人に限って、自身は英語が使えない。学校で授業は一応受けたが、自分では英語をまともに勉強したこともない。ごく初歩的な会話はできるかもしれないが、英語を実務で運用した経験がない。つまり、中学校以降に英語を学び始めた日本人が、実務に使えるほど英語をしっかり習得しようとすれば、どれだけ努力と時間を要するものかを、自分では体験していないのだ。日常的に仕事でも英語を使えるようになった人は、軽々に「英語の授業なのだから、英語で教えなければ」ということは言わない。

　江利川春雄氏（和歌山大学教授）は講演「教育現場を破壊する高校新学習指導要領」（シンポジウム「英語の授業は英語できるのか？：「ゆとり教育」の蹉跌の二の舞」（第9回英語教育総合研究会2009）の中で、中央教育審議会外国語専門部会委員の金谷憲氏の「教師が教室で英語を使えば使うほど、生徒の英語力が伸びるという証拠があるかと言えば、私は寡聞にしてこれといったものを挙げることができない」（「『オールイングリッシュ絶対主義』を検証する」2004）という見解に賛意を評している[18]が、全く同感だ。

文科省が英語教育を歪め崩壊を招く

　日本のような外国語環境において、言語差が大きい英語を教育するには、明示的な文法教育が最も効果的でありかつ効率的だ。日本の公立学校においては、80年代から（実態はともかく）「コミュニケーション英語」に偏向して行き、文法や語彙の教育が軽視される傾向が続いたが、「ゆとり教育」では教科書がめっきり薄くなり、授業時間数も中学では3時間になった。これに伴い、（茨城県下の高校入試の追跡調査で判明したように、）高校入試段階で、「ゆとり教育」だけで3年間中学を過ごした生徒の英語の学力が、「ゆとり教育」を受けていない生徒と比べ顕著に（偏差値で10点ほど）低下した。「ゆとり教育」を軌道修正して間もない中で、文科省は、高校では原則として「英語の授業を英語で行なう」という方針を出し、平成25年度から学校現場で実施されているが、生徒はもちろん教師の英語運用力の実情を無視した非現実的な暴挙だ。「ゆとり教育」を遥かに超える弊害をもたらし、入試において顕著な合格率の低下となって、その結果が出るだろう。

　「英語で授業を行なう」には、文法・語彙力はもとより、発音の知識と訓練を受けて、口頭運用も相当慣れていなければならないが、その条件を満たす実力を備える教師は2割に満たないだろう。また、かなり多くの生徒が、英語力を支える文法知識が基礎さえもできていないし、語彙知識も貧弱だ。そして聴解の基礎となる発音については、知識としても訓練としても、ほとんどまともに教育されていない。「コミュニケーション英語」とか「英語が使える日本人」をスローガンとして派手に掲げながら、教職課程において音声学を必修としていないので、生徒に発音を指導する資質のある教師も不足しているし、生徒のための発音の授業も設定されてこなかったのだ。

　常識的に判断すれば、文科省の英語教育行政は、①言語運用の基盤となる文法力を疎かにし、②口頭運用に不可欠な音声教育をどこにも設定していない、という点において極めて不合理かつ非常識なものであったと断ずるしかない。

18　さらに、「日本のオーラル中心教授法は失敗の歴史」だったと指摘し、パーマーのオーラル・メソッドは不人気だったことから、日本語の使用や英文和訳の容認に転換した。成績優秀な旧制中学の生徒に英語を週6～7時間課しても、「授業を英語で行なう」ことなど不可能だったと述べている。

特に英語は文法操作面で日本語と大きく違うだけでなく、発音面ではほかの欧州諸語にも見られないような激しい音声変容を起こすことから、発音教育が欠かせない。それを怠った文科省の罪は大きい。そうした過去の誤った教育行政への反省もなく、「英語の授業を英語で行なう」という方針を打ち出したのは無責任極まりない[19]。(大阪府教育委員会[20]にも「使える英語プロジェクト」があるが、初めから英語力が相当高い生徒を対象に、いわばエリート教育する企画になっている。これならば「英語で授業」はできるだろうが、一般の生徒は置き去りにされる。) 平成25年度にこの指針を実施した学校では、英語の授業から落伍する生徒が溢れるだろう。授業の崩壊、入試での合格率の急激な低下など、弊害が顕著になり、長くて5年以内に終結せざるを得ないだろう。文科省はもちろん「授業を英語で行なう」ことを推進した校長、追従した教師は、生徒に対して責任が取れるのだろうか。

---

[19] 橋下大阪府知事(当時)が府立高校長に推した早稲田大学時代の同級生中原徹氏は、高校での「英語で教育する」方針を受けて「音から入れば話せるようになる」と述べていたが、これは極めて素朴な言語観で、話す能力の基盤を育てる教育の意義を理解していない。個人的な思い込みから「小中英語教育重点校」における「フォニックス」指導を推進するのも疑問だ。中原氏は校長時代に「君が代」斉唱時の教員の「口元チェック」で有名になったが、2013年4月に橋下大阪市長の意向を受けた松井府知事の推薦で大阪府教育長に抜擢された。9月には「口元チェック」の徹底を府下の高校に通達したが、天皇の治世を称える国歌には違和感を覚える国民も多い中、教員の信条を封殺する強権的な姿勢である。また、教育委員に知人の松竹芸能社長を推薦しているが、友達つながりの教育委員では異論も出せないのではないか。

[20] 教育委員会は、学識経験者や地域の名士などからなる教育委員(委員長)と事務局から構成されるが、事務局は教育長をトップに、教育公務員、文科省出向者、教師から構成される。

第2章　外国語教育は言語的な距離が決定要因

「外国語教育」という言い方をするが、実はどういう「外国語」を教育しようとしているかによって、教育方法も学習時間も習得レベルもほとんどが決まってくるのである。それを知る前に、どういうものを「外国語」と呼ぶのかを明確にする必要がある。そして、これは「言語」とは何かを問うことにもなる。

言語・方言・外国語

　基本的には、文法や語彙さらに音声といった言語のコアを形成する部分がほぼ共通であれば、同じ言語の変種すなわち方言ということになるが、これは「言語的な基準」で言語を捉えたものだ。しかし、現実には、方言レベルの違いしかない場合でも、別の言語名を冠している場合が非常に多い。

北欧語は方言関係　例えば、デンマーク、ノルウェー、スウェーデンは民族も文化も言語も同じだ。かつてはひとつの帝国[21]を形成していた時代もある。言語的な基準では北欧語（ノルド語）ないしスカンジナビア語といった統一名称で呼ぶべきものが、近代の主権国家であることから、デンマーク語、ノルウェー語、スウェーデン語と別々の言語名になっているにすぎない。これは「政治的な基準[22]」で言語を捉えたものだ。言語的な違いは関西弁の中の京都弁と大阪弁ほどの軽い方言差だ。薩摩弁と津軽弁は横綱級の方言で、相互理解に困難を

21　**北海帝国**：1016年カヌート大王がイングランド・デンマーク・ノルウェー・スウェーデン（南部）の王位に就いて北海帝国（同君連合）が成立するが、大王の死後帝国は四分五裂し、デンマークのみとなる。**カルマル同盟**：1397年デンマークを盟主とする三王国同盟（カルマル同盟）が成立。15世紀にはハンザ同盟を破ってバルト海から北海をまたぐ超大国となった。1523年スウェーデンが独立して離脱後はノルウェーを属国とするデンマーク・ノルウェー二重王国となったが、その後ナポレオン戦争に巻き込まれ、イギリス・スウェーデン対仏大同盟の攻撃に屈し、1814年ノルウェーを失って、カルマル同盟は完全に消滅する。
22　"A language is a dialect with an army and a navy."—Max Weinreich, 1495

第2章　外国語教育は言語的な距離が決定要因

きたすこともあるが、北欧語圏内でそういうことはまずない。方言に付き物の語彙面での違いも、せいぜい5〜10%止まりだ。音韻面でもほとんど違いはない。つまり、一般に同じ言語かどうかの基準になる「相互理解度[23]」については、完璧にクリアしているのだ。したがって、ノルウェー人がスウェーデン語を学習したとしても、言語的には同じ言語の別の方言を学んだにすぎない。一週間きちんと勉強したら、微々たる方言差はしっかり習得できる。事実、百数十キロにも及ぶいくつものフィヨルド[24]（「峡湾(きょうわん)」/「峡江(きょうこう)」）で分断された、ノルウェー国内の数多(あまた)の寒村の方言差の方が、オスローとストックホルムの言葉の違いより大きい。したがって北欧語のケースは外国語教育の対象にはならない。

ロマンス諸語も方言関係　これに準じるのがロマンス諸語のケースだ。ロマンス諸語は、ローマ帝国の言語（ラテン語）が征服した地域の言語に取って代わり、（西）ローマ帝国が476年に滅亡して以降、それぞれの地域で独自の変容を遂げ、方言的な特徴を持つに至って、近代国家の名称を冠した言語である。もちろん、イタリア語はローマ帝国の直系の末裔(まつえい)だが、ルーマニア語、フランス語、スペイン語、ポルトガル語は属領の末裔になる。文法要素の形態を含め、発音に微々たる違いがあるものの、（言語接触で音韻変容を被ったフランス語を除き）いずれも方言差を越えるものではない。マドリッドの市民とリスボンの市民はもちろん、バルセロナ市民とミラノ市民がそれぞれの方言で話しても、どうにかコミュニケーションはできる。ただし、発音の関係で、パリ市民とは全くできない。ルーマニアからイタリア、スペインからポルトガルに至る地域は、（フランスを除き[25]、）途中の隣接市町村において言葉が相互に通じる「方

---

23 「相互理解度」の良し悪しだけで方言か別言語かを判断できるわけではない。中国語の十大方言は、文法のコアはほぼ同じだが、語彙が異なるほか、発音の差異がかなり激しい。方言間では相互理解がほとんどできないこともあるため、学校では（北京語に基づく）共通語「普通話」（プートンファ）を教える。
24　氷河の侵食により深いU字谷が形成され、氷期の終わりに氷が熔けて海面が上がり、谷の一部が海に沈むことで作られた複雑な地形の湾・入り江。湾口から湾奥まで幅があまり変わらず、ノルウェーのソグネ・フィヨルドは全長200km、両岸の断崖が1000mを越える箇所もあるが、湾の幅は数km ほどだ。
25　フランス南部地域は、ほかのロマンス語と同じ音韻を持つオック語（オキシタン語）を話していたが、近代は言語的な中央集権化が徹底され、（著しい音韻変化を遂げた）フランス語が地中海沿岸地域にまで影響を及ぼしたために、音韻的にはイタリアとスペインを繋ぐ方言連鎖の一環から外れることになった。

言連鎖」を形成しており、その距離に応じて、方言学習レベルから外国語学習レベルまで、学習の難易度が違ってくる。

フランス語は外国語 ローマ軍が占領・統治し「ガリア」と呼ばれた地（フランス中央以北）において、ゲルマン語を母語とするフランク族がラテン語を使うようになると、ラテン語はゲルマン語の影響を音韻面で強く受け、ほかのロマンス諸語が基本5母音なのに対し、3つの「中舌母音」[26]を加えたほか、（nの前の母音を鼻音化して）4つの「鼻母音」を増やすなど、母音が2倍以上に複雑化した。そうした歴史的経緯を辿った標準フランス語（オイル語）は、その音声面の違いが壁となって、口頭運用面では、ほかのロマンス語にとって、完全に外国語になってしまった。ただし、音声の衣が語彙アクセスを難しくすると言っても、根っこは同じ単語が起源なので、音韻変容の仕組みを知っていれば、習得はかなり容易になる。また、ローマ帝国崩壊後1500年以上経過しても、文法は歴史的にそれほど大きく変容するものではないので、文構造や構文、統語操作はほとんどが同じであるなど、母語の知識を活用でき、数ヶ月ほどで習得できる。

ロマンス諸語間の言語的距離 ロマンス諸語が相互にどれだけ近いかは、下記の例で十分に分かるだろう。「戸は容易に開く」の意味の文はいずれも「戸」porte/ porta/ puerte（母音の変化：o ⇒ ue）に女性単数定冠詞 la が付いて、主語となり、動詞「開く」ouvre/ apre/ abre（母音と子音の変化：a ⇒ ou / p ⇒ b ⇒ v）が再帰代名詞 s'/ si / se を目的語に取るが、これは動詞の後の位置から動詞の前に移動している。最後に「容易に」facilment(e) が配置される。統語操作的にも語彙的にもほとんど同じことが分かるだろう。日本語の方言間の違いの方が大きいと感じられる。

　　　La porte s'ouvre facilment.　　　「ラポルトゥ スーヴル ファシルマン」（仏語）
　　　La porta si apre facilmente.　　　「ラポルタ シアプレ ファチルメンテ」（伊語）

---

[26] 6世紀以降フランス北部を支配しゲルマン語を話したフランク族がラテン語を受け入れてから、ラテン語は10世紀までの間に言語接触による激しい音韻変容を被った。特に、ゲルマン語の特徴である中舌母音を獲得し、鼻子音 [n] が前の母音に融合して4つの鼻母音が生まれたほか、強勢のある母音の長音化に伴う強勢のない音の弱化と続く無音化、一連の子音の強い口蓋音化など、さまざまな音韻変化が起こった。

第 2 章　外国語教育は言語的な距離が決定要因

La puerte se abre facilmente.　「ラプエルテ セアブレ ファシルメンテ」（西語）
「どげんか せんと いかん」　　（宮崎弁）
「どうにか しないと いけない」（標準語）
「いち みち きち くりー」　（大分弁）
「行って 見て 来て くれ」　（標準語）
「どら むかついたで かんてぇ」（どら←どえりゃー←ど＋えらい）（名古屋弁）
「ものすごく むかついたので たまらない」（標準語）
「ガバ、好きやけん」「分かったバイ」（博多弁）
「すごく、好きだから」「分かったよ」（標準語）

　基本的に、欧州のほかの言語グループ（「語派」）であるゲルマン諸語、スラブ諸語についても、ロマンス諸語と同じ関係がみられる。欧州の三大語派間では、それぞれの語派内ほど文法装置や語彙が近いわけではないが、ほかの語族と較べたら共通性は明らかだ。中級程度の習得には1、2年ほどの学習期間が必要になる。

💬 言語差を踏まえた外国語教育

　結局、外国語が比較的簡単に使えるようになるかどうかは、文法や語彙に共通部分が多いなど、母語（ないしは既習の言語）とその外国語が「言語的に近いかどうか」が圧倒的な決定要因になる。実際、英語との言語的距離によって世界の言語を5つ（実質6つ）[27] のグループに分けた研究がある。最も離れたグループに属する日本語が母語だと、同じグループに属する言語を母語とする場合と比べ、英語が使えるようになるのに6倍ないし9倍の学習時間が必要になるのだ。

　しかも、距離が近い言語は（同じ語族に属するなどの理由から）文法や語彙に共通部分が多いので、若干の調整によって母語の文法や語彙を応用すること

---

[27]　この分類（Elder and Davies (1998)）では、英語からの距離は1から5までになっている。英語との違いが距離的に1とされるのがロマンス諸語で、2がスラブ諸語、3がアラビア語、中国語、インドネシア語、4がベトナム語、クメール語で、5が日本語、朝鮮語となっている。英語と系統的に同族のゲルマン諸語は距離0という扱いだが、実際には言語的な距離は存在するので、これを距離1とすべきだろう。そうすると、英語からの距離は6までと解釈するのが適切だ。

が可能なことから、ごく短期間の教育の後にコミュニケーション中心の授業が成立する。欧州にはこの言語的条件に合う言語が多く、日常的にそれを使う社会環境も揃っている。欧州連合（EU）は、「ネイティブに準じる運用能力」を語学教師の条件とするが、欧州域内の外国語は習得が容易なので、条件を満たす教師が多く、授業でも臨機応変な対話が行なえる。それがコミュニカティブ・アプローチと呼ばれる言語教育法が欧米で成功した理由でもある。ところが、日本には「ネイティブに準じる運用能力」の教師はほとんどいない。条件が整わないのだ。

言語差と外国語習得

「日本人は外国語が苦手だ」という認識が定着しているが、英語に関しては誰もこれを否定できない。事実、中学高校と6年間英語を勉強しても、過半数の生徒が標準的な英文も読めないし、発音、聴取教育が不十分なことから、ほとんどの生徒は自由に話せない。しかし、日本人が「英語が使える」ようにならないのは、実は、世界の言語の中でも、「英語が日本語との言語差があまりにも大きい」ことが最大の原因だ。

言語差と習得の難易性　英語という言語は日本語と極めて異質だ。言語タイプと基本語順の違いから、文法操作や処理の方向まで徹底的に違う。文法が（構造や統語操作など）全ての面で正反対な「鏡像言語」(mirror image languages) 関係になっているのだ。（カタカナの借用語を除き）語彙も英語と共通性がない。発音も母音の種類と数が2倍以上だけでなく、運用時には英語に劇的な音韻変容が起こる。またプロソディー（音調）的特徴が全然違う。こうした言語差のお陰で、英語の習得には日本人が（韓国人と並んで）最も時間がかかるのだ。

言語差と国際英検の成績　言語習得の一般原則は、外国語の習得には「言語的な距離」ないし「言語差」が決定的に影響するということだ。事実、(既に「はじめに」で簡単に触れたが、) 国際英検 TOEFL[28] の成績は、英語と同じゲルマ

28　TOEFL は180ヶ国で実施され、「アメリカの大学に留学したい人の英語力を測る」もので、通常550点以上が入学の基準となる。日本では、TOEIC が就職や昇進の基準に使われることが多く、大学生の受験も多いが、日本と韓国以外ではほとんど受験者がいない。

ン語で文法・語彙も近いオランダが（1962 年の試験開始以降）50 年近くほとんど毎年トップで、ほかの北欧・中欧諸国や、歴史的にその言語が英語に大きな影響を及ぼしたフランスがこれに続き、ほかのロマンス語諸国、遠い親戚のスラブ語諸国の順になる。言語系統の違う諸国で北欧・中欧に準じる上位の成績をとるのは、英語が公用語になっていて教育言語としても使われる英米の旧植民地（シンガポールでは中産階級以上の市民にとって実質的に英語が母語、南アフリカ共和国では母語の部族語（公用語 9 言語）に次ぐ準母語が英語で、現在はアフリカーンス語[29]より優勢）だ。これに対し、英語とかけ離れた言語を使う日本、韓国、中国は下位に低迷してきた[30]。特に日本はアジアを含め最下位だ。一方、日本語能力試験は、（文法と漢字をベースとする語彙が日本語とほとんど同じ朝鮮語を使う）韓国が断トツ 1 位で、（漢字を使う[31]）台湾、中国がこれに次ぐ。日本人が英語習得に苦しむのは、言語差に起因するのであり、英語教育のあり方以前の問題なのだ。

言語差と脳内処理　英語には、日本語にない「数や時制の一致」計算や（疑問詞・関係詞の）「節境界を越える無限移動」など、瞬時的処理を必要とする文法的な計算や操作などが含まれ、その脳内処理が大きなハンディになる。人間の思考は脳の「作業記憶」における活動だが、処理の時間と容量に強い制約がある。英語の構造や移動規則のリアルタイムの言語処理は、構造や規則が同じ欧州人にとって負担にはならないが、日本人にとっては過大な負担になる。

　ただし、聴取・理解プロセスと発話の構成プロセスは、習熟度や英文の複雑度によっても、処理負担度にかなり個人差があると考えられる。概して、聴取・理解は、ある程度習熟すると意識下で自動処理されるようになるが、発話の構

29　オランダの植民地であったことから、オランダ系白人のアフリカーナー（かつてブール人と呼ばれた）の母語で、（白人と有色人種の混血）カラードにも母語とする者が多い。オランダ語を基礎に、移民のフランス語やドイツ語などの欧州語のほか、奴隷として連れて来られた東南アジア人のマレー語や現地の言語が融合してできた言語だが、複雑な語尾変化や時制、冠詞の性別が消滅するなど、文法が簡素化している。イギリスの植民地になって以降は、英語の影響を非常に強く受けている。
30　ただし、韓国は一流企業就職の要件、中国は大学卒業の要件として、高い英語力が要求されるために、一部エリート層は、早期英語教育や塾での猛勉強などの結果、かなり高い成績を収めている。
31　中国は漢字が簡体字なので、日本とほぼ同じ繁体字を使う台湾よりは、不利な立場にある。

成は、相当習熟しても自動処理は難しく、討議などにおける複雑な英文の構成や語彙の選択に際しては、意識的な処理が避けられない。どうしても、論点の分析と対案・反論のための思考プロセスと、その対案・反論の言語化＝発話構成プロセスにおいて、作業記憶を過重に駆使しなければならない。そこが、簡単な日常会話における比較的自動化した言語処理とは大きく違う点である。

とにかく、実務的な英語の運用に際しては、ほとんどの日本人は、英語の聴取・理解と発話の構成に手間取り、論点を分析し対案を提示する余裕がないのだ。このため、ネイティブ主導の討議になる危険性が高い。それだけではない。こうした言語処理が作業記憶の作動時間内で適切に遂行されない場合には、情報が歪んだり不完全にしか伝えられないこともある。「情報共有」がうまくいかないことは重要な問題だ。母語なら討議内容を深められるが、外国語を社内公用語にすると、多くの社員の間で「情報が正確に共有できない」恐れがある。

日本人の英語の習得　欧州諸語のように、主要な統語操作がほぼ同一の場合には、基本的に母語で獲得済みの規則を転用できるし、語彙が音韻変化だけで対応する場合にも、母語の語彙知識がほぼ転用できる。ところが、日英語のように、ほとんど共通性のない文法・語彙・音韻システムの場合は、そうした母語の転用はできない。そのため、母語獲得と共に定着する普遍原理・制約（言語規則の制御機構）を除けば、文法・語彙・音韻システムを新たに習得しなければならないことになる。

ただし、「重複する情報を省略する機能と操作」は言語類型を超えて存在し、（主語や目的語を残し重複動詞を省略する）「空所化」のように、「同じ操作を方向性だけ言語類型に合わせて変更する」ものもある。これは母語の転用が効くので、新規に覚える必要がない。英語の "I *ate* sashimi, my wife *ate* unagi and my son *ate* steak." は "I ate sashimi, my wife ø unagi and my son ø steak." のように省略が進行方向になるが、日本語の「僕はさしみを**食べ**、妻はうなぎを**食べ**、息子はステーキを**食べた**」は「僕はさしみをø、妻はうなぎをø、息子はステーキを食べた」のように省略が逆方向になる（øは省略箇所）。

以上のように、日本人が英語を外国語として学習する場合には、日本語の文法を（欧州語の文法のようには）英語に応用できないことが習得を困難にしており、文法と音声の学習が極めて重要なのだ。その事実を踏まえた英語教育のあり方が見えてくる。言語間の関係によって、外国語としての学習の難易度が

これだけ違う以上、欧米流の同族言語の習得理論や教授法を、そのまま日本の英語教育に適用することはできないのだ。日本人に相応しい英語教育をしっかり考えるべきだろう。

💬 言語差のない言語の習得（欧州諸語）

　欧州人は大多数が[32]インドからヨーロッパに広がる印欧語族の中の（北欧、中欧の）ゲルマン語派、（南欧、西欧の）ロマンス語派、（東欧の）スラブ語派のいずれかに属する言語を母語とする。同じ語派であれば方言差しかなく、母語の音韻面[33]と文法面の微調整で語彙対応もほぼできてしまう。科学、技術を含む学術用語はギリシャ語とラテン語由来の語が共通に使われている。

英語はフランス語との混血児　本来、ゲルマン語派に属する英語だが、王位継承権を巡る争いで1066年イギリスがフランス北部を領有するノルマンジー公ウィリアムに征服され、以後300年に及ぶノルマン王朝の間に行政・議会・教育の言語（公用語）がフランス語になった。このため、大量の語彙[34]が借用され、文法面でも若干影響を受けたことから、いわば混血語に変貌してしまった。英語の語彙は日常語なら出自がドイツ語と共通だが、三音節以上の語はほとんどがフランス語から導かれる。基本の綴りほぼ同じだが、発音が違うので綴りには補助記号が付く。（文法語の形態は違うものの、）文法や構文構造が非常に

---

[32]　フィンランド語やハンガリー語、スペイン北東部のバスク語、欧州先住民族のケルト語などは例外。

[33]　ラテン語のpaterが、ナポリではrの脱落によりpateにシチリアではpatriになるが、ミラノではtの有声化によりpaderになり、ローマとマドリッドではさらに音韻置換（er→re）が起こりpadreになる。パリでは母音変化とdの脱落によりpèreに、リスボンではdrの脱落と母音変化によりpaiになる。

[34]　日常語彙は多くが本来の英語が維持されたが、3音節以上の語彙はフランス語からの借用語であり、ロマンス語話者にとっては音韻調整すれば母語と同じになる語が多く、語彙面では習得が容易だ。

[35]　**基本語順の違いと規則の適用様式**　世界の言語はSOV型が50％、SVO型が40％、VSO型が10％の割合。この基本語順の違いは、①文の主要な要素の配列だけではなく、②適用される規則の種類や適用の方向にも反映し、③脳中における言語処理にも影響する。文法関係などを表わす文法要素は、①英語では前置詞だが、②日本語では後置詞（助詞）。関係節は、①英語では主部の後だが、②日本語では主部の前で、英語では節の中の名詞がWH形の関係詞として節の前に移動し、日本語では節の中の名詞を削除し、修飾節の形式を整える。（関係節はSVO型ではほぼ全て主部に後続し、SOV型では半数が主部に先行する。）

近似しており、共通の統語操作[35]も多い。フランス語は動詞の活用が複雑でロマンス語特有の統語操作も一部あるが、フランス人は母語を若干調整すれば[36]英語が話せる。このため、フランス人は短期間で英語を習得し、母語の訛りが抜けないものの、会話力は流暢なレベルに到達できる。

英国宰相のチャーチルは強い英語訛りのフランス語を酷評されるが、パブリックスクールで鍛えられたこともあり、文章はしっかり読めたし、英語の表現を随所に混ぜつつも、結構流暢に話すことができた。フランス政府高官とも通訳を介さずに討議している。ちなみに、母親と妻は訛りのない完璧なフランス語を話す。

英語の発音と綴りの不規則性　英語（特にアメリカ英語）は、ほかの欧州語と比べても、①発音が格段に激しい変容を運用時に起こし[37]、外国人には聴き取りが困難だという面と、②（大母音推移など）歴史的に継続してきた広範囲に及ぶ音韻変化に綴り字が規則的には対応しないことから、（ほかの欧州語圏では識字率が99％以上なのに、）米国では（移民や貧困層の存在の影響も大きいが）英語識字率が80％程度に留まる事態を招いている。その点では、母語がどの言語であっても、音韻面では習得の困難な外国語ということになる。

現実的な欧州連合 EU の言語教育政策　欧州連合（EU）の言語教育政策では、（国によって学校の区分が異なるが、）高校卒業までに、母語のほかに2つの言語を習得することになっている。これは欧州連合域内の全ての言語を尊重しようとする理念に添うものである。ただ、現実には実質的に世界共通語である英語が第一外国語として学ばれ、第二外国語は、就労を含め経済的に密接につながりのある、フランス語やドイツ語などの有力言語が選ばれる。しかしながら、外国語であっても、欧州諸語は同じ語派ならば方言差ほどの違いしかないので、

36　フランス語では、代名詞（**le/la**）が元の目的語の位置（@）から動詞の前に移される（"Je **le/la** cherche @."）とか、知覚動詞構文において、埋め込み文の主語が動詞の前だけでなく、（通常アクセント置かれる）後の位置に移ることも可能である（"I hear [your voice] vibrate." / "J'entends [ta voix] vivrer / vivrer [ta voix]."）などの違いはある。

37　フランス語では言語接触により大きな音韻変化が歴史的に起こったが、運用時にはリエゾン（音の連接）など自然な変化以外に目立った音韻変化は起こさない。これに対し、英語は歴史的に大きな音韻変化を被っただけでなく、運用に際して劇的な変容を生じるため、発音・聴音共にほかの欧州語より難しい。

数週間程度で日常的な会話力を習得するばかりか、1年も経てば大学の講義にも出られる。語派が異なっても、期間がせいぜい2倍まで伸びる程度だ。

したがって、グローバリゼーションの時代だからと言っても、こうした2つの外国語を学ぶ言語教育政策を日本に持ち込むことは慎重でなければならない。ただし、日本人であっても、英語に習熟しているならば、その文法や語彙の応用が利くので、本来同じ語派のゲルマン語とこれに近い文法体系を持つスラブ語や、(歴史的に公用語の地位を占めたことから、)記憶に負担がかかる語彙面で共通性の多いフランス語をはじめとするロマンス語を習得することは比較的容易[38]になる。いわば、英語を橋渡しとして活用する「ブリッジ学習」になるのだ。

言語差のない言語の習得（日韓語）

もし、外国語として学ぶのが朝鮮語（＝韓国語）であれば、ほとんどの文法装置が日本語と同じなので、表音文字ハングルの習得が最初は壁になるが、(品詞活用や文法要素の形態といった当然の違いを除けば) 新たに学習する文法事項はそれほど多くはない。日本語の文法を使って、どうにか朝鮮語が話せるのだ。(日本語が朝鮮語に由来するかどうかなど) 言語系統については学術的に解明されていないが、文法は双子のように似ている[39]。朝鮮語では（文法語の形態は違うものの）文法（語彙配列や統語操作）の90％超が日本語と共通であり、(日常語以外の) 漢語を音読みした語が日本語とほぼ同じだ。日本人が朝鮮語を話すには、無意識に使える日本語の文法のまま、漢字[40]を（朝鮮語式に若干調整して）音読みすれば良い。漢字を背景とした語彙は、ほとんどが日本語と共通で（気分「キブン」民族「ミンジョク」部族「ブジョグ」平和「ピョ

---

[38] 筆者は大学時代にドイツ語とスペイン語を中級まで、フランス語を上級まで履修したが、英語に近いフランス語の習得が最も容易で、英語の文法操作を意識してフランス語を使ったのを覚えている。

[39] ただし、日本語の「被害の受身」は朝鮮語にはないし、敬語文法は、日本語では話者との関係が身内か否かで相対的だが、朝鮮語では話者との関係が絶対的だ。また、音韻系は平音、濃音、激音を持つなど朝鮮語が日本語よりかなり複雑だ（「日本語の特異な文法と構文」参照）。

[40] 漢字の読み方は中国のいつの時代に日本に持ち込まれたかによって「漢音」「呉音」など違いがある。朝鮮語の読みと同じ変異があるが、対応が分かれば語彙習得に役立つ。

ンワ」遠路「エンロ」余裕「ヨルル」大将軍「テジャングン」)、音韻調整の上そのまま使える。

　母語を若干調整すれば朝鮮語が話せる関係なので、習得に時間がかからないだけではなく、流暢なレベルに到達できる。英語を習得する時間の6ないし9分の1しかかからないのだ。朝鮮語についてはハングルの読み書きに慣れるのに1、2週間はかかるが、ほかに基礎知識がほとんどないまま韓国に留学しても、日常生活に必要な買い物などの会話なら、2週間もすればさほど不自由なくできるようになるし、学生同士の日常的な会話も、ほんの数ヶ月の勉強でできるようになる。1年もすれば、新聞も読めるし大学の講義も聴講できるようになる。

　実際「冬のソナタ」の主演男優ヨン様(ペ・ヨンジュン)に憧れて、韓国語(朝鮮半島南部の朝鮮語：「リ」を「イ」と発音するなど、北の朝鮮語とは若干違いがある)を数ヶ月片手間に学習しただけで、日本の中高年の主婦がソウルで買い物したり、店員と会話ができるようになる。言語習得期を過ぎても問題ない。朝鮮語の習得は、ハングルに多少手間取るものの、文法がほぼ同じで漢字ベースの語彙が共通なことから、日本語の知識が応用でき、日本人にとって極めて容易なのだ。もちろん、韓国人にとっても日本語は容易であり、韓流タレントは、高等学校で日本語を選択していない場合でも、さほど努力しないで、短期間でストレスなく会話ができるようになる。朝鮮語の文法と語彙を応用して日本語を話すからだ。日本進出の韓国ブランドの店では、韓国人店員同士でも日本語で話す。日本人客に安心感を与えるためだという。ただ、かなりうまくなっても(「ごじゃいます」「うちゅくしい」「ピジャ」「じぇいたく」など)子音と母音の間への「渡り音 [j]」の挿入に見られるように、母語の発音上の特徴(訛り)は大抵残ってしまう。

　なお、輸出入貿易への依存度が国内総生産の80%を優に超える韓国では、高校だけでなく、最近は中学でも外国語を2つ履修することが義務付けられるようになった。第一外国語はもちろん英語だが、第二外国語には日本語か中国語もしくは(露語、独語、仏語、西語などの)欧州語を選択する。だが、反日教育が行なわれていた時期も、学びやすい日本語を選ぶ生徒が圧倒的に多かった。漢字教育に消極的であった国策の影響で、漢字学習が苦手な生徒が多いので、中国語が敬遠される傾向があることも一因だが、なんと言っても、母語と

日本語の文法が、文法語の形態や活用以外は基本的にほとんど変わらないので、学習し易いというか「学習の負担がない」ということが認識されているのだ。近年は音楽やアニメなど文化芸能の交流も盛んなため、日本語学習者がさらに増えている。日本は輸出入貿易への依存度が国内総生産の20％程度なので、経済的には朝鮮語を学ぶ必要はないのだが、習得が極めて容易なだけに、文化民族交流の面でも学習の価値があるだろう。特に、英語学習につまずいた学生は、朝鮮語を習得することで外国語に自信が持てるようになる。ただし、スマホ（スマートフォン）で自動翻訳機能[41]が使えるようになっており、しかも文法・語彙が極めて近いことから、翻訳率が95％以上になるので、自分で学習する必要がないかもしれない。

日本語はかなり習得しやすい言語

　日本人が英語を学ぶ場合のように、母語との言語差の大きい外国語の習得が困難なのは事実としても、例えば英語の母語話者が日本語を学習する場合でも同程度に難しいのだろうか。同じ言語対間で学習方向の違いだけなのだから、論理的には同じ難易度になると考えられがちだが、これは冷静に分析する必要がある。そこでまず、日本語の特徴について全般的に概観しようと思う。

発音しやすい音の構成　日本語は、基本5母音[42]に一般的な子音の組み合わせで、音節構造も「母音」ないし「母音＋子音」という構成で、発音が易しい。その点では、同じ5母音のイタリア語やスペイン語と変わらない。英語やフランス語などのように、母音数が多いのは、基本母音が、①（英語のように、）それぞれ2つないし3つの母音に分化するとか、②（フランス語のように、）鼻音化し中舌音まで加わった結果だ。派生音は習得が多少難しいが、日本語は

---

[41]　スマートフォンの自動翻訳は10ヶ国語に対応し、欧州主要言語のほかアジアの言語（朝鮮語、中国語、タイ語）にも使える。簡単な日常会話であれば、かなり翻訳精度は高い。ただし、訳語は直訳でぎこちない。話し方が明瞭でなかったり、方言で話したら認識率が下がるので、標準的な日本語で入力する必要がある。（英語など、）「文中の主要成分を省略しない言語」への翻訳では、日本語なら普通省略する要素を残した方が適訳が得られる。言語特性上、英日翻訳の方が日英翻訳よりも2割以上精度が高い。

[42]　東北弁は「い」音が「う」に近い音に変わるため、4母音しかない。寿司は「すし」でなく「すす」と発音される。

基本音のみから構成される。さらに、音質や発音様式が大きく変動することがないという点で、どの言語の話者にとっても音韻面で習得に障害はない。

語彙習得－漢字の壁　語彙習得が聴き話す能力に留まらず、読み書きに及ぶとしたら、日本語のように、非日常語を中心に漢字熟語の習得が必須な場合、非漢字文化圏の言語の話者が漢字を学習するのに要する時間は、尋常なものではない。日本語能力試験の2級で1,000字（中学までに習う「教育漢字」相当）、1級で2,000字（「常用漢字」相当）にもなる。もちろん、日本人にとっても、学校教育において漢字の学習は極めて時間がかかるものだが、（大学生など）大人になってから初めて漢字を学習するとなったら、記憶力の抜群に優れた小学生や中学生の頃に漢字を学習するのに比べ、その習得には途轍もない根気と労力を要する[43]はずだ。

　通常、どの言語も文字表記は1種類であるのに、日本語は漢字のほかに（漢字の略字化により作成された）片仮名や平仮名という伝統的な文字種に加え、アルファベットに基礎を置くローマ字（それもヘボン式と訓令式がある）という4種類の文字を組み合わせて使うほか、英語のアルファベットもそのまま使うことがあるなど、文字に関しては極めて特異な言語である。ほかの言語には較べようもないほど、習得に時間がかかり、学習の壁となっている。漢字文化圏外の学習者にとって、日本語の読み書き能力の習得は、言語差に関係なく困難な作業であることは疑いない。また、ほとんどの人が、ひらがなで学ぶ初級段階を過ぎると、漢字を背景とした同音異義語に悩まされる。

使い方が難しい語彙　日本語には使い方が難しい語彙もある。たとえば、人が乗っていれば、「タクシー／車がいる」と言うが、これはその乗り物が動ける状態にある場合で、人が乗っていないと、「タクシー／車がある」と言う。孫を持つお婆さんが、夫に対して「お爺さん」と呼びかけ、自分の娘を「お母さん」と呼ぶ。外国人には奇異な光景だが、子供から見た家族関係で呼んでいる

43　日本は常用漢字が1945字だが、台湾では4808字（繁体字）、共産党政権の中国では3755字のほか（主要な漢字を簡略にした）国民が習得しやすい簡体字2238字を使う。朝鮮半島では庶民への普及を目指し15世紀に李氏朝鮮第4代国王世宋が作らせた表音文字のハングルを使用するが、韓国では人名や新聞の見出しに漢字を使うことも多い。漢字圏では入力の手間の関係で、携帯はメールより通話が圧倒的に多い。

のだ。ほかに多義語も状況を判断して使わなければならない。「結構です」が「断り」の意味だったり、「結構うまい」のように「思った以上に」の意味や「結構ですね」のように「評価」の意味のこともある。また若者の使い方だが、自分で今食べてるのに「おいしいかも」と断定を避けた表現をするのも、外国人にとっては分かりにくい。「そうだなあ」「そうかなあ」「そう（です）かねえ」など自分の判断や疑問を相手に訴えかけたり、「そう（です）よねえ」など相手に同調を求めたりする表現も、慣れるまでは使いづらいようだ。

日本語の特異な文法と構文　日本語には文法・構文面でも特異なものが若干ある。特に待遇表現は習得が難しい。敬語文法そのものは朝鮮語にもあるが、社会的な運用が難しい。朝鮮語では、目上であれば、身内について話す場合でも、必ず敬語を使う「絶対敬語」なのに対し、日本語は「相対敬語」なので、（家族や親戚、所属する会社や学校など）「身内の人間」のことを「外部の人間」に対して話す場合には、目上でも敬語を使わないなど、自分と話し相手との社会的な関係（内と外の関係）を考慮に入れて、使い分けなければならない。朝鮮語よりも使い方が難しいことは確かだ。ただし、話し相手に対しては、目上に敬語を使い、同年齢だとタメ口になる点は同じだ。社会的にこうした待遇関係が重要ではない文化圏からの留学生にとっては、特に難しいようだ。

　日本語以外にはない構文もいくつかある。「男の子が犬に咬まれた」のような単純な受身はどの言語にもあるが、「兄にケーキを食べられた」や「雨に降られた」など、埋め込み文に「られる」を付け、その文の表わす事象に影響を受けたこと表わす「被害の受身」は、ほかの言語には見られない。また、関係節は普遍的だが、日本語には「［サンマを焼く］におい」や「［妹がピアノを弾く］音」（「［サンマを焼く］時に出るにおい」、「［妹がピアノを弾く］時に出る／響く音」の意味だが、ほかの言語ならば「［焼く］サンマのにおい」、「［妹が弾く］ピアノの音」のような関係節構文に対応）など、連体修飾節の中で描かれている事象に随伴する事象を主部とする特殊な構文（「擬似関係節」[44]）がある。しかし、留学生を指導する日本語教育担当者[45]によると、こうした構文はそれ

44　寺村秀夫（1992）は、擬似関係節を「外の関係」と呼び、通常の関係節を「内の関係」と呼ぶ。擬似関係節の機械翻訳における英訳のための言語処理については、「連体修飾節の構造特性と言語処理」（『日本語の名詞修飾表現』くろしお出版 1994）参照。

ほど習得が難しいものではないらしい。

日本語の配列と文法操作　日本語の成分配列と統語操作について言えば、「述部を文末に置く」のが基本というだけで、ほかの文中の成分は、主語でも目的語でも、文法機能が格助詞で示されるため、語順はかなり自由だ。また副詞的な成分も配置制約は緩い。日本語教育では、ごく基本的な文法や語法を教えた上で、すぐ実践的なコミュニケーションによる訓練・練習を行ない、効果を上げているが、これには二つの理由がある。

　一つは言語構造と文法操作が簡素なことだ。日本語において文法的な機能を担うのは、動詞句の内部の要素であり、動詞に種々の文法機能を持つ助動詞や助詞が重層的に付加されて(「これは[[[[食べ]られ]ます]か]」、「[[[[[壊れ]て]しま]った]ね]」など) 複雑な文法・意味関係を表わす。学習上はこうした複合構造の動詞句を (「(旅行に出る／仕事を続ける) つもりです」「(買っ／作っ) てあげる」「(掃除／料理 (を) して) あげました／いただけませんか」など) 「まとまった定型的表現」として暗記して、動詞だけを入れ換えて便利に使える。(「(楽し／苦し) そうです」「(近い／大きい) ですか」など) 形容詞に付ける定型的表現もある。

　もう一つは省略だ。文を構成する成分は、情報的に既知であるとか不要である場合、省略できる。いや、日本語では「重要な成分だけが表現されて他の成分は表わさない」のが、情報処理的に「効率的で余剰性がない」普通の文ということになる。日本語は「主題優位性言語」でかつ「非構造維持的な言語」であるため、主題さえ立てれば、ほかの文成分は全て省略できる。動詞だけ、形容詞だけ、名詞だけの発話が極めて多い。特に、日常会話においては、この傾向が顕著で、(「食べた？」「おいしい」「速いね」など) 名詞も形容詞も副詞も動詞も単独で使う。動詞は活用が色々あるが、(「食べましたか」「見ます」など)「ます」を付加して使えば、それぞれの動詞や形容詞の活用を覚えなくても、「ます」の活用を覚えるだけで、どの動詞でも使える。

💬 英語は構造制約が大きい

　これに対し、英語は「主語優位性言語」で「主語・述語」の文構造をとるが、

45　大阪大学西口光一教授（国際教育交流センター）

（歴史的に文法関係を表わす格変化を（属格を除き）名詞では失ったために）「語順が文法機能を表示する」という面で構文的制約が大きい「構造維持的な言語」で、文成分の配列に規制が強い。英語でも、（指示の "Slowly!" とか、評価の "Fantastic!" など）動詞以外は単独でも起こるが、動詞が使われる場合には、情報的に「既知」であっても代名詞を残し、通常は省略できない[46]。「主語、目的語と動詞」から構成される「文構造」を維持しなければならないのだ。重要な成分だけが表現されて、他の成分は表わされない、ということはないのである。（日本語だと「食べた？」で良いが、英語では "Ate?" は駄目で "Did you eat *it*?" と時制を担う助動詞 do を含め、文成分が揃っていないといけない。「（それ、）どう？」も "How (that)?" では駄目で、"How do you like it?" と文の形をとる。「（カップ）割っちゃった」も、"She broke the cup/it." は良いが、"She broke." や "Broke." は許されない）

したがって、英語でも、日常の会話の中には、必要最小限な情報のやりとりだけで済むものもあり、名詞や形容詞や副詞だけのこともあるが、ほとんどが動詞を使ったやりとりであり、（命令文以外）通常は主語、目的語の省略ができない。その意味で、文成分を正しい配列に沿って並べないと、英会話ができないことになる。そうした言語的な制約から、色々な文構造を使えなければならないが、英文構造とそれを支える文法操作の習得は容易ではない。

🗨 外国語習得の難しさは双方向的ではない

ここで、同じ言語対間だと学習方向が違っても同じ難易度になるかどうか、について、整理して考えてみよう。漢字を筆頭とする文字の学習やいくつかの日本語固有の構文に目を向けると、日本語は習得が難しい言語であるという印象を与えるかもしれない。実際、ほとんどの日本人は「日本語は特殊で習得の難しい言語である」と思い込んでいる。しかし、漢字はともかく、文法全体を見ると日本語に固有なものはごく一部にすぎない。

英語には、「三単現の s」や「数や時制の一致」といった、「文の成分間の呼応関係を照合し、一致させる」処理が含まれる。また、関係節の形成にあたっ

---

[46] 目的語を特に表わさなくても良い「特定の活動」を表わす動詞の場合には省略できる。"What are you doing?" と問われて、"I'm reading/eating." と答えるのは普通。

て、主部と同じ成分を関係詞（WH 語）に変え、主部の後に移動するが、日本語で対応する連体修飾節の形成にあたっては、主部と同じ成分を削除する。「自動計算処理を必要とする文法操作」[47]や「複雑な統語操作を要する多様な構文構造」は学習も訓練も時間を要するが、それが日本語にはほとんどない[48]。欧州諸語と比べても、文法的構文や品詞・時制の活用[49]や文法操作全般が極めて簡単だ。日本人が思春期以降に英語を学習した場合は、時制・数の照合一致や疑問詞・関係詞の移動操作は完全に自動化されることはなく、ある程度意識的に行わなければならない。このため、処理に失敗するとか、手間取ることが頻繁に起こる。だが、日本語にはそうした操作がないので、脳における自動計算処理を行なう必要がない。

　つまり、「読み書き」に不可欠な漢字習得以外については、すなわち、「聴き話す」という面では、発音も含め日本語は習得のかなり容易な言語ということになる。このため、英語母語話者が日本語を学ぶのは、日本語母語話者が英語を学ぶのより、文法面では遥かに簡単だ。したがって、アメリカ人に日本語会話を教えるコミュニカティブな方法がうまくいったとしても、同じ方法を日本人に英語を教える際に使っても、成功するという言語的な根拠はない。外国語習得は双方向的ではないのだ。

47　「疑問詞・関係詞の節境界を越える無限移動操作」や「数や時制の一致」など。
48　日本語の「敬語・謙譲語文法」は難しいが、これは相手との上下関係などが相対的な面があるためで、統語操作的に難しいというのとは違う。
49　**複雑な欧州語の活用**：（北欧・中欧の）ゲルマン諸語は、名詞の文法性と数に応じて名詞句内の成分（冠詞や形容詞）が男性、女性、中性、複数に変化するだけでなく 4 通りの格変化をする。また、（西欧・南欧の）ロマンス諸語は、名詞句内の成分の性（男性、女性）数や時制の一致操作や（時制、法、アスペクトなど）極めて複雑な動詞の活用が必要なほか、(人称)代名詞の(助)動詞の前への移動などもある。

第3章　日本の英語教育の目標をどう設定するか

　「英語を話したり聴いたりする」という面では、戦後の日本の英語教育は勉強時間に見合ったと感じられる成果を生んでいない。では、それで「日本の英語教育が間違っていた」ことになるのだろうか。確かに口頭運用能力は育たなかった。だが、それには発音教育とそれを踏まえた聴取訓練が伴わなければならない[50]。ところが、文科省は「英語が使える日本人」を掲げはしたものの、それに不可欠な発音面での教師の研修、訓練もまともに実施してこなかったし、音声学を教職課程の必須科目にもしていない。発音や聴取の仕方を分かりやすく学校で指導できる体制になっていないのだ。また、コミュニケーション英語の授業でも、生徒が場面表現を交換するだけで、自由な意見を英語で述べ合うところまでは至っていない。これで口頭運用能力が育つはずはない。
　ただし、英語力というのはそれだけではない。「読み書く」能力もある。そしていわゆる難関大学に入るには、標準レベルの英文よりかなり高度な英文を読めなければならない。そうした英文を精確に読む能力を習得する生徒を育て、難関大学にも多数合格させてきた高校では、生徒が合理的に理解できるように、教師がしっかり文法を教え、その文法事項が英文中に現れるごとに「文脈における意味や用法」を説明し、英作文の指導においてもその使い方に慣れさせる訓練をしてきた。こうした教育指導の中で英語力が熟成して行くのだが、そのプロセスにおいて、生徒はじっくり考えて理解を深めている。（「聴き話す」活動だけでは、なかなか深い理解には至らない。）そのようにして獲得した高度な読解力は、高い文法力と語彙力に支えられたものであり、英作文力にも通じ

50　聴取訓練の問題だけではない。日本人は、「英語を聴き取り構造解析して意味を理解し、反論を考え、それを表す英文を構成し発話する」言語処理を遂行するために、脳のワーキング・メモリーをフル稼働しなければならない。その点で、リアルタイムの口頭運用には大きなハンディを背負っている。ネイティブは意識下で自動的に言語処理を行い、ワーキング・メモリーを、しっかり反論や意見を考えるのに使える。

る。堅固な基盤能力さえあれば、発音・聴取の教育と訓練を行なうことで、「英語を聴き話す」運用能力にも通じる。その意味において、日本の英語教育は本来の目標を達成したのである。いい加減な文科行政とは関係なく[51]、教育現場では受験で求められる「文法力と作文・読解力を育てる英語教育」を行なってきた。一般の学習者や経済界の要望との間にズレはあったが、「英語教育の現実的な目標」を達成し、口頭運用への基盤能力育成には成功したのである。

　口頭運用に向けては、発音・聴取の教育と訓練が不可欠だが、(既に述べたように、)英語は母音数が日本語の倍以上あり、子音の発音様式もかなり違う上に、音韻の変容や融合・脱落が激しいので、思春期以降の英語学習においては、その仕組みをしっかり学ばなければならない。だが一方で、現代のネット社会では、口頭運用だけが実用的な英語力になるわけではない。そのことを認識することも大切だ。むしろネットが普及し始めた 2000 年以降は、日本人が英語を使う場が、現実の社会ではなく、実務でも個人でもメールでのやり取りが主流になっている。この現状では、口頭運用ができること以上に、正確に「読み書く」能力こそ必要とされるのだ。ただし、ネットでは(「Skype」などを利用すれば)遠隔地でも、互いの顔を見ながら対話が可能な時代なので、口頭で会議や商談ができれば、それに越したことはない。

💬 日本の伝統的な英語教育の目標

　日本の伝統的な学校英語教育においては、実質的に「読み」を主の目標、「書く」を従の目標としたが、そうした目標は一応達成した。終戦の 1945 年から 80 年代までは、大学進学率がまだ低く(1955 年 10%ほど、1970 年 20%超、1975-90 年 30%未満)、50%超の現在とは学生のレベルも違うのだが、中堅以上の大学では、学生がどうにか標準的な英語が読めたし、難関大学では多くの学生がかなり難解な原書でも読める[52]レベルまで達していた。

　ただし、歴史的には日本の英語教育が「読み書き」だけを目標に据えたわけ

51　進学校では、「コミュニケーション G」という授業がある。これは「コミュニケーション英語」の授業で文法を教えることを指すが、生徒の学力と進学に責任を持つ対応として定着している。
52　大学入試問題には、バートランド・ラッセルの哲学書の文章などが頻繁に出題されていた。

ではない。明治時代前期には、(大卒程度の学歴でも桁外れな高給[53]を支払って、)英米人を教授として招聘して、当時は超エリートだった旧制高校[54]の学生が英語で講義を受け、英語の達人が輩出した。(現在の難関高校に相当する)旧制中学[55]でも太平洋戦争前までは「聴き話す」ことも目標になっていた。昭和初期には(現在の補助教師ALTとしての役割ではない)外国人教師の配置が3校に1人の割合であり、それなりに効果があった。ただ、戦後の新制中学と新制高校[56]では生徒数が激増したこともあり、それに対応する人数の教師の(音韻面などの)養成が十分にできず、生徒に対する音声教育が満足に行なわれなくなったにも拘わらず、教師養成課程の欠陥はさほど改善されることなく現在に至っている。

💬 文法や読解中心の英語教育は間違っていたのか？

1980年代には、「英語を聴き話せないのは、文法や読解中心の英語教育(「文法訳読式」)の責任だ」といった、世間の英語教育批判の風潮や経済界の圧力に晒されて、学習指導要領が改訂され、文法や読解の授業が大幅に削減された。コミュニケーションを中心に据えた英語教育に舵を切ったのだが、外国語習得

---

[53] フェノロサは大学卒業後無職だったが、当時小学校教師が月給5円の時に、60倍の300円の月給(現在なら1500万円)を受けて、日本の美術品を大量に収集した。国公立の大学には、90年代まで「外国人講師」という職があり、英米の大学を出た「学士号」取得者が特に研究業績もないまま赴任し、中堅の教授に相当する給与を得ていた。2000年代には期限付きの特任准教授というポストに変わり、研究業績も審査され、給与も日本人と変わらない。格差是正までは長い道程だった。

[54] 旧制高校は、1894年に(官立高等中学校を改組し)発足した時に、帝国大学入学者のための予科教育機関として規定され、教育内容は現在の大学の教養課程に相当する。最終的には全国に39校あったが、明治期には第一高等学校から第八高等学校まで設置され、ナンバースクールと呼ばれた。戦後は学制改革によって、旧制大学に統合され、新制大学の教養部や文理学部の母体となった。白線帽に高下駄のバンカラが学生の気風だった。

[55] 尋常小学校卒業後の進路は、2年制の高等小学校と旧制中学、(商業・工業・農学校などの)実業学校、高等女学校に分かれていたが、旧制中学の進学率は8%で、農村からは地主の子弟が1、2名ほどに留まり、教師、銀行員、官僚、医師、弁護士などの子弟が多数を占める。旧制中学では、1931年まで1-3年生は、国語、漢文、外国語(英語/独語/仏語)が全時間の過半数を占めた。

[56] 昭和23年度の学制改革により、旧制中学は廃止されて新制高校に改組し、高等小学校は義務教育の新制中学に移行する。

のメカニズムを考えると、そのやり方でうまく行くのは、母語の文法が学習対象の外国語に近く、若干の調整で応用できる場合に限られる。

日本語は英語とかけ離れており、母語の応用が不可能なので、英語の文法をしっかり習得しなければならない。文法学習を疎かにして、コミュニケーション中心の英語教育に変えることなどできないのだ。実際、日本の公立校で実施されているのは、設定場面の定型的表現を使ったやり取りに過ぎない。自由な発想による対話にはなっていない。

日本人が文法学習を飛ばして、コミュニケーション中心の英語教育ができるのは、幼児期から英語習得環境が与えられて、無意識の内に自然かつ自動的に、脳内に英語を使う基盤（文法）が形成された場合に限られる。そのような環境が、インターナショナル・スクール（日本人対象で、毎日ネイティブと英語に堪能な日本人が保育する保育園）や（関西学院、立命館、同志社など）私立大学付属小学校（初等科）では実施され、（週1、2回だが）かろうじて、それに準じる教育が多くの私立幼稚園でも始動している（次章参照）ので、将来は真にコミュニケーション中心の英語教育が期待できる。だが、現在の（小学校卒業までに、本格的な英語教育経験のない）一般の中高生に、英語を自由に運用できる生徒はほとんどいない。その意味で、欧州連合（EU）がコミュニケーション中心の言語教育を実施しているからと言って、これをそのまま日本に持ち込もうとするのは、「英語と母語との言語関係の現実が理解できていない」、「日本の生徒の英語力をしっかり見ていない」と批判されても仕方がない。

欧州諸語が母語ならば、母語の文法・語彙知識を応用して、英語が短期間に習得でき、読み書きだけでなく、リアルタイムで聴き話すこともできる。しかも到達レベルも高くなる。「外国語」と言っても、姉妹関係にあって、実質的に方言差ほどの違いでしかないことも多く、ほぼネイティブ並み（セミ・ネイティブ）になるのも、さほど難しくはない。多言語主義の欧州連合の言語政策においては、「2つの外国語の習得」という理念が掲げられるが、そうした近似した言語関係だからこそ、学習の負担が軽くて済み、そういう理念が無理なく実現できるのだ。ただし、日本人でも、英語に習熟していれば、それを足場（中間言語）にして、第2、第3の欧州語が比較的短期間で習得できるようになる。

第 3 章　日本の英語教育の目標をどう設定するか

🗨️「日常会話が目標」で良いのか？

　英語教育の目標が「簡単な日常会話ができる」ことであれば、高校においてペア・ワークやグループ・ワークなども含め、生徒の発話の機会を増やし、教師も（質問や指示表現など、）いわゆる教室英語を中心に「英語で授業をする」ことも良い。たとえば、「リアクションの徹底」として、教師の問いかけすべてに対し、"sure!" や "really!" などの相槌を伴う応答をさせたり、生徒の発表でも "Oh, do you?" や "I think so, too." など生徒の知っている表現をフル活用して返事をさせる。これにより笑顔が生まれフレンドリーな空気が作り出せる。「英語を使ってみよう」という意欲は高まるだろう。そして、定型的な文や表現を繰り返し使うことを通して、中学レベルの基本的な文法・語彙力をどうにか運用できるまで定着させることには効果がある。それが望ましい授業だと考える向きも多い。大方の高校生にとっては、「ごく簡単な日常英会話[57]ができれば、それで十分[58]」ということかもしれない。

　しかし、そうした教育では、生徒をより深い知識に導き、文法や構造の解析力を磨いて、標準的な英文を理解する実力を身に付けさせることはできない。これには英語力の基盤となる文法をしっかりと教え、精確に英文を読み取る、鍛錬に近い授業も必要だ。生徒が「じっくりと思考する」プロセスが不可欠なのだ。簡単な定型的な文や表現を使って「対話まがいの活動をクラスのみんなと楽しくする」だけでは、将来英語を使う仕事に就いた場合に困らないで済むような、本当の英語力にはつながらない。「実務で英語が使える日本人」の育成を目指すならば、授業がペア・ワークなどの活動のみに終始してはならないのだ。ただし、どういう英語力の養成を目指すかは、自分が担当する生徒の願望を考慮しつつも、生徒の実力とそれを踏まえた可能性を見極めて判断するしかない。

---

[57]　日常会話であっても、"She is more excited than [I expected [she would be (excited)]]."（複文構造を伴う比較構造）のような複雑な構造のものもあり、しっかりした文法知識が必要なことに変わりはない。
[58]　実際、国内総生産（GDP）に占める輸出入依存度が（韓国の 80％超に対し）日本では 20％程度しかないことを考慮に入れて、会社関係の仕事を念頭におけば、「実務で英語が使える日本人」はせいぜい 20 人に 1 人で十分だ。その現実を踏まえると、英語教育の目標が「簡単な日常会話ができる」に留まるのが、大方の日本人には妥当かもしれない。全員に高度な英語力は必要ないし、期待するのが非現実的だ。

現実的に達成可能な目標

どの分野にも通じることだが、英語力の習得についても、①達成目標と、②（それに到達するために）学習すべき内容と、③学習の方法、それらを具体的に示すことが学習意欲を高めることにも通じる。つまり「何をどのように学習すれば、どういう能力が習得できる」という目標達成に向けての、努力と効果の具体的な関係が納得できれば、生徒が意識的に学習に取り組む意欲が高くなるのだ。「達成目標と学習の方法と効果」を明確に意識した学習は、漫然と授業を受けるよりも、学習効果が大きくなる。では、どのように意識させるのか。それには、「英語力の習得の仕組みがどうなっているか」明快な青写真をまず示して、生徒が学習の全体像を掴めるようにすることが大事だ。つまり、言語は「それを使う土台となる仕組み」＝「文法」を知らなければ使えない。そのことを理解させることが第一歩となる。中学において、ある程度英語に触れてきて、これから文法を全般的に学ぼうとする高校生には、「英語がどういう特徴を持つ言語なのか」、その全体像をザックリと描いてみせることも必要だろう。そして、「日本語と英語の構造や表現の違い」を、生徒が理解できるように明快に説明する。それを踏まえて、英語の個々の文型や構文の特徴について解説し、さらに疑問文や関係節などを構成する文法操作について説明する。その上で、「日常的には、こういう使い方をする」といった例文を示しつつ、そうした構文や文法操作を含む英文を作成する訓練も繰り返し行なって、英語の表現力に自信を付けさせる。「（会話など）運用力を伸ばすにはどうするか」については、音声面での日本語と英語の違い、特に英語の「ダイナミックな音韻システム」の特徴を明確に説明して、しっかり認識させ、訓練することが必要だ。

コミュニカティブ・アプローチ実施の条件

欧米ではコミュニカティブ・アプローチが外国語教育の主流になって久しく[59]、

---

[59] 第二次世界大戦後、欧州諸国では民主主義に基づく平和共存を目指して1949年に欧州評議会が創設され、欧州人権憲章に続き、欧州に共通の基本的文化遺産と価値観、言語・文化の多様性を尊重し、加盟国の言語と歴史を学ぶ教育を推進する欧州文化憲章を起草した。その後、言語政策部局が設置されるとともに、（戦前のような古典語ではなく）現代語教育の促進が決議され、各国の専門家がカリキュラム、教授法の改革、教師養成、教材開発に取り組んだ。

第3章　日本の英語教育の目標をどう設定するか

外国語運用力向上の実績を上げている。元々文法訳読式だった外国語の教育方法が転換したのは、学習対象を古典語から現代語に変えたのが原因だが、比較的初習の段階からコミュニカティブ・アプローチが可能なのは、多くの欧州諸国の言語が同族的な関係にあり、親疎の違いはあっても相互に極めて似ているからだ。母語の文法や語彙が応用可能なので、それほど時間をかけて教える必要がない。最初から言語基盤がかなりできているのだ。このため、相互に共通の要素が多い文法ではなく[60]、実践的な言語行動が教育の中心に据えられるようになった。こうした授業の中身としては、コミュニケーションの具体的な状況や現実的なテーマが扱われるとともに、学習される外国語の使われる国や地域の文化・社会・歴史などがコミュニケーションに不可欠な知識として教えられるのだ。

　カネール&スウェイン（1980）によると、コミュニケーション能力[61]は、「文法的能力」、「談話能力」、「社会言語能力」、「方略的言語能力」などから構成される。しかし、これらは並列されるべき関係にあるわけではない。「文法的能力」はコミュニケーション活動を行なう際の基盤能力であり、これを欠いてコミュニケーションはできない。コミュニケーション能力は、基本的には母語において育成するものである。母語によって育てられた「談話能力」、「社会言語能力」、「方略的言語能力」は、外国語によるコミュニケーションにおいても応用できる。その場合、母語の「文法的能力」の代わりに、外国語の「文法的能力」を使うことになる（第6章の「共通基底能力について」参照）。したがって、英語によるコミュニケーションにおいて、（英語を使う仕組みである）「英文法の能力を軽視する」ということは有り得ないのだが、従来の学校文法教育に対する否

---

[60] フランスにおいては、植民地支配の時代に、アフリカ諸国においてフランス語教育を行なった際に、文法をきちんと教えた伝統もあり、今でも自国内の外国語教育においては、まず文法教育によって基礎を作る。

[61] Canale, M.& Swain, M. (1980) は、コミュニケーション能力が、1. 文法的能力 (Grammatical competence)、2. 談話能力 (Discourse competence)、3. 社会言語能力 (Sociolinguistic competence)、4. 方略的言語能力 (Strategic competence) から構成されるとした。欧州連合（EU）の『外国語の学習、教授、評価のためのヨーロッパ言語共通参照枠』(Common European Framework of Reference for Languages: Learning, teaching, assessment, 2002) は略称 CEFR で知られるが、言語コミュニケーション能力を「言語構造的能力」「社会言語的能力」「言語運用能力」から構成されるとした。

定的な評価のためか、日本では「文法よりコミュニケーション」という摩訶不思議な考え方が広まってしまったのだ。

　改めて指摘するが、欧州においてコミュニケーションを中心とする外国語教育が可能であったのは、欧州諸語のほとんどが印欧語族に属し、「ほぼ同じ言語構造や文法操作が母語にも存在する」ために、文法能力を学習の中心に置く必要がなかったからである。そのことを忘れてはいけない。日本人は、全く異質な英語を使う際に、母語の文法の知識を利用できない以上、英語でのコミュニケーションには「英語の文法力」を使うしかない。それには英文法の習得が不可欠なのである。

　日本では、欧米の学習理論が日本で有効に適用できるのか否かを、掘り下げて研究しないまま、コミュニケーションに偏向したカリキュラムや授業に変わってしまったが、授業の中身は、真のコミュニカティブ・アプローチの授業になっている訳ではない。実際、今の日本の学校では、ネイティブに準じる運用能力どころか、ストレスなく英語が自由に使いこなせる教師もほとんどいない。そうした実情からすれば、教える側についても、いわゆる教室英語を超える運用力はあまり期待できない。また、（受験を重視する進学校を除いて、）公立学校では、文法教育を軽視したために、生徒は文法力が極めて脆弱になっている。言いたい英文がその場で作れず、グループ／ペア・ワークにおいても、ほとんどが自由な対話ではなく、教科書で覚えた所定場面の決まり文句のキャッチボールに終始している。これでは、いつまで経っても、自由な対話はできない。今のやり方では、「コミュニケーション中心の授業を行えば、英語運用力が育つ」という王道も幻想に終わる。

💬「コミュニケーション」にだまされるな！

　日本の教育行政においては、かつての「ゆとり教育」と同じように、「コミュニケーション」という言葉が、生徒や親だけでなく教師をも欺く目的で使われるのは遺憾なことである。「受験地獄」とか「詰め込み教育」の批判が相次いだ頃には、「ゆとり教育」も甘美に響いたが、「文法訳読式」教育が強い批判に晒される中、人間関係を支える大切な活動としての「コミュニケーション」もまた「言語教育の王道」のように扱われ、これに反対することは誰にもできない。言わば、明治維新の官軍の「錦の御旗」のようなものだが、教室で展開さ

れる「コミュニケーション」は本来のコミュニケーションとは異質なものだ。コミュニケーションというのは、参加者がお互いにとって有益な情報を「言葉を介して」交換する活動であり、そこでは挨拶やゲームや決まった表現の機械的なやりとりではなく、参加者が日常生活で直面する社会文化的な事象や政治経済など、現実的な話題が扱われる。そうした話題についていろいろ深く語り合うには、「言葉を使う能力」(そのコアが文法力) がまず何よりも必要だ。

　国語教育において「コミュニケーション」能力の育成を目指すのは良いが、文科省は特に英語教育に関連してこの言葉を好んで使う。小学校の英語活動ならば、「コミュニケーションの素地」を養うと言い、中学ならば、「コミュニケーションの基礎」を養うと言う。「素地」と「基礎」で一体どう違うのだろうか。言語教育の専門家も首を傾げる。小学校では「英語に親しむ」だけに留め、挨拶や簡単な質問と回答の表現しか教えない。それだけの表現を使って、どんな有益な情報交換ができるだろうか。「国際理解」[62]も強調されているためか、日韓交流モデル授業においては、"What do you like?" "I like kimuchi." のようなやりとりも行なわれるが、こうしたお決まりの定型文のキャッチボールは「コミュニケーション」とは言わないし、「国際理解」を履き違えている。「国際理解」は外国人との「コミュニケーション」における中核的な理念で、歴史、社会、文化、風習、さらに国によっては、宗教の違いをも理解し合えるような相互理解である。衣食の好き嫌いを話題にする程度の、現状の小学校の英語活動では国際理解につながらない。どうも小学5、6年生の知性レベルには、何とも物足りないドリル的なペア・ワークに終始している感がある。

　背景には、英語力のない小学校の担任でも持ちこたえられるような授業にするために、「英語活動」を「コミュニケーション(まがいの)活動」にすり替えたという事情が透けて見える。中学や高校での「コミュニケーション」の授業においても、自由な発話による意見交換は行なわれていない。つまり、学校教育の現場では「コミュニケーションもどき」の授業が横行しているのだ。こんなものに騙されてはいけない。英語力が不足で、英語で言いたいことが表現できないのであれば、まやかしの活動で時間を浪費してはいけない。しっかり

62　「国際理解」が何であるかは、文科省の解説もないことから、小学校教師の間にも共通の理解がないなど、混乱した状況にある。

英語力そのものが育つ教育を行なうべきだ。真のコミュニケーション能力は、国語や社会などの授業で、生徒が日本語を駆使して、討議や発表を行なうことで、しっかり育まれる。それで身に付いたコミュニケーション能力は、どの言語を使う場合にも利用できる。英語の授業では、英語力そのものを育めば良い。脆弱な英語力ではコミュニケーション能力は育たない。

💬 コミュニケーションの前に近現代史の知識

　コミュニケーションは情報の相互伝達行為だが、そこには「相手を自分の中でどう捉えるか」という認識プロセスが介在する。コミュニケーションの相手が外国人の場合には、「日本人を相手がどう捉えるか」について思いをいたすことが、コミュニケーションを始めるにあたって大切だ。アジアからの留学生の場合、日本人を相手にした時に脳裏に浮かぶのは、中国人ならば日本軍の侵略の記憶であろうし、韓国人ならば日韓併合とそれに伴う創氏改名の歴史であろう。家系や血族に格別に強い思いとプライドがある朝鮮の人々にとっては、改名させられるのは極めて屈辱的なことだったのである。大学院での筆者の教え子の中にも祖父が日本軍に殺されたという中国人留学生もいた。両国の留学生は近年徹底的な反日教育を受けているので、そうした歴史に連なる思いが気持ちのどこかにあることは心に留めて置かなければならない。

　中国や韓国では近現代史が歴史の時間の3割から5割は教えられるが、日本は1割に満たない。(90年代の江沢民主席時代のように、天安門事件以降失墜した共産党の権威を高める目的で、徹底的に行なわれた反日教育では、歴史的な事実関係を歪めた記述や犠牲者数の極端な誇張がかなりある[63]ようだが、現在でも抗日戦争を扱った映画などが異常に多い[64]。) 日本では、縄文や弥生文

63　日本は、日中国交正常化後、1979年から、(政府開発援助(ODA)3.6兆円やアジア開発銀行を介した融資2兆円など)対中経済・技術援助を累計6兆円も行なっているが、中国国民にはその事実は知らされていない。
64　中国共産党機関紙・人民日報(1013年2月4日電子版)によると、抗日ドラマの多さを嘆く声を報じたが、中国最大の撮影所では、昨年、150の撮影グループを受け入れ、内48グループが抗日戦争を扱った。「面接の時に背中を縮め、凶悪で下品な感じを出せば日本兵に採用される」というエキストラの声もある。最近は、中国人武術家が素手で日本兵を殺すなど娯楽色が強くなり、「荒唐無稽」の批判があるほか、ネットでも「抗日『神劇』の氾濫は災害。腐敗問題より深刻な精神のアヘンだ」という批判が相次いでいる。(『読売新聞』(2013年2月6日朝刊)より)

化の古代から平安、鎌倉、室町、江戸時代までに授業時間の9割を費やし、明治時代が終わると、ほとんど時間が残されていない。日清、日露戦争まではどうにか辿りついても、昭和の時代、太平洋戦争に突入する経緯にはほとんど踏み込まないで終わる。日本人は隣国との不幸な歴史があったことは知っていても、具体的にどういうことがあったかはほとんど何も知らない。このことに留学生は驚くとともに、何よりも「知ろうという姿勢も感じられない」ことに不快感を覚える。日本人に対する意識、思いの根底に、近代日本の自国侵略や支配の歴史の記憶がうっすらと滞留しているのだ。その認識が全くないまま、日本人がノー天気にコミュニケーションしようとしても、相手の考え方、態度、思いを深く受け止めた「心の通う」対話はできない。

　そうした相手との相互理解を目指すコミュニケーションを行なう際に、基礎となる歴史的事実をほとんど教えない社会の教師は、教師としての責任を果たしているとは言えない。文部（科学）省も日本の侵略の歴史を国民に知らせたくないのか、教科書の扱いでも近現代史の教育には積極的な姿勢を取ってこなかった。大航海時代以降、海の覇権を握るスペイン、ポルトガルが中南米全域と北米西南部を植民地支配したのに続いて、次の覇者イギリスを筆頭に、（フランス、オランダほか）欧州の列強が、北米東部と南部、オーストラリアに入植し、アフリカやインド、東南アジア諸国、南洋諸島を植民地支配した。

　日本も江戸時代末期にはその標的になる中で、明治維新にはそれを防ぐために富国強兵策を推し進め、日清戦争に勝利し台湾を領有、強大なロシアにも勝利し韓国を併合した。その後、満州事変を契機に満州帝国を建国し、中国、東南アジアへの侵攻を巡り欧米と対立する。米国が日本に対し、在米資産の凍結、石油の禁輸、全植民地の返還を迫る事態に窮して、米国と開戦することになったが、教科書に一応記載のあるそうしたことも授業では教えていない。ほとんどの日本人が学ぶ高校までの教育の中で、どういう時代背景と国際関係の中で、太平洋戦争に突入せざるを得なかったのか、その経緯を自虐的にではなく客観的に教えることは、国家としての責務であろう。

日本の台湾、韓国統治　欧米列強の植民地政策も過去の歴史ではない。現代の世界情勢がその過去を引きずっていて、宗主国と旧植民地との資源権益を巡って、現在も紛争やテロが続いているのだ。日本も台湾を50年、韓国を36年統治したが、欧米諸国の支配が現地の「資源と労働力の収奪」だったのに対し、

日本の統治は違った。台湾、韓国の民を日本国民（皇民）として扱い、鉄道、港湾、道路[65]、橋、上下水道、電気の整備や学校建設など、インフラ（社会・産業基盤）建設に莫大な資金（日本国民の税金）を投入し、教育と医療にも力を注いだ。

　台湾総督府民生長官として産業基盤建設を指揮し、伝染病の巣窟だった台湾から疫病を駆逐した後藤新平[66]は「台湾近代化の父」と称せられる。技師八田與一は、献身的な働きによりダムを建設し、台湾南部を穀倉地帯に変えた。中学の教科書『認識台湾』には「皇民化運動」や「先住民の武力鎮圧」だけではなく、「日本語による基礎教育は台湾人が現代知識を吸収する手段となり、台湾の現代化を促進した。台湾総督府は公衆衛生、交通、産業、教育などを改善した」の記述がある[67]。善政を敷いたので抗日運動もない。

　日韓併合前の李氏時代の朝鮮では、道路も橋もほとんど整備されておらず、国民の大多数を占める農民が、支配階級の両班に搾取され、塗炭の苦しみを味わっていた[68]が、朝鮮総督府が、鉄道網[69]ほか道路、港湾など、全国の社会・産業インフラを整備して、産業を振興させた結果、国民生活が飛躍的に向上し人口も倍増[70]した。最新鋭の工場を多数建設し、それが今も北朝鮮では使われている。日本語の強制という批判もあるが、教育を受けたことのない大多数の国民（農民）に教育[71]を施したことも記銘して良い。創氏改名など誇り高い韓国民の心を傷つける行政[72]もあったが、欧米列強の一方的な収奪とは違い、皇

65　日本の統治以前は、鉄道やまともな港湾設備はなく、道路も畦道程度で人が安全に通れず、幹線道路でも荷車がやっと通れるものだった。
66　後藤新平は後に逓信大臣、内務大臣、外務大臣、東京市長も勤める。
67　杉江弘充『知っていそうで知らない台湾 日本を嫌わない隣人たち』平凡社（2001）参照。
68　平壌に富を集めて金主席一族と共産党と軍の上層部が贅沢し、ほかの地方では全国的に一般国民（農民）や下級兵士までが飢餓に苦しみ痩せ細るというような、今日の北朝鮮の状況に近かった。
69　鉄道網の建設には大韓帝国の歳入の5倍近い資金（日本の血税）を投入した。
70　併合前の1700万人から3000万人に増加した。
71　日韓併合以前は両班の子弟のみが教育を受け、1910年に100校程度しかなかった小学校が1936年には2500校、1944年には5213校となった。
72　支配階級両班の反発もあったが、身分を解放し、肉屋等の賤民にも姓を認めるなど、平等な社会に変え、万民が教育を受けられるようにしたことは、日本統治の実績として評価されて良い。

民化政策の下での、どちらかと言うと共生的な統治[73]だった。ただ、抗日運動は厳しく取り締まり、激しい拷問も行なった。一般市民に対しても軍や警察は強権的であったが、それは本国においても変わらない時代だったのだ。

　グローバリゼーションとかコミュニケーションという言葉を毎日聞くが、歴史の知識なしに現代の世界の政治、経済、地域紛争、テロといった日々の動きを正しく理解することはできない。日本人も隣国への侵略の歴史を認識することは必要だが、現地への貢献に献身した日本人が数多くいたことも忘れず、歴史的な事実を客観的に捉え、現在の隣国との紛争問題等に関しても、卑屈になって相手に意見を言うことをためらってはいけない。とにかく、外国人と現代の問題を論じる際には、歴史的な知識が不可欠だ。学校教育の中で近現代史をこれだけなおざりに扱っているのは日本だけである。最初に近現代から歴史を遡れば、現代日本の成立ちと隣国や世界との関係が実感として掴める。そのことが今に生きる生徒には大事だ。江戸時代以前の歴史は近現代をしっかり教えた後で扱い、縄文や弥生文化は最後の30分だけで良い。興味がある生徒には、ネットで遺跡や遺物を調べられるように、検索の手掛かりとなる情報を与えれば十分だ。

💬 伝統・風習・宗教・政治経済・技術・産業

　外国人と交流する場合には、自分の国の伝統文化や風習だけでなく、現代文化、政治や経済の情勢についても、外国人に説明できるだけしっかり学んでおくことが必要だ。もちろん、相手の国の宗教や文化、慣習、習性についても、基本的なことは調べて臨むべきだろう。

宗教と習俗と食文化　イスラム圏では、豚肉は食べないし酒も飲まない。食材や調理の仕方も定められている。断食月には日中は飲食できない。ヒンズー教徒は牛肉を食べない。宗教が人々の生活全般に亘り規範を定めているのだ。異なる宗教を信奉する地域の人々が会食する席を用意する場合には、食に関する

---

[73]　日本は、日韓基本条約で、当時の韓国の国家予算3.5億ドルの約2倍に相当する8億ドル（無償金3億ドル、有償金2億ドル、民間借款3億ドル）を供与。ベトナム戦争参戦と日本の経済・技術援助により、朝鮮戦争で壊滅的な打撃を受けた韓国経済が「漢江の奇跡」と呼ばれる経済発展を遂げたが、このことは一般国民には周知されていない。

規範は不可欠な知識だ。実際、筆者が機械翻訳の専門家として香港での「知的財産権」の国際会議に出席した折[74]に、インドネシアやインドからの参加者も一緒に中華料理を囲むことになったが、鶏肉や魚介類だけを使った料理(ヒンズー教では牛は神聖な動物であり、イスラム教ではコーランに「豚は汚れた動物なので食べてはいけない」と定めている)になった。

中国や韓国の家庭に招かれた時には、料理を多少残すのがマナーだ。そうしないと、料理を十分に出さなかったことになり、家人の恥になってしまう。また韓国では何人かで外で食事をすると、年長者が勘定を払う慣習だ。酒を飲む際は、目上の人と対面しないで、顔を横向きにして飲むのが礼儀だ。「長幼の序」が社会行動を律する規範が生きているのだ。日本や韓国では、同じ年齢だと分かると親密感も増しタメ口になり、年長だと敬語を使う。「相手とどう接するか」、「どういう言葉使いをするか」を決めるには不可欠な情報なので、知り合うと間もなく年齢を尋ねることが少なくない。

しかし、欧米では長幼は社会行動の基準にはならないので、相手に年齢を尋ねることは普通しない。むしろ聞かない方が無難だ。宗教や政治なども、緊張をもたらしかねないので、話題にするのは避けたい。日本人にありがちなことだが、欧米人に血液型を尋ねたら驚かれる。普通自分の血液型を知らないし、特に、性格と結びつけたら、「何て非科学的な人なんだ」と思われてしまう。

なお、韓国では、大学で新入生同士が初対面の相手に姓名を尋ねる時に出身地も確認する。これは李氏朝鮮において「同姓[75]同本不婚[76]」という制度が設けられ、始祖の出身地(本貫)が同じで同姓であれば結婚を禁止する制度で、法的には無効となったが、慣習的には守られているためだ。同姓同本であると分かると、男女は双方を恋愛対象としては見ない。

---

74 この国際会議には筆者がアメリカ政府の招待で参加し、「日本における自然言語処理の現状」について講演した。
75 朝鮮民族は五大姓(金、李、朴、崔、鄭)だけで人口の54%を占める。なお、5人に1人は金氏である。
76 「同姓不婚」は、元来中国の周王朝時代から清王朝末期に廃止されるまで存続した制度で、周辺諸国にも影響を与えた。父権制社会の象徴的制度とされ、儒教思想に基づいて支持された。韓国では1997年に民法の「同姓同本不婚」は憲法裁判所において無効とされたが、8親等内の親戚の結婚は法的に認められない(日本では3親等内が禁止)。

第3章　日本の英語教育の目標をどう設定するか

謝罪をしない文化　日本人は日常生活の中で、いとも簡単に、「ごめんなさい」「すいません」と言うが、中国人も、韓国人も絶対に謝らない。負けず嫌いでプライドが高いのだ。そして何よりも「面子」を大事にする。民主党政権最後の野田首相は、国際会議の折に中国の胡錦濤主席が、「国有化しない」対応を求めたにも関わらず、その翌日に尖閣諸島の国有化を宣言した。中国はこれに激怒し一気に高圧的な姿勢に転じたが、これは「面子を潰された」ためだ。野田首相の無知が招いた事態だ。尖閣諸島を国有化するにしても、翌年の春とかしばらく時間を置く気遣いがあったら、中国ももう少し冷静に対応した可能性がある。日系企業で日本人管理職が中国人従業員を「バカヤロー」と怒鳴ったことから、ストライキに発展したこともある。日本ではこうした叱責は珍しくない[77]ようだが、外国では同じ感覚で部下の面子を潰してはいけない。

　アメリカ人は"I am sorry."を「お気の毒です」と相手の不幸に同情を表わす意味では使うが、訴訟社会なので謝罪の意味では使わない。日本人は、交通事故で相手が怪我をしたら、事故原因が相手にある場合でも、とりあえず「すいません」と言ってしまうが、米国人は自分に明らかに責任がある場合でも"I am sorry."とは絶対に言わない。それを言ったら、裁判では自分に過失責任があったことを認めた証拠にされてしまうからだ。「郷においては郷に従え」ということで、我々も米国ではそう言わないように、しっかり肝に銘じておくことが大事だ。生徒が留学する際にも、銃犯罪や強盗、強姦、麻薬など危険性と並んで、自分を守る行動として、注意するべきことだろう。

日本の技術と人類への貢献　外国人との対話においては、日本の伝統や文化を語るだけではなく、科学技術による人類への今後の貢献という面も欠かせない。大阪大学の異文化交流企画「イングリッシュ・カフェ」では、2011年の福島の原発事故の後で5月頃に発電の問題を討議した。ほかの参加者が原発に反対するなか、フランス人留学生は賛成し[78]フランスでは「事故の不安はない」と主張した。原発が地震のない国土に立地することと、（欧米では常識だが、）テ

---

[77]　日本でも、毎日「バカヤロー」と怒鳴られて、自尊心を傷つけられ恨みが鬱積した中国人技能実習生が雇い主（カキ養殖業）の殺害と自殺未遂に及ぶ事件が、広島で2013年3月に発生している。外国人技能実習制度の運営に当たっては、管理団体を書類審査のみによる登録にせず、受け入れ企業の監督能力を厳格に調べ、言葉の不自由な外国人実習生とのコミュニケーションの取り方の研修も行なう必要がある。

ロに備え一個小隊の警備兵を配備し、特殊火災に備えた消防隊もある点で説得力もあった。一方、日本は地震の起こらない場所はないし、活断層の上に立つ原発も複数抱え、しかも「きのこ狩り目的の敷地内侵入」に気付かない無防備な態勢だ。警備兵どころかまともな消防隊もない。北朝鮮の工作員がテロ目的で潜入しても対抗手段がないのだ。津波対策も全く未整備で、福島では「ねずみ進入による電源停止」が2年経ってまだ起こる。核廃棄物の処理・貯蔵施設も、増え続ける福島の汚染水の処理も、全く目途が立たない。原発を許容する条件をひとつも満たしていないのだ。

　国内50基の原発が1基も稼動しなかった夏も電力は不足しなかった。太陽光発電の申請も3ヶ月間で原発1基100万キロワット分あった。海上、陸上の風力発電もある。地熱発電も世界3位の資源量（原発20基分）で全国に候補地があり、地熱発電装置は日本が世界シェアの70％を占める。火力発電も電気への変換効率が従来の2倍のものが開発、設置されている。さらに（愛知県沖以南の）南海トラフ、新潟・佐渡、北海道沖など、日本近海には100年分のメタンハイドレート（氷結天然ガス）層がある。世界最高水準の蓄電技術もある。これだけ新電力資源の揃っている国はほかにない。本格利用まで時間はかかるが、当面は米国のシェールガスに切り替えれば、6割費用が節約できる。これまで天然ガスを産出国の言い値（国際相場の2〜3倍[79]）で買って、電気料金に乗せていたのが異常だった。もし原発銀座の若狭湾で事故が起これば、近畿圏は被爆者が溢れ、全住民が避難し、経済は壊滅するだろう。日本経済に与える打撃は計り知れない。一時的に電力を安定的に確保し経済活動に寄与したとしても、事故はどんな形で起こるか分からない。現状、再稼動に備え、毎年1兆円以上を、50基の原発の整備・維持にかけているが、遺伝子を傷つけ

78　原発大国フランスの隣国ドイツでは「福島を教訓に原発を離脱する」とメルケル首相が明言したが、福島の汚染水や全国の原発の核廃棄物の処理の目途が立たない中で、安倍首相は国民の7割が反対する原発の推進を、経済的な理由から明言する。「美しい国」を目指した人間が日本を「汚染列島」に変えかねない。今こそ諸々の規制を外して新電力資源開発に数千億円規模の税金を投入し、被爆の恐れのない新電源を確保するべきだ。国内新エネルギーが当面不十分だとしても、アメリカのシェールガスがすぐ安価に買える。

79　2012年10-12月には米国の6倍、欧州の2倍の金額（原油平均価格連動式）で天然ガスを購入。

未来につながる多くの命と日本の存立を危うくする原発稼動は避けるべきだ。「日本は再生エネルギー、環境、生命、ロボット技術で立国し世界に貢献する」と胸を張って言いたい。

　コミュニケーションはお互いのことを知り、認め合う中で行なわれる。そして相互に意味のある情報が提供できてこそ「コミュニケーション」なのだ。相手の自分に対する思いに配慮し、相互に対話の相手として認め合った上で、お互いが異文化を背景に貴重な情報を分かち合えるような、実りある「コミュニケーション」にしたい。そのためにも、自国の文化・慣習や社会・制度、そして近隣との歴史についても、しっかり勉強しておく必要があるし、自分の考えも整理しておくべきだ。

🗨 生徒の主体性を重んじる学習の前提

　教師が主体となって教えるのではなく、生徒が自主的にものを考え学ぶ「生徒主体」の学習が望ましい「創造的教育」であると考える風潮がある。しかし、生徒が自主的かつ創造的にものを考えるには、考える対象についての「基礎知識」と（問題をどのように設定し、どう解決するかを考える）「思考能力」が備わっていなければならない。そうした基礎知識と創造に向けての思考方法は教師がしっかり教えるべきもので、それが備わって初めて、生徒が自らものを考え学ぶことができるのだ。「ゆとり」教育の頃の「総合学習[80]」のように、そうした土台作りをせずに、いきなり生徒を主体的な学習に放り込んでも、「何を、どのように考えるのか」、全く見当も付かず、途方にくれてしまう生徒が溢れるだろう。これは教師の責任放棄と言わざるを得ない。

　最近、学習者が主体的に学習する「協同学習」が教育の現場でも実施されている。「協同学習」では、生徒がグループに分かれて意欲的に授業に参加し、自ら提起した問題について、それぞれの個人的な経験やアイデアを出し合って、

---

[80]　「総合学習」（「総合的な学習の時間」）は「考える力」「知識を組み合わせる応用力」の育成を目指し、教科横断的な総合的学習によって問題解決を図ったが、これには①「基礎知識」と②（問題解決のための）「思考方法」が不可欠だ。ところが、どちらも教えないまま、児童の主体性に委ねたので、学力低下を招くだけの結果になった。児童の興味・関心に基づく体験学習を行なった学校も多いが、それで「考える力」や「知識応用力」が身に付いたと判断できる事例は乏しい。

より高いレベルの理解や創造的な解決と学習に到達できる可能性がある。「社会」や「地理」など、教科や分野によっては、生徒が個人的にいろいろ経験していて、基本的な共通知識さえあれば、みんなが創造的な解決に寄与することができるので、そうした学習法が有効な面もあるだろう。

しかし、外国語学習の場合、「協同学習」は既習内容を応用練習させ、定着するのには有効であっても、より高度な内容の習得には成果があまり望めない。なぜならば、お互いが教え合いながら協同学習すると言っても、習熟度が揃った生徒同士でないと、互恵関係的には平等になりにくい。みんながどこかで間違った知識を教え合うということも起こりかねない。特に、外国語環境においては、生徒が個人的に新しい言語経験によって啓発されるような機会もめったにない。しかも、英語のように母語と全く違う言語の学習においては、まだ授業で教えられていない文法知識を、生徒の誰かが教えることも危うい。結局、生徒同士で教え合えるのは、既習の内容に限られる。つまり、授業で教師が教えた内容がよく分かっていない生徒に、よく理解できた生徒が教えるのである。新たな知識の習得には結びつきにくい。肝心の英語力そのものの高度化にはつながらないのだ。

自己の知識や経験を踏まえ、独自のアイデアを出し合うようなことは、（地域紹介のマップを外国人向けに作るなど、）何らかの行事的なことに向けて協同作業（「プロジェクト型外国語活動」）する際には、効果的なのかもしれない。この場合でも、それなりの英語力が前提となる。もちろん、中級レベル以上[81]に習熟した生徒が協同学習するならば、自主的な英語使用が促されることから、運用力の向上に寄与できる。お互いに助け合って一緒に目的を達する努力をする過程で、学習意欲が高まる効果はあるだろう。結局、協同学習は既習知識の習熟と自動化に効果はあるだろうが、より深い知識の学習と高い技能へのレベルアップはあまり期待できない[82]、というのが客観的な評価ではないだろうか。実際、教師が文法指導をする普通の高校から、協同学習を中心に授業を行なう

81　中級レベルは、（関係節や仮定法、埋め込み文を含む第5文型や不定詞・分詞・動名詞など、）複文構造の英文を使える文法力が備わっていることが基準となる。
82　ただし、欧州の学校ならば、外国語でも母語との共通性が多く、教師に説明を受けていない文法現象であっても、母語に対応する現象があれば、協同学習の中で、母語と関連付けて発見することも起こり得る。

高校に転任した教師からも、「生徒の学力の伸びが芳しくない」という事情を聞いている。もっとも、教師による授業が基本で、協同学習の時間が随時入るという形態ならば、相乗効果が期待できないこともない。

文法知識は役に立つ

「英語が使えないのは、文法訳読式の英語教育が原因だ」と批判する人の多くが、自分では英語が使えないし、文法や読解の力も乏しい。英語が自分で使えるようになるまでの努力と経験をしていない[83]のだ。すなわち、何の理論的な根拠も経験的な裏づけもなく、思い込みだけで主張しているに過ぎない。文法は「言語を使う仕組み（規則の体系）」だから、文法が習得されなければ、その言語が使えない。それにも拘わらず、文法の学習を恣意的な「規則の暗記」と捉えてか「文法は役に立たない。文法よりもコミュニケーションだ」と主張したり、「訳読」（第7章参照）を非常に狭く捉えて否定する。実際、英語を使いこなせるようになった人は、文法知識がどんなに役に立っているかを認識している。留学から帰国した学生に何が役立ったか尋ねると、「文法を勉強したことが一番だった」と答えることが多い。それが多くの日本人留学生の実感なのだ。百年も前に、山崎貞（『自習英文典』1913）は「文法を知らずして文を作ろう、本を読もうというのは、舵なくして舟を進めようとするもの」と記している[84]。

---

83 幼児期から英語環境に育ったバイリンガルの人も含まれる。
84 江利川春雄氏がその著作「学習英文法の歴史的意義と今日的課題」『学習英文法を見直したい』（大津由紀雄編著）で引用。

社会生活において使う表現

　日本語では、敬語や丁寧表現は文法形式化されているが、英語ではされていない。このことから、英語では何でもストレートに表現して良いと考えられる傾向がある。しかし、これは誤った認識だ。欧米社会においても、日常的なやりとりにおいては、社会的な待遇表現を使わないで良いということは決してない。日本語のように、文法化された敬語表現（「敬語文法」）はないものの、機能的にそれに対応する表現はあるのだ。

　日本からの留学生がアメリカのホームステイ先に滞在して2、3週間経っても、"Give me some coffee." のような物言いしかしないので、叱責されたという[85]。本人もショックだったろう。「コーヒー頂戴」の感覚だったのかもしれないが、これはぶっきらぼうな言い方だ。命令形で言われ続けた里親も、かなり立腹していたのだろう。園児でも親には、"Give me some milk, **will you**?" と言う。英語が上手い下手とは別に、社会性が評価されるのだ。不用意に使いがちだが、"I **want** you to do...." という表現も「していただきたい」ではなく「して欲しい」という要求を表すため、目上には失礼に当たる[86]。これに近いが、"I **expect** you to do...." は、尊大な感じを与えかねない、上から目線の表現で、教師が生徒に対して、（宿題を忘れたり、遅刻をしないように）注意する場合などに使う。目上の人には、"I **would like** you to do...." や "**Would** you...?" のような遠慮がちな仮定法表現が無難だ。

　気軽に命令口調の間違った使い方をするのは、日本の学校における英

85　関西大学外国語教育学研究科創立10周年記念シンポジウム（2012年11月24日）での八島智子教授の講演「多文化世界の外国語教育研究：コミュニケーション論的転回」中の逸話。

86　ラフカディオ・ハーン（小泉八雲）が旧制熊本第五高等中学校の授業で、今だと古風な表現 "I **wish** you to do...." の使い方を注意した「学生のノートの写し」が富山大学付属図書館で見つかっている。

語教育の中で、「待遇表現を教えない」ことに起因する。学校文法においては、命令文や仮定法を文法形式としては教えるが、どういう場面で使うか、具体的な使用例で説明しない。しかし、現実の言語運用にあたっては、社会慣習的に適切な使い方をしないと、社会人として未熟だと誤解されてしまう。「これ３枚コピー取って」と指示する日本と違い、部下に対する業務命令であっても、内容が依頼であれば、命令文ではなく、助動詞を用いた疑問文 "***Will you*** make three copies of this document?" を使う。相手に配慮した丁寧な表現の方が気持ち良く仕事をしてもらえるからだ。基本的に、軍隊の命令でもない限り、命令文をそのまま使うということはほとんどない。必ず何らかの依頼表現（"***Will you*** open the door, ***please***?"）を添えて使うのである。

　「仮定法」は学校文法の中だけのことと生徒には受け止められがちだが、現実には丁寧な表現には欠くことのできない言語形式である。筆者が客員准教授としてアラバマ大学（ハンツヴィル校）で教鞭をとっていた 88 年に、現地で半年しか英語に接していない小学校２年生の息子が、教師には（"***Can*** I be...?" ではなく）"***Could*** I be absent tomorrow, ***Miss White***?" と仮定法で丁寧に尋ねている。こうした敬語・丁寧表現については、文法形式と結び付けて、しっかり教える必要がある。コミュニケーション重視と言うなら、そうしたことを中学や高校で教えなければならない。

　どの程度丁寧な表現を用いるかは、「頼む側と頼まれる側の関係」と「頼む作業がどの程度負担になるか」に依存する。一般に相手の意見を求めるとか、自分の判断に自信なさげな言い方をすると、相手の立場に配慮することになるので、丁寧で控え目な表現になる（"***Would you mind*** [fetching me a beer from the fridge]?"、"***Do you think*** [you could fetch...fridge]?"）。また、possibly（「もしかして」）などの副詞を挿入することも、実現性が確実ではないという判断が表明されるので、より丁寧な表現になる。I wonder でも良いが、過去に視点を移した表現を前に添えると、さらに控えめな表現になる（"I ***was wondering*** if [you could ***possibly*** fetch...fridge]."「今はそう思ってないけれど、…先ほどまでは、どうかなあと思っていたんだ」）。伴侶に頼む場合でも、深夜

に階下からわざわざ毛布を運んでもらうには、仮定法で頼む（"***Could you*** [bring an extra blanket from downstairs (, ***please***)]?"）。

　CNN や ABC のニュース番組は日本の衛星放送でも見られるが、キャスターとリポーターはお互いをファーストネームで呼び合いながら報道する。対談において「相手の名前を呼ぶ」ということが頻繁に行なわれるが、これは親愛の情や敬意を示す[87]ことになるのだ。会社の中でも上司とその部下はファーストネームで呼び合う。店やホテルでは、客への応対時に Sir、や Madam(Ma'am) を連発するが、これも敬意表現なのだ。

　なお、please には「当然してもらえる」という判断が感じられるので、一方的な依頼の場合には押し付けがましい懇願と受け止められる危険性もある。やたら使えば良いというものではない。ただし、大した負担にもならないことを依頼するのに丁寧すぎる表現を使うと、慇懃無礼（いんぎん）になったり卑屈になったりということもあるので、バランスが必要だ。

　こうした丁寧表現の使い分けについては、学習段階の進んでいない場合に、命令文が多用され、必要以上に please が使われるという調査もあるが、これは教える側が丁寧表現を全体として取り上げて説明するということが少ないためで、きちんと教えれば仮定法や過去時制、進行形を適宜使うなどの工夫ができるようになる。

---

[87]　80 年代に筆者が UCLA 大学院言語学研究科の客員研究員だった頃、秘書が科長に John とファーストネームで呼びかけていたが、南部のアラバマ大学では Dr. Smith が普通だった。教師の服装も西部はジーンズなどカジュアルで東部、南部はスーツが多い。

第4章 公立学校外で始動した早期英語教育

　欧州では小学校低学年から英語を学んでいるが、英国の放送の届く地域[88]では、幼児期から日常的にテレビ、ラジオ放送を視聴する。英国やほかの欧州諸国からの旅行者だけでなく、世界中から訪れる人々と英語で話す環境にもある。母語の知識を応用できることから、自由に英語が使える人が非常に多い。特に、欧州連合の言語教育政策で母語以外に2言語を習得することが定められてからは、小学校で英語を習わない子供はいない。母語を足がかりにできるので、英語習得レベルはかなり高い。

　日本語と同様、中国語も朝鮮語も英語とは言語的にかけ離れている。だが、韓国、台湾、中国の大都市部では、言語獲得期のメリットを生かすべく、比較的裕福な家庭の子供は幼稚園から日常的に使われる英語表現に触れる[89]。英語運用力が高い英語専科の教師やネイティブの教師に教わるので、小学校高学年では普通に対話ができるようになる。富裕層の子弟の通う小学校では高学年になると、日本の高校3年生の読解のテキストのレベルの英文が読める。このため、大都市圏から日本の難関大学に来ている留学生はTOEIC換算なら900点超の成績を持つ者がかなり多い。

　こうした世界の国々の英語教育の状況とは違い、日本では小学校で英語活動を始めたと言っても、5年生からでは既に思春期に入っていて、言語獲得期の

---

[88] 言うまでもなく、近年は衛星放送を視聴する家庭が多いので、米国の子供番組に親しむのも普通だが、幼児期の言語獲得は、一方的な聴取ではなく、父母や兄弟との対話的なやりとりが重要だ。
[89] 韓国のソウルの幼稚園は、日本の幼稚園と違い、英語だけでなく算数や音楽等も含め、早期教育に熱心で、英語は3歳から始まり、4歳には毎日1-1.5時間ネイティブの先生に習うのが普通で、学期末には英語劇も演じる。このほか、英語幼稚園や（韓国では、基本、外国籍の児童のみ入園可能なので、富裕層には米国で出産し米国籍を取得して児童を入れるケースも多い）インターナショナル・スクール付属幼稚園も多く、英語漬けの保育になっている。中国や台湾の大都市部の幼稚園も、ほぼ似た状況にある。

メリットが生かせない。言語獲得期を逃した場合、日本語と英語の言語差が切り立った岩壁のように越え難い障害となる。この壁を越える鍵は早期英語教育しかないのだが、公立小学校は、(「特区」で低学年に英語を教えるところが例外的にあるものの、) 週に1時間だけで、かつ「(英語の基礎を教える) 中学校の授業の前倒しはしない」として、挨拶や歌、ゲームなどでかろうじて英語に馴染ませているに過ぎない。こんなばかげた「英語教育もどき」なことをやっているのは、世界中で日本だけなのだ。(近隣諸国では幼稚園において習得する) 文字や単語の綴りを (「英語嫌いになるのを避ける」ためなど、理論的にも経験的にも根拠のない理由で、) 教えないので、中学の英語教育にも、役に立つ形では繋がっていかない。これでは、実質的に英語教育を行なっていることにはならない。日本の公的な英語教育は、今も「中学校から開始」というのが実態なのだ。仮に、今後全国の公立小学校の低学年から英語を教えるようになったとしても、きちんとした英語教育法を習得していない担任が、たった週に1回「英語教育もどき」のことをやるのでは、子供が英語力を身に付けることには何の効果もない。

「小学校英語教科化」に向けて

なお、自民党の教育再生会議が5月に提出した「グローバル人材の育成などに関する提言」に沿って、文科省が「小学校英語教科化に向けての」検討チームを発足させるという報道があったので、その件に触れておきたい。現在の「外国語活動」は、歌やゲームで英語に親しむ程度だが、「英語教科化」に向けては、開始年齢3、4年を軸に、時間増 (週2時間)、教科書の使用と成績評価、専任教師の配置を検討する予定だ。26年度から5年間で100校の「スーパーグローバルハイスクール」(仮称) 指定も検討している。

近隣諸国では全国的に3年からの英語教育が開始 (中国／台湾2001年、韓国1997年) されているだけでなく、(上海・北京や台北、ソウルなど) 大都市部では1年から開始し、比較的裕福な家庭ではほとんどが3、4歳から英語教育を施している。台北では、私立幼稚園は半数以上がバイリンガル教育で、小学校以外にネイティブが指導する英語学校に週二回通うほか、共働きの家庭では英語が話せるフィリピン人を家政婦に雇い、子供が英語に触れる機会を増やしている。韓国では、3、4年が週2回、5、6年が週3回の授業だが、韓国人

第 4 章　公立学校外で始動した早期英語教育

教師と ALT が一緒に教える学校も多く、英語圏の生活が疑似体験できる全国の「英語村」に一週間ほど滞在するプログラムも活用されている。中国は 3、4 年が 20 分の授業週 4 回、5、6 年が 20 分と 40 分の授業が週 2 回ずつだが、中国人教師が英語で授業する。

　「英語教科化」は一歩前進だが、問題は専任教師の配置だ。中学校教師の活用や外国人言語補助教師（ALT）の増員が検討されようだが、費用的には年間 1500 億円かかる。しかし、現職教師の負担、（今でも困難な）ALT 確保の難しさを考えると、退職した中高の英語教師の活用が不可欠だろう。嘱託教師としての雇用ならば、費用的にも半分以下で済むし、英語教育の経験と専門的な知見は、貴重なものである。退職教師の最善の活用というだけでなく生きがいにもつながる。いずれにせよ、全国的に一定水準の教育を保証するには、「小学校における英語教育」に向けての教師の研修が必要だが、「外国語活動」の技能的な研修がこれまで実質的に行なわれず、教育実態も学校によってバラバラであったことを踏まえると、あまり期待はできない。

幼稚園・保育園の英語学習

　近年は「英語教育は早期ほど効果が上がる」ことを認識する親が増えたためか、（公立よりも多くなった[90]）私立の幼稚園では（ネイティブ・スピーカの教師が受け持つ場合を含め、）英語で保育するところが半数ほどに増えている。特に都市部では、園児の 8 割を預かる私立幼稚園の 7 割が、（週 1 回から数回）ネイティブによる「お遊びを超える英語教育」を導入している。内容的には公立小学校高学年の「お遊びの英語活動」程度を底辺として、日常的な会話が一通りできるレベルになるところもある。特に「英語保育」を謳い、都市部でチェーン展開する保育園（日本人対象の「インターナショナル・スクール[91]」）では、テキストやカリキュラムも独自に開発していて、ネイティブの先生と英語に堪能な日本人の先生の保育の下で園児は英語漬けになる[92]。卒園児は、高校生レベルの英語力で、発音もネイティブ並みだ。卒園時に、英検 3、4 級だけでなく、準 2 級を取得する子供も輩出している。公立小学校に進学した卒園児は、放課

---

[90] 近年公的な補助の金額が増えたことによって、公立幼稚園に通うのと比べ費用負担はあまりかわらなくなっていることもあり、私立幼稚園が急増した。一般の保育園では英語保育はまだごく一部に留まる。

後や土曜日に、こうした保育園の小学部に通って、英語力をさらに高めることもできる。そうした生徒は公立小学校高学年の「お遊びの英語活動」には馴染まない。このため、私立大学付属の小学校（初等科）に入学する児童もかなり多い。付属小学校では、1年生から週2～4回の英語の授業のほか、毎日15分ほど英語の帯時間が設定されているが、卒業時には高校2、3年生レベルの英語力[93]になる。このままでは小学校高学年の「英語活動」の段階で圧倒的な格差を生じ、多くの公立中学校での英語の授業が破綻する危険性がある。

　このように幼児が言語獲得期の間に英語環境に置かれると、(ネイティブか日本人かなど、)教師の英語力や指導力そして英語活動の時間数にも依るが、かなりの子供が日常会話的なレベルの英語を自由に使えるようになる。母語に準じる英語の文法基盤が無意識の内に形成されるのだ。そうした英語力は、語彙数が基本語の範囲であっても、文法力はもちろんだが発音・聴解の能力においても、公立小学校のお遊びの「英語活動」で得られた片言の英語力とは、雲泥の差どころではない大きな違いがある。

　そうすると、公立の保育園や幼稚園から小学校に進んだ子供は、英語力において極めて大きな差をつけられることになる。地域によって違いはあるものの、私立幼稚園に通う児童が幼稚園児の80％にも及んでおり、特に大都市部では、親の要望に応えるべく、私立幼稚園児の60～75％が何らかの英語活動を行なっ

---

[91] 日本にも従来インターナショナル・スクールはあるのだが、これは外国人の児童・生徒を対象にする施設で、各種学校として全国で125校が都道府県知事の認可を受けるが、無認可のものが多い。日本人が小学校や中学校に相当する課程で学んでも義務教育を終えたことにならないため、原則、公立高校の受験資格はなく、私立高校に進学する生徒も多い。ただし、文科省が高校相当と認めた学校の卒業生は大学入学資格が認められている。一方、日本人対象のインターナショナル・スクールは「早期英語教育のための保育園」で、小学校は普通の公立校ないし私立校に進む。園児には医者、弁護士などの子弟が多い。

[92] 「言語獲得の臨界期」は、生活環境において日常的に使われる母語ないし第二言語に適用されるものだが、生活環境において使われることがなく、外国語として学校等の教育機関内において学習する場合でも、ほぼ毎日数時間学習するケースでは、実質的に第二言語学習の様態になっている。その場合には、母語話者に準じる英語力を習得することも珍しくない。日本人対象のインターナショナル・スクールや大学付属小学校などはこのケースになる。

[93] ただし、英語力そのものは、高校生に負けなくても、抽象的な概念や文章構成力などの面で、英文の理解や作成が追いつかないこともある。

ている。概して園児数が少ない私立保育園でも似たような状況になりつつある。結局、小学校入学以前に、全体の半数近くの園児が英語に慣れ親しんでいることになる。

英語教育の経済格差

　現状では大半の園児が公立小学校に進むが、その場合、4年間の空白期間が生じるだけでなく、幼稚園・保育園での英語教育よりかなりレベルの低い英語活動を5、6年生で行なうことになる。不幸な事態と言うだけでは済まされない深刻な事態だ。都市部の裕福な家庭の児童は卒園後も放課後には児童英語教室などに通い、園児の時に獲得した英語力を維持・伸長する。もちろん費用が掛るが、そうした費用を負担できるか否かによって、子供の英語力が伸ばせるかどうかも決まってくるし、思春期以降の学校での英語科目の成績と英語運用力も大きく違ってくる。このように英語教育が親の収入によって中断されるのは極めて不幸なことで、英語教育を継続して受けられる児童との間に格差を生じる。経済格差が英語教育の格差につながるのは、文科省の行政責任が大きいと言わざるを得ない。

　日本の公教育では2011年に小学校5年生から英語活動がお遊びレベルで始まったばかりだが、多くの私立の幼稚園・保育園において、ネイティブの教師による英語教育が行なわれている現実を踏まえて、世界のほかの国々と同じように、小学校1年生から「お遊びではない英語教育」を行なう制度に変更することが求められる。それが平等な教育の機会を保障することになるし、「英語が使える日本人」という文科省の掲げた目標を実現する道でもある。長年に亘り低迷してきた教育予算を、先進国並みに増やす[94]というのならば、少人数学級の実現と教師の増員とともに、実効性のある「児童の英語教育」にもっと振り向けるべきである。

---

[94] 2013年度から5年間の政府の教育政策を定める第2期教育振興基本計画において、文部科学相の諮問機関「中央教育審議会」は教育支出を国内総生産（GDP）比で1.8％引き上げる答申を4月に行なう。経済協力開発機構（OECD）諸国（28ヵ国）の教育支出平均がGDP比で5.4％なのに対し、日本は現状3.6％（最下位）に過ぎない。先進諸国はいずれも教育予算を大幅に増やしているのに対し、日本だけが横ばいか低下傾向にある。1999年～2006年では、韓国が1.6倍、英国が1.5倍、米国が1.2倍に伸びている。

2012年3月に、筆者が大阪市教育委員会に小学校低学年からの英語教育を提案した折、市の「小中一貫校での英語教育計画」についてどう思うかを訊かれ、たった「1校での計画」だと言うので、「最低10校でのパイロット事業にしないとインパクトがない」と指摘したが、その効果もあってか、同年11月には「小・中学校英語教育重点校」（小学24校）の計画を公表したが、2013年9月から中学8校、小学19校での実施となった。全学年に15分の帯時間を週3回設定し、（構文など）英語のコアではなく、音声教育に重点を置くが、「フォニックスを導入し、担任がCDを使って指導する」点で、教育内容と方法、そして教員の資質に疑問が残る。児童はネイティブの発音でも脳内で日本語の近似音に歪めて聴く。聴き方と発音は英語教員でないと指導できない。（第5章「フォニックス」の項参照）

　こうした取り組みが所期の成果を上げるには、英語は専科教師やネイティブが教えることが条件になる。毎日しっかりと（中学以降に教えられるレベルの基本構文を含む）英語インプットで鍛えれば、卒業時には今の高校生一年レベルの英語力は習得できる。英語の授業を毎日確保することが難しいのであれば、図工や家庭、音楽や体育などを、そうした教科を教える資格のあるネイティブの教師や、英語に堪能な日本人の教師に英語で教えてもらうということでも良い。これが実効的に運営され全国に広がれば、文科省も小学校低学年から「お遊びではない英語教育」に改めざるを得ないだろう。

💬 小学校での英語教育は効果ないか？

　「小学校で英語を習っても中学校になるとほかの生徒と変わらなくなる」という研究報告も何件か見られる。かつて通訳としてメディアでも活躍が報じられ、近年は小学校英語教育の問題に取り組まれている立教大学の鳥飼玖美子教授も、「小学校から英語を始めても効果があったというデータがない」と述べている（読売新聞のコラム）。だが、それは小学校で、「どういう内容を、どんな資格を持つ教師が、どのような方法で、どれだけの時間」行なったか、そのことに依る。普通の公立小学校では、いわゆる英語活動に留まり、ゲームやお遊び、それに歌しかやっていない。このようなお遊びの英語活動を週1回だけ、英語が苦手な小学校の担任が行なっても、全く効果はない。そうしたものを「小学校での英語教育」とカウントしたら、中学校で効果ないのは当たり前だ。実

質的に「英語そのものを学んだ訳ではない」ことが原因だ。英語活動には弊害もある。ネイティブの英語補助教師（ALT）と違い、（ほとんどが英語の苦手な）担任の教える英語活動では、発音の向上があまり期待できないどころか、日本語訛りの「ひらがな英語」になってしまい、その日本語の音韻的な特徴の影響を受けて「歪んだ発音」の癖が、中学校以降もしばらく残ってしまう危険性があるが、この矯正にはかなり時間がかかる。とにかく、今の公立小学校の英語活動を「小学校の英語教育」と捉えると大間違いなのだ。

小学校の教師にいきなり英語活動

文科省は2011年から小学校の教師に英語活動を担当させているが、こうした措置は小学校教師が既にほとんどの教科を担当している負担を認識していないし、その上さらに「英語を苦手とする教師に、英語を学び直させ、生徒に教えさせる」というのは、限界を超える大きな負担になることを理解するべきだろう。

小学校の教師が、大学までに文法をしっかり学んでいて、標準的な英文が読解でき、メールの英文が普通に書ける、というレベルまで習得しているならば、生徒に教えることも難しくはない。しかし、英語が苦手で、文法も良く分からなければ、英文も余り読めない。発音もカタカナ英語レベルで、日常会話も全くできない。そうした小学校教師が圧倒的に多いのに、英語を改めて学び直して、生徒に教えるというのは、多教科を抱えていて余裕のない教師にとって過酷なことであり、かつ無謀なことだ。これだけ多教科を担任が教える教育体制は先進国では珍しい。この上、習得に膨大な学習時間と努力を要する英語も加わるのは正気の沙汰ではない。

専門家ではなくても、英語学習の経験の長い人ならば、英語力の乏しい教師が数日の研修で英語力が格段に向上する筈がないことは、常識的に判断できる。だが現実の問題は英語力養成に時間がかかるということではない。現状、小学校の教師は、英語の発音や文法どころか、英語活動の具体的実施方略についても、研修の機会を全く与えられないまま英語活動を委ねられる。教育委員会の設定する英語活動のための研修は、小学校の学年主任などが出席し、英語活動の理念と指導方法について、文科省の考え方や方針を拝聴する場となっており、

英語活動に実質的に役立つ英語の知識や技能を教師に授ける場にはなっていないのだ。

　心ある小学校の教師は、生徒の英語力を育むような英語活動を責任持って担当できないと自覚している。(文科省の配布する小学校英語活動テキスト)『Hi Friends!』に頼った授業を行なって、「英語活動が上手くいっている」という認識の教師がいたら、それは「英語活動が本来どうなっていなければならないか」について、まともに理解していないことの証左になってしまう。

💬 退職英語教師を活用せよ！

　今後採用される小学校教師は英検準一級を持つ人材が増える情勢にある。そうすると10年後に英語能力がやや高い教師の体制が整うが、それまでの移行期には、英語の知識も技量も乏しく教育の確たるビジョンを欠く担任より、遥かに英語の知識が豊かで技量もあり英語教育の方策を心得ている専科教師が教えるべきだ。大量に退職した団塊世代の教師は、その専門能力を生かすことを望んでおり、最小限の謝金でも喜んで引き受けてくれるだろう。宝を眠らせるどころか、腐らせてしまうような現在の退職制度だが、それを逆手に取り、退職英語教師の専門知識と能力の活用を図るべく、今こそ小学校の英語教育を退職教師に委嘱する体制に変える変革に踏み切るべきだろう。もちろん、小学校の生徒の教え方の研修をしっかり受け、担任教師との事前の打ち合わせと授業での連携を図ることが前提になる。

　なお、言語獲得期には英語環境に置かれるだけで自動的に言語が習得される(第6章「言語習得論について」参照)ことから、そのメリットを生かすには小学校英語は1年生から始めるべきだが、全国規模でのその体制への移行は教員体制を考えると10年かかるだろう。しかし、その間に地殻変動は始まっている。幼稚園や保育園での英語保育が都市部を中心に急激な広がりをみせているのだ(第4章「幼稚園・保育園の英語学習」参照)。

💬 日本の小学校の教師の意識

　日本の小学校教師の多くは、とにかく「ゆっくりと大きな声を張り上げて歌うように発音し、授業を盛り上げる」ことが何よりも大事と考える。このため、

第4章　公立学校外で始動した早期英語教育

歌やゲームなどに走りやすい。ある教育大の先生が筆者に打ち明けられた話だが、小学校教師のこのような思い込みが、(「英語教育がどうでなければいけないか」について、大学で指導を受けた) 教育実習生の教育方針との摩擦を生むようだ。小学校教師は、採用後に発音や文法など英語の技能研修を受けることもほとんどない。日本語訛りがかなりひどいことも多いので、その発音やおかしな表現の癖を生徒が身に付けた場合、中学校で矯正するには時間がかかる。現在の小学校の現場では、きちんとした英語を教えて、「しっかりした英語の基礎を習得させる」ことより、「子供のやる気を引き出し盛り上げる」ことが重視される。困ったことに、文科省調査官[95] による教師への指導が、正にそうした方向性を強く打ち出しているのだ。小学校英語のねらいは、「言語習得が主な目的ではなく、英語に対する興味・関心・意欲、英語を活用しようとする態度の育成」であるとする『手引き』の考え方に沿って、小学校での英語活動は「子どもの個の確立のためにこそ必要だ」と説く。一体、どこでそうした発想になるのだろう。英語でのクイズのやりとりを通して、「相手に思いが伝わるという経験を重ねた子どもは、次にさらに…、自分の思いを工夫して伝えようとします」と、英語活動の意義を訴える。そして、「英語は得意ではないけれど ALT と英語で関わる姿を見せ…、」と学級担任の役割を訴える。だが、英語に親しめるゲームやなぞなぞを工夫しようが、教師が懸命に英語活動に取り組む姿を見せようが、それは生徒の英語力そのものには、ほとんど寄与しない。とにかく、「子どもの個の確立を英語活動に求める」のは全くの筋違いだ。こうした指導は極めて遺憾なことである。教師に誤った教育理念を植え付け、英語活動のあり方を歪め、正しい英語教育の実施を妨げている。

💬 「プレキソ英語」は小学校でやれる

　英語を教える資格のある教師が確保されていることが条件になるのだが、「小学校ではどの程度の英語を教えることができるのか」という質問に対しては、NHK の「プレキソ英語」を実例として挙げたい。「プレキソ英語」は中学 1 年だけでなく 2 年以降に学ぶ表現も扱っている。"What is this country?"、"What

---

[95] 文科省調査官は、中高の教師が教育委員会の指導主事を務め、前任者の推薦などにより選任される。

time is it?"、"It's twelve o'clock."、"It will be sunny on Monday." といった「連結機能の be 動詞」を使う第 2 文型の基本的表現や簡単な疑問文だけでなく、"I will ask questions about Japan." のような第 3 文型のほか、"When can I see rainbow @ ?"、"What will the weather be @ on Sunday?" など元の位置（@）から「疑問詞を文頭へ移動する操作」を含む疑問文も扱う。それだけでなく、"Sunday is the best day [to see rainbow]." のような「名詞を修飾する不定詞句」、"I want you [to watch TV from 6 to 8]." のような「不定詞句を含む複文構造」の第 5 文型、"Could you tell us [what time it is]?" のように「疑問詞が移動された節を含み、かつ仮定法を用いた、疑問形式の依頼表現」となっている第 4 文型も扱われている。

　語彙も表現も 'Weather Forecast' など難しいものが含まれる。これらは 2012 年 8 月 19 日の番組の表現を、ほぼそのままピックアップして整理したものだが、基本 5 文型に加え、「不定詞句の各種用法」、「主語と（助）動詞を倒置する疑問文形成」、「疑問詞を文頭へ移動する文法操作」など、主要な統語処理をかなり習得しなければ、対応できない高いレベルに達しているのだ。

　「基礎英語」が中学生を対象とするならば、「プレキソ英語」は小学生が対象なはずなので、外国語活動で扱ってしかるべきなのだが、「中学校英語の前倒し」を禁じる今の文科省の指針では、そうなっていない。しかし、特区や私立大学付属の小学校では、中学年でこのレベルの英語を扱っており、生徒も決して負担を感じるものとはなっていない。

　この教育では、もちろん文字を表示するのだが、子供の語彙記憶においては、単語の文字列による視覚情報とその発音＝音声情報と意味情報、さらに動詞は、文型や目的語となる埋め込み文の準動詞の種類（不定詞、動名詞）や節の種類（that/whether/if）など、統語構造情報が揃って一体化される。読解においても、「文字列が脳内で音声化され、単語として認識されることで、意味や（構文解析・生成に不可欠な）統語情報もアクセスされる」一連のプロセスを辿ることが報告されている。したがって、（保育／幼稚）園児や小学校低学年の生徒にも、最初から文字と発音を一緒に教えることが、単語の定着には効果的なのだ。なお、単語はその綴りをなぞるように発音しながら[96]書くことで、より堅固に記憶に定着する。

第4章　公立学校外で始動した早期英語教育

💬 Total Physical Response の文型習得効果

　導入段階の英語教育の方法として、1960年代にアメリカの心理学者アシャーの提唱した外国語教授法「全身反応法」Total Physical Response（TPR）があるが、これは言語活動と全身動作を連合させて、目標言語能力を定着させるというものだ。具体的には「英語での指示に対して行動で応じる」のだが、指示の際に命令文を使う。命令文では動詞がそれぞれ構文情報を担うことから、TPR活動を行なう中で、生徒は文型を自然に習得して行く効果が得られることになる。話す練習よりも聴く練習を重視し、身体を使っての楽しい練習を通じて、学習内容が定着しやすいと評価されている。これを保育園や幼稚園、小学校低学年で行なうのは、それなりに効果が期待できるが、抽象的な意味の語彙が増えて来ると、こうした身体反応は難しい。最初の導入には使えても、子供の遊びの延長線にある学習活動は、知能レベルから考えても中学生には薦められない。

💬 幼児が習得した言語は帰国すると忘れるか？

　「幼児が外国語を習得しても、帰国すると忘れる」と言われることもあるが、本当にそうだろうか。言語のようなものは、自転車の運転などと同じように、その仕組み＝プログラムが一旦習得され、日常の生活において頻繁に使うようになると、その言語に5、6年触れなかったとしても、全く使えなくなるということはない。「生活言語[97]」としては一応定着するのである。母語を5歳児が獲得するのと同様[98]に、その言語の主要な文法と構造処理能力が（言語獲得装置の文法構築機能によって、脳内に自動的に構築される形で）かなり堅固に

96　綴り字をなぞりながらの発音は、「綴りのアルファベットの音の（ローマ字式）読み上げ」と「単語の実際の読み」のどちらでも構わない。前者で発音して綴り字を覚えた場合でも、単語の実際の読みを繰り返し発音練習すれば、単語の綴りと発音が混同なく記憶される。たとえば、five は「フィヴェ」と読み上げながら文字を綴り、最後に「*ファイヴ*」と読み上げるのである。

97　カナダの言語学者カミンズ（1980）は、買い物や道を訊くなどの、日常生活におけるコミュニケーションで使う「生活言語能力」（BICS = Basic Interpersonal Communication Skills）と、学校の授業や教科書の内容を理解し、リポートを読んだり書いたり、討議をしたりするに必要な、抽象度の高い概念を操作する力「認知／学習言語能力」（CALP = Cognitively Academic Language Proficiency）を区別した。

習得されているのだ。ただし、漢字を始め、小学校での学習に必要な語彙や表現（「認知/学習言語」）は、時間の経過と共にかなり忘れる可能性がある。

　とにかく、意識下で自動的に構築された文法機構を中心とする言語能力は、全般的にシステムとして消え去ることはない。外国語というより「第二言語」ないし「準母語」として脳内に組み込まれているのだ。仮に、長年使われることがなかったとしても、いわば不活性な状態に陥っているだけなのである。再び同じ言語使用状況に置かれた場合、すぐにはこの不活性な状態から抜けられなくても、しばらく慣れてくると、徐々に活性化する。初めから全く同じレベルに戻るのではないにせよ、文法機構のコア部分が賦活し、どうにか使えるようになる。これは故郷を離れて20年経っても、故郷に帰って家族や級友としばらく話すと、方言が自然に戻ってくるのに似ている。

　文法や構文知識のほかに、（イントネーションなどの音調を含む）音韻情報は、幼児段階で自動アクセス可能な堅固なシステムになるので、改めてその言語を使わざるを得ない状況になれば、すみやかに顕現化する。文法と音韻という幼児期に自動構築された言語の骨組みは、潜在化しても記憶から消去されることはないのだ。特に、音韻システムは、発声に際して筋の協同を統御するのが、運動感覚的な情報になっており、比喩的に言えば、歩行や水泳、自転車の運転と同じように、一旦習得すると消えることがない。

　ただし、システムではなく、個別的な情報については、記憶から消え去る部分もない訳ではない。個々の単語については、幼児期における使用頻度の高い基本語の場合、その音形は保持される可能性が高いとしても、特に（英語では音声との対応が不規則な）綴りや（動詞の）構文的な情報などは、記憶の定着が不十分な段階で帰国することにより、その定着プロセスが中断して、記憶が弱まり消えかけるか消えてしまうということもあるだろう。単語に準じる記憶形態をとると思われる熟語や連語（コロケーション）、決まり文句、定型句なども、幼児期にかなり頻繁に使用されていないと、忘却される可能性は高い。

　小学校低学年までに帰国した場合には、もともと子供の日常使う語彙程度しか習得していないため、中学以降に学ぶ単語は新たに学ぶしかない。仮に、高

98　幼児期における外国語の獲得は、文法・構造、文法操作により発話・聴解を行なう点で、思春期以降に場面会話を記憶し、それを発話・聴解に利用するのとは、基本的に違うと考えられる。

校や大学の時に再び英語圏に戻って授業を受けた場合も同様で、授業や講義関連の語彙を新たに習得しなければ、授業や講義が理解できないとか、討議に付いていけないのは致し方ない。しかし、せっかく現地で習得した言語能力は、帰国後も何らかの形で維持できるように、親がサポートすることが望ましい。放ったらかしておくのは「もったいない」と言うべきかも知れない。

英語は学校教育においても大学まで学ぶことになるし、仕事において使うことも少なくない。仮に、幼稚園から小学校1、2年生まで英語で授業をする国に過ごして帰国したとしたら、中学で英語を学習するまでは、(今の公立校の外国語活動はまがい物なので) 4、5年英語とまともに接触しない可能性があるが、英語の番組を見せたり、本を読み聞かせたり、放課後や土日に児童英語教室に通わせるなどで、親が英語に触れさせる環境を与えることが望ましい。実際そうした親が多いため、帰国前の英語力が維持されるだけでなく、語彙力が増えるなど、より高い英語力になることも少なくない。

語彙を習得するとはどういうことか

語彙の習得という場合、単語の綴り・発音と意味ということだけを考えがちだが、動詞の場合にはそれ以上に、その動詞が現れる「文型や構文」、そして「埋め込み文（補文）」を取るならば、それが that 節か準動詞か、準動詞ならば「不定詞か分詞か」などの情報も知らないと、その動詞を単語として習得したことにならない。知覚動詞としての hear は第5文型（"I heard John play the sonata."）を取り「（音楽や音を）聴いた」という意味で不定詞が現れるが、「（何か事実を）聞いた」という意味では that 節を埋め込む第3文型（"I heard that John stole the money."）になる。同じ動詞でも、意味によって統語情報が違う場合があるのだ。逆に言えば、動詞が出てきた段階で、それに続く文型や構文情報が予測できるのである。

第5章　音声教育の欠如

　外国語を懸命に学ぼうとする人なら、誰もが味わう思いかもしれないが、個々の音や音調が正しいかどうか分からないと、どうもその外国語を「ちゃんと学べている」実感が沸かない。自分が「正しく発音できた」[99]ことが感覚的にも掴めて、はじめて「習得できつつある」という気持ちになれる。外国語学習においては、それほど発音が重要な意味を持つ。そのことをしっかりと認識して学ぶことが効果的だし、教える立場にある教師も、その認識を踏まえた教え方をしなければならない。教師がいい加減な発音をしてはいけない。発音のメリットは、どんなに難しい音でも、一旦正しい発音を習得すると、その後はいつでも無意識に正しく発音できるということだ。英語が苦手な日本人でも、「発音だけは自動化できる」のである。

💬 「英語を使う」には発音教育が不可欠

　日本人は「英語が使えない」とされるが、それには理由がある。まず、口頭運用には発音と聴取の訓練が不可欠なのだが、中学、高校のコミュニケーション英語の授業で「聴き話す」ことを目標に掲げながら、(一部の高校に設置される「英語科」のクラスを除いて、) 発音の仕組みの基本的な説明と、それを踏まえた発音や聴取の訓練を行なっている学校はほとんどない。そうした説明

---

[99] 立教大学の鳥飼玖美子教授は「昔はきれいな発音と言っていたが、そんなのはもう無意味で時代遅れ。なぜかというと、英語が共通語となったいま、われわれが英語を話す相手は英米以外の、非母語話者であることが多いから」と述べている (「読売新聞」2012年6月30日)。しかし、世界の重要な情報はBBCやCNNなど、英米の英語を話すキャスターの発言を聴いて知ることになるが、それにはそうした英語の音声に慣れ親しみ、自らも話せるようにする方が有利だ。実際、ほとんどの英語学習者は、英米の英語を話し聴けるようになることを望んでいる。誰も「日本英語を話したい」とは思わない。音調も平坦で、強勢も不明瞭な日本英語では、理解してもらえないことが多い。教師は (音声を含め) 英米の英語を教えるべきで、「日本英語で良い」とするのは逃避的なイデオロギーだ。通じなければ、国際英語の時代にも組せない。

第5章　音声教育の欠如

と訓練を行なうのに不可欠な、「発音と聴解の原理を踏まえた本質的な音声教育」が教職課程でも欠如しているのだ。発音訓練に必要な知識と技能を教師が持たない現状では、①発音が綴りに対応せず、②母音の数[100]が多く、③（ほかの言語で使わない）調音の難しい子音（[θ][ð]）などを含み、④音声が劇的に変動するほか、⑤音節構造[101]、⑥音調構造まで違う「英語の発音」の効果的な教育は望めない。全ての中高の英語教師への発音研修を実施し、その成果を授業に反映させることを望みたい。以下、英語の発音の特徴を概略する。

英語発音の劇的な変容

　英語は日本語と発音が違うだけではない。同じ印欧語族のほかの欧州諸語と比べても、発音の変容が劇的と言えるほど顕著だが、これは音調特性に拠るところが大きい。欧州諸語の音調型は、ゲルマン諸語の「強勢リズム」型とロマンス諸語の「音節リズム」型に分けられる。音節リズムの言語では、大きな音韻変容が起こらない。日本語も、「短音節（モーラ）リズム」のため、ほとんど音韻変容が起こらない。一方、強勢リズムの言語では、強勢が強く作用して、音韻の変容を被るが、英語ではその変容が特に激しいのだ。

　英語では、①強勢がある音節の母音が明確に発音され、強勢のない音節の母音が曖昧に発音されるほか、②隣接音が融合したり、③隣接音に音質が同化する。また、④発音しやすい音に変化し、⑤音が脱落するだけでなく、さらに、⑥音の連接（リエゾン）も起こる等、発音の変容が非常に激しい、といった特徴がある。このため、漫然と聴いていたのでは、音韻的な特徴が捉え難い。教師が「個々の音の音質と、その発音の仕方だけでなく、音韻変容のダイナミックなメカニズムや聴くべきポイント」をしっかりと教え訓練しなければ、容易には聴解力も伸びない。

100　日本語やスペイン語、イタリア語では基本母音が5個だけなのに対し、アメリカ英語で基本母音が9個のほか二重母音が5個、イギリス英語で基本母音＋長母音が12個のほか二重母音が8個もある。
101　音節というのは母音を中核とする音韻上の区分単位だが、日本語では基本的に母音のみか子音＋母音の構成だ。一方、英語では母音の前後に幾つもの子音が集結して一つの音節を形成することが少なくない。英語の stripe（3子音＋母音＋1子音）は1音節だが、日本語の「ストライプ」は5音節の語になる。子音のみでは音節にならないので、子音ごとに母音を補うためだ。

以下、英語の音韻変容の仕組みについて見るが、近年は、中学、高校で発音記号の読み方を教えないことが多い。江戸時代に漁師仲間と漂流中、米船に助けられ、船長の養子となって米国で教育を受け、維新の頃通訳として活躍したジョン万次郎は、単語を「耳で聴いた通りに」カタカナに書き写していた。英語の綴りに捉われたり、日本語音韻フィルターを通していない。聴こえる音を素直に写した英語らしい発音の表記になっている。

　初習段階で発音記号を導入することは、生徒を英語嫌いにしかねないので、教育的にはカタカナを英語の発音表記に利用[102]して、より原音に近い発音を訓練することが考えられる。留学経験が長く、かなり英語の話せる人でも、intensive「インテンシヴ」と発音する人がいるが、「インテンスィヴ」とカタカナ表記することによって、英語の音声の微妙な違いが、視覚的にも気付きやすくなる。そうしたメリットも考慮して、本来は発音記号で示すところを、本稿では「原音を反映するカタカナ」で表記する。

　ただし、カタカナでの英語音声の指導は、あくまで発音に対する意識を高めるための踏み台にすぎない。カタカナ表記は、英語のダイナミックな発声現象の産物としての「現実の発音を近似的に映す」だけなのだ。正しい英語の発声と聴取能力を効果的に学習するには、日英語の音声の微妙な違いや発声の生理的な仕組みの違いを頭で理解し、それを踏まえて意識的に訓練することが肝要だが、それには音声記号を含むダイナミックなメカニズムの教育が不可欠である。しかし、これは英語音の感覚が掴めるようになった段階で良い。

🗨 発音のダイナミズム

母音の明瞭・曖昧化　英語は何よりも強勢の影響が著しい。まず強勢の置かれる音節では、母音が明瞭な形をとり、子音も（気音を伴うなど）強い音形になる。逆に、強勢のない音節では、母音が曖昧音［ə］化し、子音も弱い音形に変わる。同じ音でも、強勢次第で、違った実現形になるのだ。母音の実現形だが、たとえば、v*a*rious, v*a*riety, f*i*nite, in*fi*nite に見るように、強勢がある場合には、二重音「ヴェァ」「ファィ」になり、強勢がない場合には、曖昧な弱

102　従来「カタカナ英語」と批判されるのは、「英語の綴り字を日本語的に読んでカタカナで表したもの」で、英語の発音を反映したものではない。

い母音「ヴァ」「フィ」になる。また、強勢のない機能語や接辞は、音が弱化するか脱落する。節導入の that は（冠詞に近い）「ザ」程度に弱く発音される。名詞化接辞 -tion も「ション」ではなく、母音が曖昧音 [ə] に弱化するか脱落して「シュン」と発音される。"I like her/him." は強勢のない代名詞の [h] が落ちて「アイ**ライ**ヵ/ヶム」となる。

子音の実現形（破裂 / 経済化 / 無音）　次に子音の実現形だが、子音としての特性が典型的で、かつ変容が激しい「無声破裂音」（[p] [t] [k]）[103] について見よう。「破裂音」は一気に「破裂」するのではなく、実は、呼気の「閉鎖」と「解放」という2つの段階からなる。肺からの呼気が、①舌や唇で一旦閉められ、呼気の圧力がピークに達したところで、②一気に解放されると、破裂音になるのだ。無声破裂音は、1)　語頭で強勢を受ける場合には、呼気解放（破裂）時に「気音を伴う鋭い子音」（**p**at, **t**op, **c**at）となる。子音から母音に移る際に出る強い呼気（気音）により、紙幣を口の前に立てると揺れる。また、2)　語中で強勢がない場合、通常声帯は緩く閉じているので、声帯を開くエネルギーを惜しめば、声帯は振動（有声音化）し、[t] は [d] となる。その場合、not at all は「ナダ**ドー**」と発音されるが、舌先を歯茎に付ける操作を惜しめば、[d] は [r] 音に変化し、「ナラ**ロー**」になり、water は「**ウォラ**」となる。有声音化も [r] 化も、発音（調音）に際して余分な操作をしないで済ます「発音の経済原則」に従った結果である。これは発音に際して、調音上の労力を省く「経済化」であるが、これをさらに進めたのが、3)　語末で呼気が解放されない（すなわち、閉鎖の段階に留まり、物理的には無音状態の）場合で、そのままでは音としては何も聴こえない。"Take it." は「テイケッ」、cat、map、back は「**キャッ**」「**メアッ**」「**ベアッ(ク)**」となる。それでは、cat なのか cap なのか分からないではないか、ということになりそうだが、"She was wearing a nice cap." という発話の末尾の語が「**キャッ**」と発音されているのを聴いても、cat と誤解することはない。多くの場合、文脈が曖昧性を解消してくれるのだ。

同調音連続における省略と同化　どの言語においても、その音組織を構成

103　これに対応するのが有声破裂音（[b] [d] [g]）だが、(開閉する筋肉組織である)「声帯」が通常は軽く閉じていて呼気が通ると振動して、音が響く有声音になる。無声になるのは、声帯の筋肉が開いて呼気が声帯を振動させることなく通り抜けることによる。

する音は、実際の発音に際して前後の隣接音の影響を受ける。破裂音が閉鎖したまま、後にほぼ同じ音が続く（「同調音連続」）場合、前の音が飲み込まれ、後の音だけが発音される。このため、破裂音、摩擦音、鼻音などが続くと前の子音が消え、ho*t* tea、ta*ke* care、foo*t*ball、goo*d* job、ba*d* name、len*d* me は「ハッティー」「ティケア」「フッボーゥ」「グッジョ」「ベァッネイム」「レンミ」となる。また、little、bottle では呼気が閉鎖したまま [l] が重なるように発音され、「レル」「バルゥ」のように重い響きになる。一方、[n] に [t], [d], [ð] が続く場合は、ともに舌先が歯茎に付くため、[n] だけが発音され後の音が消える傾向があり、twen*ty* は「トゥウェニ」、inter*net* は「イナネッ」、a*nd* then/that は「エンネン／ナッ」となる。なお、隣接音に発音様式が近づくことを「同化」という。英語の半母音 [j](y) は前の子音と結合し、その子音の舌の接触点を後退させる（「口蓋[104]化」）。このため、did you、bless you、with you も「ディドゥ」「ブレス」「ウイズ」＋「ユー」ではなく、「ディ*ジュ*」「ブレ*シュ*」「ウィ*ジュ*」という融合音になる。

日本語と微妙に違う音　日本語の音とほぼ同じと思い込まれているが、微妙に違う音がある。これを正しく発音することが「英語らしさ」の基本となる。たとえば、英語の母音 [æ] は、日本語にはない音で、「ア」の口の形で「エ」と発音すれば、それらしい音になる。強めると「エ」に近くなるが、dance、bag は「デアンス」「ベアッグ」となる。よく誤解されているが、英語の母音 [i] と [iː]（[ɪ] と [i] の表記有り）は、音質の違いで、長さの違いではない。[i] は「イ」と「エ」の中間音で、[iː] は緊張した「イ」に近い。

有声音前の長音化　呼気が声帯を振動させると「有声音」になるが、有声音が後に続くと、その声帯振動に滑らかにつながるように、母音の声帯振動が若干長くなる。基本的には [iː] が [i] より長いが、bid の母音は bit よりも、bead の母音は beat よりも長くなり、bid と beat の母音 [iː] と [i] はほとんど長さに差がなくなる。また、指摘されないと気付き難いが、英語の子音 [l] は、母音が続かないと、「ル」ではなく「ヲ」ないし「ウ」に聴こえる。舌が歯茎に付かないので、「母音性のこもった音」になる。「ミルク」や「フィルム」

---

[104]　口腔上部を指し、上の歯茎より上部の領域を「硬口蓋」、後部の口蓋垂までの可動領域を「軟口蓋」と言う。

も英語では「メヲク」「フィウム」だ。こもった響きなので「暗い1」[105] と呼ぶが、母音が続くと（love, lake など）[l] の特徴が明確な「明るい1」になる。

連接（リエゾン）　前の単語の子音が後の単語の母音と（同じ音節として）一緒に発音することを「連接（リエゾン）」と呼ぶが、個々の音を正しく発音すれば、後の音と自然に連接する。英語の子音 [n] は歯茎の裏にべったり接するが、語末においてそのまま発音すると、one は「ワンヌ」となる。これに母音が続くと、それと結合して、新たな音節を形成せざるを得ない。このため、one of は「ワンナヴ」、one another は「ワンナナザ」と発音される。ところが、日本人はほとんどが「ワンオヴ」と発音する。これは英語の [n] を（「本」「パン」の）「ん」で代用しているからだ。日本語の「ん」（[N]）は単独で音節を形成（成節音）する。下顎に舌が平坦に載ったまま発音する。舌を歯茎に付けないのだ。このため、母音で始まる音が続いても、連接は起こらない。（日本語の「ねこ」など、母音と結合する子音 [n] は、英語と同じく、舌先を歯茎の裏に軽く一瞬接して、発音する。）なお、単語の末尾がrで、イギリス英語のように通常発音しない場合でも、後に母音で始まる単語が続くと、[r] をその母音と一緒に発音する。これは [r] の復活と呼んでも良いだろう。「連接（リエゾン）」は音節言語であるフランス語においても生じる一般的な現象である。

強勢の移動　なお、語彙の強勢は、固定的なものではない。英語の「強弱を基本とするリズム」が強勢の配置に影響を与える。たとえば、辞書ではJap**a**nese の強勢は末尾の音節に置かれるが、J**a**panese **boy** のような句では、強勢が連続するのを避けて、語頭に第一強勢が移動する。

🗨 聴き取りの秘儀

こうした発音のダイナミズムを知り、自らも発音できるようになった上で、聴き取りの際に注意を払うと、変容した音が聴き取れる。さらに、英語のネイティブのように、物理的には聴こえない音が心理的に聴こえるようになる。「ァンナニアン ナンナンネッグ」は an onion and an egg、「ウォナ」は want to のこ

---

[105] 学生の頃にアメリカ人家族をアパートに案内しカルピスを飲ませたら、何という飲み物か訊かれたので、「キャゥピス」と発音したが、cow piss と聞こえたのか怪訝な表情だった。なお、ある TV 番組でオーストラリア人が culture と発音したのを、芸人が「紅茶？」と聞き直していたが、音としてはそう聴こえる。

とだが、(イタリック表記の)消えた音や歪んだ音などについて、元の音を推定して単語を認識するには、音韻だけではなく、文法や話題となっている分野の知識が必要なことが少なくない。幅広い総合的な知識が、聴き取りの向上につながる。

かつて、ブッシュ米大統領が、来日時の国会での演説の中で、福沢諭吉がcompetitionを「競争」と翻訳したことに触れたが、この時「キヨソ」と発音していた。「京都」も英米人は「キヨト」と発音する。これは英語の音韻構造に沿って訛った発音だが、どこかに強勢がある方が聴き取りもしやすいのだ。外国語を母語の音韻構造に載せて発音するのは普遍的な現象で、日本人の専売特許ではない。日本人も英語を話す時には、ネイティブにとって強勢の持つ意味を意識して発音したら良い。「日本英語」になるのが避けられる。

🗨 単語の綴りが苦手なのは当たり前－綴りと発音が対応しない

中学生の中には、英語の単語を、綴りに沿って読めない生徒が少なくない。文字を音声に変換することにつまずいているのだが、これには理由がある。英語以外の欧州諸語では、(ドイツ語のchが[x]、schが[ʃ]と発音されるなど、)一部の文字連続が一つの音を表わすこともあるが、基本的には、アルファベットの表わす音を、そのまま発音すれば、正しい発音になる。ローマ字読みで良い。表音文字のアルファベットが本来の発音記号の役割を果たしているのだ。

大母音推移　しかし、英語では、15世紀までに標準の綴りがほぼ確立していて、それ以降変えていない。ところが綴りが確立して以降に、「大母音推移」という母音の発音位置が全体的に上にずれる「音声システムの構造転換」が起こった。これにより、例えば、nameやfiveは綴り通りに「ナーメ」「フィーヴェ」の発音だったのに、母音が綴りとは違う音に変化している。その後も、いろいろな母音の変容は続くが、こうした音声の組織的な変動にも関わらず、標準の綴りをその変動に対応させて変えることはなかった。このことから、(特に基本語の)単語の綴りと発音との間に乖離が生じ、単語の綴りと音声を対応させることが困難になった。

さらに(特にアメリカの)英語においては、文中で他の単語と並んで使われる場合に大きな音質の変容を起こす、という運用面でも、元の単語の発音との対応が取り難くなる。すなわち、①綴りと音声の対応が歴史的に崩れたことと、

②運用時に強勢の影響などで音声がダイナミックに変容することにより、単語の綴りと発音の対応が取りにくい状況が生じているのだ。このため、英語圏は識字率がかなり低い[106]。欧州諸語では基本的にアルファベットが表音機能を果たしているのに対し、英語ではその機能がかなり歪められているからだ。

フォーニックス　このため、英語を母語とする児童も、「フォーニックス」[107]という教授法を利用して、単語と発音の対応が取れるようにしないといけない実態がある。母語なので、発音そのものはちゃんとできるのに、そうした訓練をしないと、単語が書けないという現実なのだ。日本人の生徒は発音がまともにできないのに、綴りを覚えなければならないのだから、並大抵の苦労ではない。（フォーニックスは例外もかなりあり、習得にも時間がかかるので、日本の英語教育でこれを導入するかどうかは、慎重でなければならない。）単語と発音の対応が取れるようになる学習法は必要で、これを生徒個人に任せておいては、単語学習でつまずく生徒がかなり増える[108]ことになってしまう。

106　アメリカの成人の21％（4200万人）は、小学校5年生程度の読解力。米国教育機関の調査によると、首都ワシントンの居住者の36％が実質的に識字能力がない。（移民や貧困層を除くのか、）アメリカの識字率95％（20人に1人は非識字者）というデータのもあるが、識字者とされていても、（求職票の記入、地図の読み方、バスの時刻表や新聞の読解ができないなど、）日常生活で問題を抱える「機能的非識字者」が多い。4人に1人が高校を中退。（欧州諸国の識字率は99％以上、日本は99.8％。）
107　**フォーニックス**：「発音を綴り字に関係付ける」教育法。約100個の規則を設けているが、例外が25％ある。同じooという綴りがbloodとbloomでは違う発音になるが、どの規則もどういう条件で適用するかが明確ではなく、覚えるのに中学の授業で1学期かかる。元々米国で「発音はできるのに、それを綴り字に結び付けられない」園児を対象とした教育であり、正しい発音ができていない日本の生徒に有効か疑問。
108　アルファベットのbとdが区別できないなどのケースは、左右逆転する鏡文字を書く幼児では普通だが、思春期以降は学習障害ないし発達障害の可能性もある。そうした生徒が公立中学でクラスに数名いる。

第6章　言語習得理論について

　どの子供も、生まれ育った言語環境の中で、その言語の文法を獲得するが、これは(遺伝情報に組み込まれた)「生得的な言語獲得プログラムの働きによる」と現代の言語理論（生成文法）では仮定している。この理論は、言語獲得期には「言語の原理[109]」が、子供が接する言語（インプットされた言語データ）の特質に合わせて、様々な「言語特性因子」[110]（パラメータ）を選択し、文法や音声、語彙機構が自動的に構築される、と仮定する。

　言語は人間に生得的に与えられた「種に固有な情報システム」である、そして、「言語という構造化されたシステム」を脳の言語中枢が担い、「言語の原理」がどのような構造化が可能かを規定する。この原理による言語特性因子の選択を経て、それぞれの言語の文法（構造と規則群）が決定される。すなわち、言語の原理が許容する範囲内で、「文法の変異」ならびに「異なる言語類型」が実現するが、これが言語の多様性の源泉なのである。

　言語獲得期に、どれか一つ言語を獲得すれば、「普遍文法 UG（言語の原理＋制約[111]）」が脳に定着するが、一つの言語も獲得しなければ、普遍文法は消滅し、それ以降はどの言語も獲得できない。このことはいわゆる「野生児」や言語環境から隔離されて育った児童（「隔離児」）の事例[112]によっても確認される。思春期に入る頃には、言語獲得装置の機能が不活性状態に移行する[113]。日本の学校における外国語の実質的な学習は、無意識で自動的な言語習得能力

109　（全ての言語に共通の原理・制約）「普遍原理」と（構造変異を生む）「パラメータ原理」を指す。
110　ごく簡単に言えば、言語のいろいろな特徴を決める要因のこと。
111　普遍文法は、①言語獲得に際して、言語特性因子の選択機能を持つ「言語の原理」と、②言語運用に際して、規則の適用を制御する（「島の制約」などの）「一般制約」から構成される。
112　文献的に不備な事例や、知能障害によって言語獲得も阻害された可能性が否定できない事例も多々あるが、言語学者が科学的にも厳密に検証し、言語能力が否定されたのが「ジニー」の事例である。

第6章　言語習得理論について

が失われた時期から始まるので、「明示的な言語知識を意識的に学習した上で、その知識の定着と自動運用を目指して、繰り返し練習する」というプロセスが必要になる。

🗨 何がどのように獲得され管理されるのか？

　普遍文法は「言語がどういう特性から構成されるか」を規定するが、言語獲得期には、その特性を備えた個別言語の「文法」が自動的に構成される。では、どういう言語特性因子があって、それがどのように選ばれ、文法が獲得されるのだろうか。代表的な言語特性因子としては、「基本語順がSVO型かSOV型か[114]」、「主部が修飾部より前に来るか後に来るか」、「助詞が名詞句より前置されるか後置されるか」、「関係節を形成するのに関係詞（主部と同一指示の名詞句）を節頭に移動するのか、節内の（主部と同一指示の）名詞句を消去するのか」などがある。

　言語獲得に際しては、インプットされた言語データに照らして、こうした言語特性因子が選択されるのだが、言語特性因子には相互に依存関係にあるものが少なくない。そうした依存関係にある複数の言語特性因子がグループを形成するとすれば、その中の「どれかひとつの言語特性因子の値が選択されると、グループ内のほかの言語特性因子の値がほぼ自動的に決定される」と考えられる。たとえば、基本語順がSOV型で後置詞言語の日本語では、連体修飾節[115]が主部に先行し、節内の同一名詞を消去するが、基本語順がSVO型で前置詞言語の英語では、関係節が主部に後続し、節内の関係詞（同一名詞）を節頭に移動する。つまり、文中の言語成分の配列が基本語順や主部と修飾部などと色々なレベルで相互に関係し、移動や消去といった統語操作も、それで決まってくるのである。言語特性因子間にそういう依存関係があることから、言語全体の

113　インプットされた言語データの特質に合わせて、言語特性因子（パラメータ）の値を自動的に選択する機能が低下もしくは不活性状態になり、それに伴い文法や音韻の規則を自動的に導出する機能が喪失する。
114　言語類型論では、VSO型やVOS型という言語も例外的に若干挙げられているが、分析の根拠が必ずしも明確でないものもある。基本的には、SOV型が過半数を占め、SVO型がこれに次ぐ。
115　「連体修飾節」は、国文法で、体言（名詞）を修飾する節。英文法の「関係節」や「同格節」に相当。

言語特性因子の値が非常に短期間で決定し、文法システムがすみやかに構築されるのである。これが言語獲得期における文法の自動習得の仕組みだが、ほぼ同様の相互依存的な仕組みが、音韻システムの自動習得においても働くと仮定される。

「普遍文法の原理・制約」は、母語習得段階で脳に定着し、外国語の習得に際しては新たに学ぶ必要がない。また、これは、どの言語に対しても普遍的に働くことから、外国語を使う際にも、それに違反する文の生成は行なわないし、もし違反文が提示されれば、「どこかおかしい」と違反が判断できる。臨界期以降に外国語を学ぶ場合でも、その原理・制約に違反する文法操作を習得しないように、母語で獲得済みの「普遍文法の原理・制約」に管理されているのだ。ただし、これは、その言語にかなり習熟し「文法が完結したシステムとして機能する」段階に達した場合のことで、それ以前の、不完全な習得段階で、文法が未熟な場合には、この原理・制約が適切に働かない。つまり、この原理・制約に違反する文法操作を行なって、違反文を作ることもあるし、違反文が提示されても、違反かどうかが判断できないのだ。

🗨 母語習得メカニズムを外国語習得に利用する宣伝

最近、英語学習ソフトの会社が「聞き流すだけで英語が使えるようになる」と喧伝しているが、これには何ら理論的根拠がない。言語習得の研究では「意味が分からないと、学習につながるインプットにならない」ことが報告されており、それは合理的な真実だと考えられる。極めて素朴な大衆感覚に迎合するかのように、「赤ちゃんは多くの英語を聞いて話せるようになる」、「その方法で英語が習得できる」と、まことしやかに説明する。だが、赤ちゃんは、日常生活の具体的な場面において、母親や周りの人と対話し、発話に出てくる指示物や行為を理解した上で、それに沿った行動をする中で、言語能力を獲得して行く[116]のであって、生活の場面と無関係に、意味も分からないで、「聞き流す」わけではない。

そのソフト会社のCMに出演のタレントの英会話も、ごく簡単なやりとりだ

---

116 7歳頃までの言語獲得期には、インプットから極めて効率的に文法・音韻システムを意識下で構築する能力にも恵まれている点でも、大人になってからの外国語学習とは峻別しなければならない。

第6章 言語習得理論について

けで、発音も日本語訛りの英語だ。人間は、インプットされる英語の音声を聴いても、物理的にはその音声をそのまま聴いているわけではない。英語の音声を日本語の近似音に「歪めて」聴いてしまう。日本語のフィルターを通して「(日本語の耳)」[117]で)別の音声を聴いているのである。これでは、いつまで経っても発音は良くならない。しかし、頻繁に著名タレントを使ったCMが流されると、タレントの英語力の評価ができない視聴者は、その宣伝内容に洗脳され、騙されてしまうのかもしれない。英語力の基盤となる文法・語彙力が不十分で、発音の説明と訓練を受けていないまま、BGMのように「聞き流し」ても、英語が話せるようになるとは考えられない。言語音は、その意味を理解して処理する場合、脳波に活発な活動が認められるが、意味を理解しないまま、未習得の外国語を聞き流しても、意味処理どころか、音声処理など一次的な言語処理も行なわれることはないので、脳波の活動が認められないのだ。

また、幼児の言語発達は、「それぞれの認知発達段階における、特異な文法規則の形成と次の段階での改変を経て、最終的に大人の文法に近づく」ことが分かっている。これはどの子供にも見られる「ほぼ均一な文法の変化」である。ところが、大人の外国語習得には、そうした「文法の段階的改変」は認められない。もし変化があるとすれば、それは大人の文法を学び損なって犯す「個人的な誤り」が、文法習得の途中経過において見られるにすぎない。「赤ちゃんが言語能力を獲得するのと同じように、外国語を習得する」という宣伝は、一般大衆が「幼児の言語発達のプロセスと外国語習得のプロセスの違いに無知である」ことにつけ込んだものだ。とにかく、「外国語の習得が母語の獲得と同じ仕組みで起こる[118]」というモデルも事実とは違う。特に、「聞き流すだけで、外国語が習得できる」というのは、素人には感覚的に自然に思えるが、そう宣伝することで、いわば「涙なしに英語が習得できる」と信じ込ませ、洗脳して

117　外国語の音は、母語と明確に違う音ならば、識別も容易で習得も速いが、母語に近い音は母語の音に寄せて歪めて聴いてしまい、微妙な違いが識別できないために、いつまで経って習得できないことが珍しくない。これは母語における音素カテゴリーの知覚が外国語の音素カテゴリー形成の基礎になるためではないかと考えられる。
118　口頭導入を重視した外国語教授法「ダイレクト・メソッド」や「オーラル・メソッド」でも、母語学習と同じ過程を外国語の習得に想定したが、「聞き流すだけで習得する」と考える理論はない。

買わせる商法である、と断じるしかない。

　ただし、中学での（できれば中堅高校レベルの）基礎英語力をしっかり習得している人ならば、生活の場面と結びついた定型的な表現を「聞き流すのではなく、意味が分かった上で、しっかりと繰り返し何度も、意識的に聴いて覚える」ことにより、実生活で使えるようになる可能性はある。（英文に和訳が続く形式のものも、その英文の構造と意味のまとまりを認知できる英語基盤があれば、有効性は高まるだろう。）意味が分かる定型文を繰り返し聴くと、脳内で「リピーティング」（一種の「脳内シャドーイング」）が起こる。その定型文は記憶に定着し、その定型文が頻繁に使われる場面・状況においては、話す面でも聴く面でもどうにか使えるようになるだろう。ある意味で、「特定目的の英語」ESP[119] に近い。使い方によっては、場面に対応する定型的英文の録音された CD も利用価値はある。購入してしまった人は、捨てないで有効活用すれば良い。ただし、文法と語彙の基礎力がおぼつかなければ、現実の会話場面で定型的な例文と何箇所か違う発話を聞いても、同じ定型文として認識できないこともある。そうした柔軟な対応ないし応用力はこの CD では育たない。

💬 子供の言語獲得プロセス

　子供は、生得的に与えられた言語の原理に導かれて、自分の育つ環境の言語を獲得するのだが、その獲得の様式もまた、この原理に依存するように成熟過程で変容し、発達段階に応じた（中間的な）文法規則を構築しては、次の段階でさらに別の文法規則を構築し、最終的に大人の文法を獲得する。これは全て遺伝情報に仕込まれた言語プログラムの「段階的開花」と見ることができる。

　子供の言語獲得は決して、大人の言語の模倣でもなければ、直線的に大人の文法に向かう過程ではない。実際、中途段階の子供の文法では、大人が使うことのない発話が構成される。たとえば、子供はある段階では、動詞の went や took、名詞の mice や sheep など、英語の不規則活用をそのまま発する時期があるが、その後、wented や taked, mouses (mices) や sheeps など、全て規則活用の形式に改めてしまう時期がある。これは動詞や名詞の最も一般的な活用

119　English for specific purposes （EGP: English for general purposes「一般的な目的の英語」）

規則を子供が無意識の内に獲得し、その規則を不規則活用の動詞や名詞にも適用してしまうためだ。しかし、この規則活用の「過剰適用」の時期が過ぎると、再び不規則活用形を発するようになる。この他にも、子供が自ら意識下で（発達途上だけに見られる中間的な）規則を作り出し、大人が正しい表現を発話して、修正指示を何度繰り返しても、子供は自分の規則に支配された発話[120]しかできないことを示す例を、アメリカの言語心理学者マクニールが報告している。

CHILD: Nobody *don't* like me.
MOTHER: No, say Nobody like*s* me.
CHILD: Nobody *don't* like me.
（このやりとりが8回繰り返される）
MOTHER: No, now listen carefully: say Nobody like*s* me.
CHILD: Oh! Nobody *don't* like*s* me.

---

120 こうした中間規則により作られた発話は周囲の人間から聴くことはない。

コラム

****

野生児・隔離児

　「野生児」の名前で呼ばれるのは、①遺棄された乳幼児を動物が育てるケース、②幼児の頃に森に迷い込んだり、遺棄された子が、他人と接触せずに生き延びたケース、③非情な親や正気でない親に放置されたり閉じ込められたりして、人間的な接触の剥奪されたケースである。①、②は純粋な野生児だが、③は隔離環境によって野生児化しているもので、「隔離児」と呼ぶことも多い。

● **the Wild Boy of Aveyron**「アヴェロンの野生児」　1797年にフランスのアヴェロンの「コーヌの森」で、ボロボロのシャツだけの裸同然の少年が捕らえられた。この野性児は11～12歳と推定され、文明に汚染されない「高貴な野人」ではないかという期待もあった。パリ聾唖院所長シカールが聴障児と同じ方法で言語が学習できると考え、数ヶ月教育したが成果はなく、白痴を疑い見放した。その後、ルソー（18世紀フランスの思想家、社会改革家。『人間不平等起源論』、『エミール』などの著作で知られる）の教育理念に燃える青年医師イタールが、期待を込めてヴィクトール（Victor「勝利者」）と名付け、5年間社会生活に順応できるように育て、「読み話す」訓練を施した。かなりの語句が読み書きできるようになったものの、発音できたのは簡単な1音節の2語「オデ（ィ）」（"Oh, Dieu!"「ああ、神よ」）と「レ」（"Lait!"「ミルク」）にすぎない。どちらも、歯茎に舌を付ける子音に、軽く口を開いて出す母音が続く、調音の簡単な音になる。恐らく、調音能力に欠陥があったのだろう。

● **Kaspar Hauser**「カスパー・ハウザー」　1828年にドイツのニュールンベルク市に、異様な服装の青年が、本人の素性を母が書いた手紙を持って現れた。この青年は、17歳まで地下牢に閉じ込められたため、3歳程度の知性しかなく、「隔離による痴呆」状態だった。文字や10までの数字、名前は書けたが、言葉は6語だけだった。ゲオルク・ダウマー教授宅に住み、読み書き、算数、ラテン語の教育を受

け、ドイツ語は完全にマスターするが、22歳で殺される。バーデン王国の王位継承者であったために、地下牢に閉じ込められ、暗殺されたなど、当時はいろいろな憶測を呼び、欧州では大きな話題になり、幾多の物語が書かれ、舞台、映画で上映された。

● **Amala and Kamala**「アマラとカマラ」　1920年、伝道旅行中のシング牧師がゴダムリ村の村人に案内され、狼と一緒に穴に住む二人を見つけ、ミドナープルの孤児院に連れ帰る。1歳半のアマラと8歳半のカマラである。二人とも光恐怖症で、日中は暗い所にうずくまり、夜になると吼えうめいた。うずくまった姿勢で腐肉や臓物を食べ、ゆっくりした移動は肘と膝で、駆ける時は手足を使った。人が近づくと敵意と警戒を示した。1921年、アマラは病気で亡くなる。カマラはその後1、2年かけて、2本足で立ち、歩き、暗闇を恐れ、腐肉を拒むようになる。入浴したり、衣服がないと寝室から出ないなど、上品さと恥じらいも示す。またことばも徐々に覚えて意思表示ができ、口頭による指示が良く分かり、50語ほどの単語を使い、人に話しかけることもできるようになった。隔離状態に置かれなければ、正常な発達を遂げる知能を持っていたと考えられる。

● **Isabelle**「イザベル」　聾唖で右目の視力に障害があり、知力にも難のあった母親が1932年4月にイザベル（仮名）を産んだが、私生児だったことから、祖父に生後ずっと屋根裏に閉じ込められ続け（隔離児）、1938年11月6歳半の時に母親と脱出して保護された。このアメリカの少女は、その後の発達が目覚しく、翌1939年2月には簡単な文章を話せるようになり、1940年6月には1500〜2000語を獲得し、2年経過すると同年齢の子供と変わらない会話力を身に付けたと報告されている。これは脳の言語野の神経回路が言語基盤を急速に完成させる成熟段階（文法や発音の完成する言語獲得期の後期）にあったためではないかと仮定される。

● **Genie**「ジニー」　1970年に米国で保護された13歳の女児。生後20ヶ月で小部屋に幽閉され、昼は裸で幼児用トイレに革帯で縛られ、夜は寝袋に押し込められた。ちょっと音を出しただけで棒で殴られ、極端な放置と孤立の境遇の下で、話しかけられることもなく、重度の神経症と発育不全で、言語も習得できなかった。

母親がこの子を連れて逃げ出して、事件が発覚。その後、優しい養母の世話と研究者による治療とリハビリを受け、体力も付いて社会生活にも慣れて行く。数ヶ月で事物を表わす語を数百語学習し、短い日常表現を発話し、周囲の会話も大体分かるようになる。1年後にUCLAの生成文法学者スーザン・カーティスによって言語能力が厳密に調べられたが、能動・受動文、否定・疑問文、比較文、関係節などが、どうにか理解でき、語彙の獲得も多かった。理解力が急速に進歩したのに対し、発話能力は遅々として進歩せず（文法機能語や活用を欠く）「電報文」程度の段階に進むのにも数年を要した。話し方は画一的で、発話面での統語技能の習得は、それ以上進まなかった。

* *

外国語学習には言語獲得期がないのか

「言語獲得の臨界期が思春期前期（10〜12歳）まで」という考え方もあるが、第一言語（母語）習得のケースである野生児・隔離児の事例から見ても、もっと、早いのではないかと考えられる。第二言語の習得に関しては、「渡米時期と学習到達度の関係」を調査した研究があるが、特に「渡米時期」が（文法能力を調べる実験データからは、「7歳まで」と仮定される）言語獲得の臨界期内であることの重要性が示されている。思春期以降の移民だと、母語がその外国語によほど近似していない限り、何年、何十年と学習しても、なかなかネイティブ並みにはならないからだ。

アジア（中国、韓国）から移民したイリノイ大学の教師・学生[121]を対象とする実験事例（ジョンソン＆ニューポート（1989、1991）、ジアほか（2002））では、年齢によって有意な違いがあることが判明している。7歳までに移民すると、文法も発音もネイティブと変わらないが、それを超えるとどこかに違い

---

[121] 思春期前に移住したのは大部分が大学1、2年の学生で、思春期後に移住したのは大部分が大学教授や研究員ないし大学院生であったが、居住年数はいずれも約10年だった。英語テストは276個の文から構成され、その半分が12個の規則のどれかを破る非文法的な文だが、各文は1、2秒の間隔で2回ずつ読まれ、文と文の間は3、4秒空けていた。居住年齢が低い人は、子ども時代にテストの主要課題である英文法を学習する機会があったほか、テストがかなり注意力を要する判断作業なので、有利だった可能性がある。

第6章　言語習得理論について

がみられる。これに対し、欧州から英米に留学や移住した場合、思春期以降に外国語を学習して、母語話者レベルの運用能力を身につける人がいる（パコゥスキー（1980、1990）、ジアほか（2002））。有意な年齢による違いがみられないのだ。このため、「外国語学習に臨界期はない」という主張も多い。

こうした二つの事例を、どう解釈するかだが、白井恭弘（2008）は「臨界期の原因が脳の構造によって決まっているなら、同じ影響が全人類にあるはず」とし、「言語の習得と年齢の関係に関して、『同じ白人同士だと付き合う時間も密度も言語的交流に有利』といった環境的な要因の方が重要である」と主張している。しかし、この解釈は「言語差」を考慮に入れていない。欧州語話者は、文法のコア操作（数の一致やWH移動など）が英語と共通なので、母語の操作を運用することで、実質、英語の文法操作を普遍原理に添う形で運用できる。語彙が近似していることもある。したがって、臨界期は影響せず、言語獲得期に対する真の反証とはならない。（ただし、音声面については臨界期が存在する[122]。訛りと移住年齢との間には高い相関があり、20歳を超えてからでは米国在住期間がどんなに長くても、特別な訓練を受けない限り、訛りは消えない。）そうした文法操作が存在しない中国語や朝鮮語の話者は、言語獲得の臨界期の制約を受け、思春期以降の移民では、ネイティブ並みにはなれないのだ。環境的な影響はそれほど大きくないだろう。

日本人についてはどうだろうか。10代に渡航した神田乃武（ないぶ）や札幌農学校で英米人に師事し図書館の蔵書を読破する勢いだった新渡戸稲造などの事例は、言語獲得の臨界期を越えても「英語の達人」になれることを示している。その意味で「英語の達人」は言語獲得期の反証となりそうだが、冷静に判断すると、言語獲得期の反証として妥当なものとは言いがたい。むしろ、言語獲得の臨界期を越えていたからこそ、母語話者並み[123]になるには、そんな寝食を忘れるほどの努力が必要だったことを認識しなければならない。したがっ

---

[122]　カリフォルニア州知事も務めた俳優アーノルド・シュワルツネッガー（オーストリア出身）やアメリカ大統領補佐官だったキッシンジャー（ドイツ出身）に見るように母語の訛りはかなり残るが、これはドイツ語の発音が英語とかなり違いがあり、発音に関しては臨界期を越えてからの修正が効かないためだ。
[123]　「英語の達人」は会話力も高かったと考えられるが、学習形態からすると、むしろ、それ以上に、原書の読解力ならびに英文執筆力に優れていたと考えられる。

て、「英語の達人」の事例は言語獲得に臨界期があることを裏付ける証拠として扱うのが正しいのだ。

「英語の達人」の事例の紹介で知られる東京大学の斉藤兆史氏は、講演でも「英語が堪能になるには四六時中英語を学ばなければならない」と論じる。これは日本人が英語を習得することがいかに困難かを認識した正鵠(せいこく)を得た主張であるが、現実に実行するのは極めて難しい。英語専攻の学生であっても、ひたすら英語だけを学習できるような「ゆとりの時間と環境」を、メールやブログの更新に忙しい現代の学生や一般人に求めることはできない。外国語環境で、学校でも公立だと週4回（1時間が中学で45分、高校で50分が標準）の授業だけという場合、塾や英会話学校、そして自宅での学習を含めても、週にせいぜい10時間程度だろう。だとすると、「限られた時間でいかに効果的に学ぶか」が重要になる。

憶えるべき重要な構文や表現がテキストやコミュニケーション活動中に網羅的にかつ繰り返し現れることはない。このため、そうした構文や表現を授業で導入・説明した上で、「機械的にでも反復練習する」必要があるのだ。練習の素材が「自然な英文」であることに越したことはないが、近年声高に叫ばれる「オーセンティック（本物）な英語」にあまりこだわる必要はない。反復練習で使う英語は、練習用だと認識して使っていれば、多少不自然でも構わない。学習者は割り切って練習する。そうした練習によって、ある程度自動的に使えるところまで、その構文や表現が定着し、かろうじてでも自動アクセスできるようになれば、学習目的が達成されたことになる。思春期以降に外国語として学ぶ場合でも、機械的に何度も何度も繰り返し反復練習することで、どうにかほぼ半自動的に話すことができるようになるのだ。「英語が堪能になる」というのを、ネイティブと同等と考えたのでは無理なので、ところどころ意識的に構文や表現や語彙を選択することがあっても、ネイティブと「実務的な討議が行える」レベルと理解して、それを目指して効果的な練習を行なうのが現実的だろう。

一方、言語獲得期内であれば、さほど努力しなくても速やかに外国語が習得できる。個人差もそれほどない。英語国に家族が移り住んで数ヶ月もすると4、5歳前後の子は周りの子と自由に話せるようになる。発音も変わらない。これが9歳頃になると発音に母語の訛りが若干残る傾向がある。大人は、渡航時に

相当英語力がないと、長年住んでも自在に話せるようにはならない。何年間学習したかではなく、「渡航時に何歳であったか」が、特に「リアルタイムの運用」面で、ネイティブと同等の英語力になるかどうかの鍵になる。

なお、津田梅子も「英語の達人」の事例で挙げられているが、梅子が米国に留学したのは6歳の時であり、言語獲得期内における第二言語の習得なのだ。学校でも家や近所でも英語を使い、日本語は使わない。そうした環境に居たために、英語が母語になり、日本語がおぼつかなかった。ほかの「英語の達人」のように、努力をすることで、ネイティブ並みの英語力になったわけではない。したがって、津田梅子のケースは言語獲得期の反例ではなく、むしろ、その重要性を示す事例になるだろう。

母語獲得と外国語習得のメカニズム

（既に述べたように、）言語獲得期には、母親などとのインタラクティブなやり取りを通じて、一定量以上の言語データが入力されれば、そこから自動的に文法・語彙・音韻規則系が導出される。自動言語獲得装置の機能は、7歳前後まで活性状態にあるが、それ以降は急速に不活性状態になる。「言語習得の自動化の能力」、さらに、文法や語彙選択を意識的に行なわなくても、自由に聴き話せる「運用の完全な自動化の能力」の獲得には、「言語獲得期内の濃密なインプットの摂取と適度のアウトプット」が不可欠なのである。これに対し、思春期以降になると、異質な外国語の習得においては、一般的な「知識獲得機構」によって、明示的に教えられた文法・音韻規則を意識的に理解し習得するという形で外国語を習得する。このため、学習到達度は、（規則の）理解度（＝文法分析力）、学習意欲、集中力などの要因により決まるので、個人差が非常に大きい。

したがって、幼児は母語と同じような言語環境に置かれ、ことばを交わしていれば、自然にその文法と語彙を獲得できるが、小学校高学年頃になってからだと、そうした自動的な言語習得はできない。学習者はそれぞれに努力を重ね意識的に学習することになるので、その成果はそれぞれの個人によって大きく異なる。その意味では、言語獲得期に脳内に自動的に文法が構築されるのとは全く違うことになる。なお、言語獲得期の文法・音韻規則導出機能は何も母語だけに適用されるわけではない。第二、第三の言語でも適切な対話的環境の下

で十分なインプットが注がれれば、自動的に文法が構築され、バイリンガル、マルチリンガルになる可能性が極めて高いのだ。

自然な対話の行なわれることの少ない外国語学習の環境においても、こうした規則導出機能が、母語ないし第二言語環境下と全く同じ様に働くとは言えないが、幼児が毎日20分とか30分ほどでも濃密に言語的インプットを注がれ、アウトプットも適宜できる環境に置かれるならば、（母語獲得に際して働く）この機能がある程度までは効果的に働く、と考えても合理性がないわけではない。不思議なことに、「仮に第二言語環境での英語獲得に臨界期が存在したとしても、…（日本で英語を学ぶという）外国語環境での英語学習にも臨界期が存在するということにはならない」と論じる向きもある。だが、これは生活言語としてインプットの豊かな第二言語環境より、遥かにインプットの貧困な外国語環境の方が、言語獲得に有利だということを言いたいのだろうか。どうも合理的理解ができる議論にはなっていない。

言語獲得期について注意したいのは語彙獲得である。語彙獲得は、基本語以外は言語獲得期を過ぎてもどんどん拡大する。語彙には、①「具体的な事物・活動」などを指す生活語彙と、②「抽象的な概念」を指すものがあるが、（学校で学ぶことになる）複雑で抽象度の高い概念を表わす認知／学習語彙（名詞が中心）は、その概念を理解・把握できる発達段階に達しなければ獲得できない。そうした語彙の獲得は、知的な発達に対応するのだ。言語獲得期内に定着すると考えられるのは、①日常生活で遭遇する具体的な事物・活動などを表わす（名詞、動詞、形容詞、副詞などの）「内容語／実質語」の情報と、②統語規則と密接な関連を持つ（動詞、形容詞、前置詞、接続詞などの）「機能・構文的」な情報があるが、これは文の生成や解析に不可欠である。

💬 ナチュラル・アプローチ

現代の言語理論（生成文法）は、どの子供も生まれ育った言語環境の中での言語の文法を自動的に獲得するが、これは生得的な言語獲得プログラム（普遍文法）を持つためだと仮定している。1970年代に、米国の言語学者スティーブン・クラッシェンは、この生得的プログラムが外国語の習得においても働くものと仮定し、外国語学習に関わる5つの仮説[124]を含む**インプット理論**を提唱したが、その後、テレルとともに**ナチュラル・アプローチ**[125]と呼ぶ教授法

第6章　言語習得理論について

を提唱した。

　インプット理論は「学習者がインプットされた言葉の意味を理解する経験を十分に積めば、その文法が自然に獲得される」という仮定に立ち、教師の仕事は、「学習者の言語習得段階（「**中間言語**」）を少し超えるレベルの文法を含むが、状況や背景知識を基に、どうにか理解できるインプットを与えることだ」とし、「教師が授業中に文法指導をしたり、学習者の発話の文法訂正をしてはならない」とする。だが、日本の学校教育の現場で授業を担当する教師は、文法指導が重要であること、学習者の発話の文法上の間違いを訂正した場合、同じ過ちを繰り返さなくなることが多いのを経験しているはずである。なお、「言語能力の習得には文構造の理解より内容把握が重要である」という考え方については、論理的な破綻を指摘せざるを得ない。人間の言語は「文法構造が文中の成分相互の意味関係（「構造的な意味」）を表わす」という本質的な特徴があり、文構造を理解しなくては、内容の精確な把握はできないのだ。

　我々が発話された英文の意味を理解する時には、その場の状況や話し手との関係や話のトピックなどを考慮に入れ、一般常識や専門知識を駆使して推論するので、多少の文法的な間違いが含まれていても、それほど問題はないかもしれないが、相手に理解してもらおうと思ったら、できるだけ「文法的に正しい表現」にしないといけない。学習者が英語を自ら使うことが、文法力や語彙力を定着させる効果を持つのだが、それを重視したのが**アウトプット仮説**だ。これはカナダのケベック州の学校におけるイマージョン教育[126]においては、授

124　**自然順序仮説**では、文法は一定の順序で習得されるとし、**モニター仮説**では、学習した文法知識には自分の発話を訂正するための「監視」（モニター）役割しかないとする。**獲得・学習仮説**では、「言語獲得」が意識下の自然な言語習得プロセスであるのに対し、「言語学習」は教室などで外国語の明確な特徴を教える意識的な習得プロセスであるとする。**入力仮説**では、学習者より「少し上のレベルの理解可能な文法事項」に接した場合に、それが理解され習得されるとする。**情意フィルター仮説**では、言語についての態度、動機、不安などの情意的な要因が学習意欲に影響するとしている。

125　ナチュラル・アプローチでは「教室は（インプットを与える）コミュニカティブな活動の場で、文法は家庭で学習する」という基本姿勢をとる。だが、文法が母語と近く、応用が可能な外国語ならば、家庭学習も可能だろうが、日本人が英語を学習する際には、教師がしっかり判りやすく教えなければ、文法を自分だけで習得することは極めて難しい。

業内容の理解がほぼ母語話者に近づくのに、発話や作文においては文法的な誤りが少なからず見られることから、インプットだけでは不十分で、生徒が発話するアウトプット活動が重要であることを指摘したものだ。発話がある程度自動的にできるようになるには、文法力を高める必要がある。それには、まず主要な文法・構文について、教師が明示的に教えることが必要[127]だが、それだけではなく、教師が誤りを明確に指摘し、意味理解を確認し、意味を明確にするように求め、さらに学習者の「発話を訂正して繰り返させる」（**リキャスト**）などの訂正的な作業も大切だ。また、テキストの読解においても聴解においても、書いたり話したりする場合にも、いろいろな文法ならびに構文形式や表現に、自ら気付くことが重要だろう。

学習されたことが習得につながらないのか？

ナチュラル・アプローチでは、母語と同じように「日常生活の中で自然に意識しないでことばを習得する」第二言語の**習得**と、「（教室などで）意識的にことばを習得する」外国語の**学習**を区別した上で、教室内の外国語教育においても、「意識下で自然に言語が習得できる」方法を採るべきであり、文法形式の指導を受けて意識的な「学習によって得た知識は自然に習得された文法には移行しない」と主張した。教室などで外国語の言語構造を理論的に理解しながら意識的に学んでも、無意識に運用される文法にはならない。運用の自動化は起こらない、というのだ。では、「学習された言語知識は何の役に立つのか」だが、「自分の発話を訂正するための監視役になる」だけだ（**モニター仮説**）と言う。

本当にそうだろうか。確かに、「意識的に文法を学習しても、なかなか自由に運用できない」ことが多いが、そうした主張を否定する事実も指摘されている。つまり、外国語として学習された文法事項であっても、それを何度も繰り返し使う訓練をすると、それが堅固に記憶に定着し、（母語話者や7歳以前ま

---

126 エマージョンは「没入」の意味だが、これは学校で子供の母語以外の第二言語で授業を行なうバイリンガル教育で、英仏両言語を公用語とするカナダのモントリオールで始められた教育方式。早期トータル・エマージョンでは、幼稚園年長組から小学校低学年まではフランス語のみで読み書きを習い、中学年から中学校にかけて英語の比率を20％から50％に引き上げる。全体で5000時間のプログラム。
127 ただし、仏英語など近似言語間ならば、母語の文法の応用と調整で済む局面も少なくない。

での第二言語や外国語の習得ほど完璧ではないにせよ、）文法処理の自動化がかなりの程度まで起こるのだ[128]。完全な自動化は無理だとしても、どうにか「半自動化」までは習熟できる。そうした経験を持つ人は少なくない。実際、最近の研究では、音読練習を繰り返すことによって、文法だけでなく語彙知識への「アクセスの高速化」が起こることが報告されており、どれだけ高速化するか、（すなわち「アクセスの自動化」が進んでいるか、）が学習習熟度を測る基準としても注目されている。なお、これが欧州語間の学習であれば、母語の転移[129]により、容易に自動化が達成できる。クラッシェンの主張とは違い、「学習は習得につながる」のだ。

　一般に、文法には様々な形態変化による活用や構造操作があるが、そうした文法事項には、自動的にアクセスして運用できる「習熟レベル」に至るのが、比較的容易なものと極めて困難なものがある。たとえば、母語の文法の「**自然な習得順序**」としてクラッシェンが示した序列によると、「進行形」の習得はかなりすみやかだが、「複数形」や「動詞の活用」は時間がかかる。「三単現のs」（＝三人称単数の主語と現在形の動詞の一致）のような計算処理を要する動詞の活用や「完了時制」の使い方なども同じだ。これは外国語としての習得においても同じだとされていたが、白井（2008）によると、日本人の児童は「属格's」を「自然な習得順序」の序列より早く習得するという。これは日本語で属格を示す「の」の用法が早く習得されることの影響（転移）と推定され、「母語の文法形式や操作は、外国語の同機能の文法形式や操作の習得に寄与する」と捉えるのが適当であろう。

　関係節や疑問文の形成に必要な「WHで始まる語の文頭への移動」（「WH移動」）も最初は意識的だが、長期間に亘り何度も何度も繰り返し操作する内に、ほぼ自動的にできるところまで到達する学習者もいる。ただし、（"***Who*** did

---

128 「数の一致や代名詞の選択」などは日本人にとって運用時の自動処理が困難な文法操作だが、（「児童英語講師自己研鑽の会」会員などの）児童英語教室で実践されているような、「主語＋動詞＋代名詞（所有格）＋名詞」型の例文（***I/You/He/They*** can brush ***my/your/his/their*** teeth.）の主語と代名詞を一致させる訓練を、「リズムに乗せて反射的に繰り返す」ことは、文法操作の運用自動化には有効かも知れない。
129 「母語の転移」には厳密な定義がないが、同じ機能を持つ母語の文法機構が外国語に適用される場合に限定した方が良い。言語的な関係の明確な、同系列の言語は別言語とは言えないのだ。

you meet @ yesterday?"のような）単文内での移動はかなり多くの人が無意識にできるようになるが、("**Who** do you think [Bill met @ yesterday]?"や"Do you know **who** [Mary met @ yesterday]?"など、）述語に応じて埋め込み文の中からの適切な位置への移動がほぼ自動的にできるのは、学習者全体の数％程度だろう。こうした人たちは英語の基盤知識を必死で学び、読解力を充実させただけでなく、運用面でも相当時間を割いて、学習内容を習得まで持って行けたのだ。(「WH移動」規則は（印欧語族の）欧州諸語全てに存在するため、欧州人はこの文法を改めて学習する必要はない[130]）。なお、学習の難易度を左右する「言語差」については、（SVO型、SOV型などの）言語類型に伴う主部と修飾部の位置関係の違いなどの特徴は一応知られているが、リアルタイムでの口頭運用上、日本人に「言語差のどういう側面が特に困難なのか」は、（欧州語における「性・数・格や時制の一致」以外には）これまで具体的に特定されたことはなかった。筆者は日本語に存在しない「WH移動」規則の瞬時の移動操作こそが最大の障害であることを指摘したい。

💬 バイリンガルの脳メカニズム

「外国語を使える」ことは「バイリンガル」ということだが、従来これは「話す」能力を指していた。しかし、ネットで情報をやり取りし、実務をこなす時代には、メールや文書の「読み書き」能力についても使うのが適切だろう。その意味では、英会話が苦手な日本人でも、「バイリンガルです」と胸を張って言って構わないのではないか。ところで、「バイリンガル」というのを脳のレベルで捉えると、母語と外国語は、①「言語中枢の位置関係」と②「言語システムの構成と運用様式」において、何らかの違いがあると考えられる。さらに、③「習熟度によって、外国語活動時の脳の活動状態が違う」ことが脳イメージングによる研究で確認されている。

---

130 WH移動はWH語（疑問詞・関係詞）を（節境界を越えてでも）節頭に移動する規則だが、「WH語に加え上位要素も一緒に移動させる」ことを許すのが**随伴規約**である。この規約により、"**Who** are you talking **about**?"以外に"**About whom** are you talking?"が言えるのだが、ロマンス諸語ではこの規約の適用が義務的である。フランス語では"**De qui** parlez-vous?"となり、"**Qui** parlez-vous **de**?"のように前置詞が文末に残らない。

言語中枢については、英語のように言語差が大きい外国語の場合、「幼いほど、外国語と母語の中枢が同じ言語野（領域）に形成」され、「遅くなると、外国語の中枢が母語と若干ずれた脳の領域に形成」されることが、脳研究において明らかにされている。これが機能的にどうなっているのかは解明されていないが、可能性は二つある。一つには、（A）言語中枢では統語操作や音韻処理などの領域は分かれるものの、それぞれの言語機能に対応する脳領域においては、「同一の回路に各言語のプログラムを入れ替えて動作」する。もう一つは、（B）それぞれの言語機能に対応する脳領域に、「二重の回路が形成されていて、母語か外国語どちらかの回路が動作」する、と仮定される。

　外国語活動時の脳の活動状態だが、日本人に英語を聴かせた時、①英語が苦手な人では、脳の言語中枢の活動がほとんど見られないが、②英語にある程度習熟していると、活発な活動が認められ、③熟達したレベルだと、活動が低くなる、ということが観察されている。これは、①初心者がほとんど英語を聴き取れず、「構造分析も意味解析もしていない」のに対し、②ある程度習熟した者は、そうした「言語処理を脳の機能を総動員して」行なっており、③熟達者や母語話者は、「言語処理が自動化しているので、脳の機能の動員をそれほど必要としない」ということを示唆する。日本人が英語を話す時は、ワーキング・メモリーを占有し、他の脳領域の機能も総動員して、奮闘しているのだ。

　母語の調整で話せるような、言語的に極めて近い外国語の話者の場合は、脳内処理も母語に準じる処理になると仮定される。韓国人が日本語を話す場合、母語と同じように無意識の内に、文法操作や語彙アクセスがほぼ自動的ないし半自動的に行なわれ、思考を司る脳のワーキング・メモリーは、相手の発話の内容をじっくり分析・判断する余裕がある。これに対し、韓国人や日本人が言語差の大きい英語を聴き話す場合には、かなり習熟している者でも、聴いた英文の構造分析や意味理解、発話の生成に際しての文法操作や語彙アクセスなどを、ある程度意識的に行なうことになるが、その作業はワーキング・メモリーにおいて実行される。

　ワーキング・メモリーは処理の時間も容量もかなり限られているため、英語の発話の言語処理に占有され、相手の発話の内容をじっくり分析・判断する余裕がない。たとえ、英語習熟度が高くなって、発話の理解プロセスにおける言語処理がある程度自動化したとしても、自ら発話を構成するに際してはワーキ

ング・メモリー内での意識的な言語処理が欠かせない[131]。日本人は、そうしたハンディを背負っているので、英語にかなり習熟しているだけでなく、議論の場数を相当踏んでいないと、ネイティブと英語で対等に議論することは難しいのだ。日本人が英語で話すことが苦手なのは、脳内処理面でのハンディが大きく関係していることを忘れてはいけない。

　グローバルな時代だから、世界共通語とも言える英語を使うことが、外国人が差別・疎外感を持たないで参加できる環境だとする向きもある。だが、脳内処理を考えると、英語ネイティブないしセミ・ネイティブが、日本人と比べ圧倒的に有利な立場になる。共通に理解可能な言語を使うことが、決して平等な対話や討議の機会をもたらすことにはならないのである。相互に対等な討議を保障しようとすれば、通訳を介在させるほかない。このため、国連総会や首脳会議では、通訳を入れるのが慣例となっている。

共通基底能力について

　言語を使うには、母語でも外国語でも「それぞれの言語の文法力」が備わっていることが必須だが、どちらを使う場合でも、「共通に使う言語運用上の能力」があると考えられる。「二言語を流暢に話す」完全バイリンガルだけでなく、日本人のように、「聴き話す」口頭運用に弱くても「読む」ことは一応できる、という「部分的なバイリンガル」も視野において、バイリンガルの能力を「言語能力の仕組み」の観点から考えてみよう。

　カミンズ＆スウェイン（1986）は、バイリンガルの言語能力が二言語それぞれ独立の基底能力を持つのではなく、一つの基底能力を共有するという仮説を提案している。この仮説は、①（個別の言語に固有な）「文法力」と、②どの言語にも共通な言語能力（「共通基底能力」）を区別したものだ。概念的に読み替えれば、①「個別言語の文法」と、②「普遍文法の原理・制約」と捉えられないこともない。ここでの「普遍文法の原理・制約」は、自然言語の言語特性因子や文法規則の適用に対する（「島の制約」などの）一般制約などを指す。

---

[131] 日常会話におけるごく簡単な発話の構成は、定型的な表現の多用などもあり、意識的な言語処理が必要ないことも増えるが、実務的な討議をする場合には、発話も複雑になるので、語彙や構文を意識的に選択するなど、やはりワーキング・メモリー内での言語操作が必要になることが多いだろう。

実は「共通基底能力」には、そうした「普遍文法の原理・制約」だけでなく、それとは機能的に峻別される「言語運用上の能力」も、別に含まれると考えられる。この「言語運用力」には、(A) 文を論理的につないで文章を構成する「論理構成力」や、(B)（一般知識、文化知識、状況知識などを含む）「知識データ」にアクセスして情報照合を行ない、文の内容を分析して、文意を解釈する「文意理解力」などが含まれるが、ほかに (C)（「コミュニケーション能力」や「読解ストラテジー」などの）「認知運用力」も含まれると仮定できる。

（バイリンガルの）言語能力 ＝「文法力」＋「共通基底能力」
「共通基底能力」＝「普遍文法の原理・制約」＋「言語運用力」
「言語運用力」＝「論理構成力」＋「文意理解力」＋「認知運用力」

こうした「言語運用力」は、「普遍文法」のように生得的にプログラム化され、誰にでも備わった能力とは違い、個人がそれぞれ「母語を使って生活する中で磨き上げて行く」ものなので、個人差が少なくない。文章構成力の高い人もいれば苦手な人もいるが、この「言語運用力」は、母語以外の言語を使う場合にも転用できる。これが漠然とした概念説明に留まる「共通基底能力」の趣旨であろう。

なお、この仮説を援用して、山田雄一郎 (2006) は、「基底能力」を深層部とし、「言語の外部形式」を表層部とする（氷の一部が水に浮かんだ）言語能力のモデルを提案し、基底能力に、「文法性の判断力」、「新しい文の創造力」、「語彙力」、「生活とものの見方に関する知識」、さらに「母語の干渉」まで含めている。だが、「生活とものの見方に関する知識」は基底能力だとしても、「文法性の判断力」と「語彙力」、そして外国語習得における「母語の干渉」は「個別言語の文法力」に帰属する。「新しい文の創造力」も、新たに直面する状況に応じて、新たに文を創る能力を指しているに過ぎないので、結局は、文の生成を行なう「個別言語の文法力」に帰属する。ただし、文法により生成された個々の文を論理的に組み立てて、全体として意味的にまとまった文章に練り上げる「文章構成力」は、文法力そのものではなく、基底能力に属すると考えた方が良いだろう。

ところで、二言語共通基底説では、「言語差の問題」が理論的には検討されていない。どういうことかと言うと、ラテン語の末裔であるロマンス諸語は、

本質的に同じ言語であり、方言差しかない。このため、(活用など)歴史的に変化した抹消部を除けば、中核文法はほぼ同一だ。したがって、イタリア語とスペイン語のバイリンガルの脳中には、共通の「中核文法」(core grammar)と方言差に対応する(抹消部が変異した)「周辺文法」(peripheral grammar)が存在すると仮定できる。すなわち、同一の脳領域が言語中枢として使われ、主要な「共通の操作系」と(それぞれの言語で違う)特殊な「操作系と形態素系」の連携という構成・運用になるのだ。さらに、(同じ語彙の異形態的な)「語彙」が脳内辞書に備わっていることになる。換言すれば、こうした出自の同じ言語は「準同一の文法と語彙」を持っているのだ。この場合、語彙は「音声と文字列も準同一」[132]である。したがって、それぞれの言語に対応する言語中枢(共通「中核文法」+(方言対応)「周辺文法」)も、言語獲得の時期に左右されず、同一の領域に局在する、と考えられる。なお、ゲルマン語とロマンス語のように、言語系統と類型が同じで、親族関係にあるが、姉妹(方言)関係にはない場合でも、主要な構文の多くが共通で、構文の転移も起こる。

　これに対し、日本語と英語のように、言語系統も類型も違い、親族関係にもない言語の場合、共通基底部にあるのは、語彙に対応する中核的な「概念イメージ」の共有ということぐらいで、文法と語彙には(借用語を除き)共通性が全くない。こうした異質な言語間で共通基底部に存在し得るのは、(「コミュニケーション能力」とか「読解ストラテジー」などの)「認知運用能力」であろう。

気付きと習得について

　英語をそのまま日本語を介さずに理解させ、文法も教師が教えるのではなく、英文を読む中で学習者に気付かせる。そうした授業を推奨する言語習得論者もいるが、これに惑わされてはいけない。一般に「気付き」というのは、ほとんどが既に知っているものの中に、新規なものが少しだけ混じっている場合に起こる。したがって、気付きによって文法や表現を学ぶには、その言語の文法や表現をかなり知っていなければならないことになる。

---

[132] 英語とフランス語は、歴史的な経緯から3音節以上の語彙は基本的に共通。それが音声化のプロセスにおいて、個々の分節音だけでなく超分節的プロソディー・システム(suprasegmental prosody system)が作動して、英語音、フランス語音に変換させて行くと仮定される。

第6章 言語習得理論について

　日本語の文章を読む中で、新規な表現や（方言などの）見慣れない文法形式に気付くことはある。外国語の場合でも、母語に近ければ、文法的仕組みに共通な面も多い[133]ことから、母語と違う表現が出てきたら簡単に気付くだろう。しかし、かなり異質な外国語である英語の文章を読んで行く中で、未習の文法的な特徴に日本人が気付くには、その英文が苦労せずに読める程度の全般的な文法知識が必要だ。だが、高校1年生程度の学習段階では、英語の新規な文法事項や形式に気付かないことが多い。仮に気付いても、文法知識が乏しい生徒が、その仕組みを自分で分析し、それを習得することは考えられない。

　思春期以降に、異質な外国語を気付きのプロセスで学ぶというのは原理的にも破綻しているのだ。インプット仮説でも、「学習者の学力レベルより若干高い程度の知識（i+1）[134]でないと習得が難しい」と言うのだが、これは正に所定のレベルの知識（i）の獲得を前提としていることになる。教師が明示的に教えなくても、新たな文法事項を生徒自身が発見・習得するというのなら、「どういう文法事項を、どういうプロセスで発見・習得できるのか」そのメカニズムを明らかにする必要がある。

---

[133] 欧州言語が母語の場合には、母語の表現との対比や類推が働いて、英語の表現や文法の違いに気付くことは頻繁に起こるだろうが、そうした違いには母語の文法の調整で対処し、それを習得できる。

[134] 「i+1」は、クラッシェンが使う記号だが、学習者のある時点での学習到達段階をiとし、それより1段階上の知識をi+1と表記する。学習者の知識より2段階以上難しい知識は習得が困難になるという趣旨だ。

コラム

「自動化理論」批判は間違っている[135]

　白井恭弘（2012）は、「最初に明示的知識を身に付け、それを練習することによって、徐々に徐々に自動的に使えるようにする」という「自動化理論」に基づく日本の伝統的な英語教育・学習法を批判し、文法教育はごく基本的なものに留め、インプットを増やす授業を推奨している。だが、欧州語間の言語学習で成功したその方法で、日本人が英語力を伸ばすという証拠はないのが現実だ。むしろ、かつて一世を風靡した H.E. パーマーのオーラル・メソッド（the Oral Method）[136] やダイレクト・メソッド（the Direct Methods）[137] に見るように、オーラルな英語教育が日本では失敗を繰り返してきた歴史がある。しかし、言語習得論を理論的な根拠として、インプットを増やす授業を推奨する考え方は、中高の英語教師への影響も大きく、文科省の専断で始まる「英語による授業」が英語力を高める望ましい授業と受け止められかねない。そうした誤解を避けるためにも、日本における言語習得論の屈指の論客で影響力のある白井氏の主張を取り上げて、言語習得論の理想とするような英語教育論が、日本では必ずしも有効ではないことを明らかにしたい。

135　本稿はシンポジウム「英語で授業する技術―運用自動化を目指して―」第 4 回英語教育総合学会（2012 年 12 月 2 日）に畏友、白井恭弘氏を講演者としてお招きした折、全体討論の席で筆者との白熱の論戦を演じた内容を踏まえて急遽本書に含めることにした（白井氏も承知）。第 6 章「言語習得論について」と一部記述に重複もみられるが、本コラム単独で完結するように、敢えて残したことをご容赦願いたい。
136　「オーラル・メソッド」は 1920 年代に H.E. パーマー（Palmer）が提唱した口頭練習を重視する外国語教授法。幼児が母語を学習するのと同じ過程を経て外国語を習得すると考えた。口頭導入を重視したが、文法説明に母語を使うことも認めていた。パーマーは日本に 14 年間（1922-1936）滞在し、英語教育研究所を設立するなど日本の英語教育に多大な影響を与え、オーラル・メソッドはブームを引き起こした。
137　「ダイレクト・メソッド」は 19 世紀から 20 世紀にかけて提唱された「母語を使わず目標言語を直接的に使って指導する」外国語教授法の総称。文法訳読法に対する反省から生まれた音声指導重視の教授法。

第6章　言語習得理論について

💬 正しい知識を教えることはコミュニケーションへの意欲をそぐか？

　この自動化モデルの弊害は、「最初に正しい知識を身に付け、それから練習する」というモデルなので、最初から正しさを学習者に強要することです。そのため、学習者は正しさばかりに注意が行き、コミュニケーションへの意欲をそがれてしまいます。もちろん、正しさは大事なのですが、「正しさ」と「流暢さ」のバランスがなければ、英語を使った効果的な意思疎通は不可能です。(白井（2012）66頁より引用：英語部分省略)

　「最初に正しい知識を身に付け、それから練習するというモデルなので、最初から正しさを学習者に強要する」という認識だが、これには同意しがたい。そもそも最初に文法を教えなければ、正しい英語を「書くことも話すことも」できないし、「読むことも聴くことも」できない。どうして「正しさを学習者に強要する」ことになるのだろうか。また、「そのため、学習者は正しさばかりに注意が行き、コミュニケーションへの意欲をそがれる」というのはどうだろう。確かに、文法の正しさに神経を使って、なかなか思うように話せないということはあるが、それでコミュニケーションへの意欲をそがれることにはならない。文法はコミュニケーションを支える最も重要な基盤能力であり、基本的な文法を習得することがコミュニケーションに不可欠の前提条件になる。

　これは正しい知識を教えた後のフォローの問題ではないだろうか。教師が生徒に「日本人が英語を使う場合には、文成分の配列や文法操作の違いで、脳内での処理[138]にハンディがある。特に、数の一致とか時制とか冠詞は、そうした仕組みが母語にない外国人はみんな苦手だ。ネイティブでも疲れていたら間違うことがあるのだから、あまり神経質にならないで良い」といった言語運用の実態に踏み込んだアドバイスをすれば、「コミュニケーションへの意欲をそがれる」こともないだろう。もちろん、最初から「間違った形も使われるのだから、それで良い」と教えるのではなく、正しい知識をしっかり教えた上で、「何度も繰り返し練習すれば知識が定

138　現実の運用に当たっては、脳における思考や言語処理を担当するワーキング・メモリーの制約もあり、リアルタイムの発話で（「数や時制の一致し損ない」など）言い間違いが時々起こることは避けられない。

着し、コミュニケーションの道具として使えるようになる」ことを納得してもらうことが大切であることは言うまでもない。

💬 外国語の習得はインプットだけではできない

「受験勉強や文法的説明で身に付いたと思っていたものが、じつはインプットから来ている部分が多い」という指摘もする。だが、それは因果関係が検証された論理的な根拠がある話ではないだろう。日本語とは全く異質な英語の場合、ごく単純な仕組みはともかく、インプットだけで、日本語にない記号操作的な文法現象に気が付くとか、意識下の知識化が起こる保証はどこにもない。中高生の脳中で、「無意識の内に、外国語の文法機構が構成される」ことはないだろう。思春期以降の学習においては、インプットだけで外国語が使えるようになるのは、(欧州諸語のように) 母語に同じ文法装置があり、これをモディファイして転用できる場合だけだ。

個々の文法現象について、「その現象と仕組みが、どのように認知・理解されるのか」、さらに「それがどう自動化されて行くのか」という習得プロセスが、論理的に納得できるように、具体的に説明されなければ、「文法項目は、明示的な知識の教育よりも、インプットによる習得の方が多い」と主張しても、あまり説得力がない。果たして中高生がどのレベルの文法現象に気付き、その仕組みを分析できるのだろうか？「どの文法項目を明示的に教え、どの文法項目をインプットによる気付きで習得するのか」を具体的に示すことが、白井氏には求められる[139]。いずれにせよ、「(現行の) 教科書で扱われる文法項目を、全て網羅的に教えることは、最低限の英語基礎力に不可欠である」と筆者は考える。これには、説明に続く例文の提示と、(パターン・プラクティスのような) ある程度機械的な練習による知識の定着化が不可欠であり、できれば、その文法項目を多く含むテキストをしっかりと読み込み、英文を作ることで、理解の深化も図りたい。理解が深まった段階で、多読を行い、その文法項目に何度も触れ定着すると、無意識にこれを解析したり、それを含む英文が作成でき、それが口頭運用にもつながる。

139　白井 (2012) は、「文法的説明や訳読方式は、なるべく少なくして、インプットの理解や自動化のためのコミュニケーション活動の手助けになるような役割に絞るべき、…週4時間あったら、明示的文法説明はそのうちの1時間にする」とし、「文法を最初から完璧に知識として理解して、それが終わってから、徐々に自動化するというモデルではいつまでたっても使えるようにならない」と述べている。

💭 インプット理論は外国語教育にそのまま適用できない

そもそも母語習得の説明に有効なインプット理論を筆頭に、それを補完するアウトプット理論やインタラクティブ理論は、日常生活において使用環境のある第二言語の習得には適用できても、学校外ではほとんど使用環境のない外国語の教育に、そのまま適用することはできない。恐らくこれが最も重要な事情だが、「計算処理が必要な文法操作」が英語と共通な欧米諸語の学習者は、その操作を教育・訓練しなくても、コミュニカティブな授業にスムーズに適応できる。これに対し、日本人が学習する場合には、新たな文法の仕組みを学び、「数や時制の一致」、「疑問詞・関係詞の節境界を越える移動操作」（WH-Movement）を繰り返し練習しても、日本語の文法には存在しない操作であるため、自動運用できるところまではなかなか到達しない。英語の運用がままならない中では、コミュニカティブな授業に滑らかにつながらないのだ。欧米における理論の成功を、どの言語にも有効な普遍的真理であるかのごとく捉え、日本の英語教育にそのまま持ち込むのではなく、こうした文法操作面での越え難いハンディを考慮に入れる必要があるだろう。

💭 思春期の学習は運用の自動化が難しい

「数や時制の一致」などは、教えて理解されたとしても、自動的に使えるようにはなかなかならないことも、自動化理論を批判する根拠にされている。だが、母語にない文法操作が容易に自動化できないのは当然のことだ。特に、「三単現のs」のような「依存関係にある要素間の計算処理」は、思春期以降の自動化が極めて困難である。クラッシェン（1977）の提案する「自然な習得順序」（下記（1）〜（4）の順序）においても習得が一番遅い。ただし、日本人の場合は、同じく習得が遅いはずの「所有格の 's」は意外に早く、習得が早いとされる「複数」や「冠詞」は習得が遅いのである（白井（2008）ほか）。

（1）進行形、複数形、be 動詞
（2）助動詞、冠詞
（3）不規則動詞の過去形
（4）規則動詞の過去形、三人称単数現在のs、所有格の 's

これは日本語に「所有」を表わす助詞「の」があり、「所有格の 's」と同じく、名詞の直後に付加される構造を取る。形態は違うものの、同じ構成の文法装置となっているため、「母語の転用」ができたのだ。確かに、母語にはない類の文法知識は、明示的に学んでもその自動化は容易ではない。だが、長い期間に亘り繰り返し何度も何度も練習すれば、どうにか実用に供するレベルまでは「半自動化」できる。日本では、門田修平教授（関西学院大学）の研究グループがいろいろな音読技法を使って成果を上げている。

　白井氏は、（様々な言語構造の）繰り返し練習は「意味を考えなくても」できる。それは「本質的な言語習得のプロセスから外れている」と批判するが、幼児の母語習得ではないのだから、母語と同じ（意味を考える／意味理解を踏まえた）言語習得のプロセスを辿る必要はない。言語獲得期を過ぎた学習者は、母語ではなく外国語を学習するのだから、母語習得と違う習得方法であって構わない。構造パターンの習得に当たっては、ある程度「機械的な繰り返し練習」になったとしても、思春期以降の学習者は、そのことを練習用と割り切っているのだ。外国語の「本質的な言語習得のプロセスから外れている」ということは全くない。

💬 インプットだけで文法は習得できるか？

　「日本の教師は教科書に書いてあることは何でも教えようとするから、インプットやインタラクションの時間がない。インプットだけで習得できることは教える必要がない」という主張もある[140]。しかし、日本の学校で英語の授業時数が少ないだけでなく、コミュニケーションを重視する英語の教科書は、英文の分量が極めて乏しい。（中国、韓国の教科書は、英文の分量が4、5倍はある。）教室でのインプットはかなり限られ、そこから「英語の文法の全般的な知識が取り出せるか」という問題がある。一体インプットだけでどういう文法事項が習得できるのだろうか。それがあまり分かっていないし、白井氏も具体的な事項は上げていない。その状況で、「日本の教師は文法事項を何でも教える」として、明示的教育を否定するのは、根拠と合理性に欠ける。

　理論的には、インプットは学習者の文法知識で処理できなければならない。つま

140　この関連で「ほかの国に比べ英語での授業が少ない」とも主張する。だが、母語が英語に近い欧州諸語を使う地域と違い、アジアの諸言語が母語の場合には、小学校でも高学年では、文法も読解もしっかり教える。

り「インプットがインプットとして機能するのには、それを処理できる文法知識が必要」ということだ。白紙状態では文法現象を感知できないし、文法を構築することなど、とてもできない。基本的英文を読む場合であっても、英語の文法・語彙の基礎知識を全般的に持っていなければなければならず、その知識を与えることが学校教育で求められる。ところが、その基礎知識さえ習得できていない生徒が溢れているのが日本の学校の現状だ。

教科書で扱われるのは最低限の文法事項

　83年以降、文法の教科書も消え、教科書で扱われる文法事項そのものが減少しており、ごく中核的なものに留まる。不定詞や分詞なども英文テキストに出てきた用法ごとにバラバラに扱い、名詞、形容詞、副詞用法が対応する「準動詞」としての統合的な解説がない。文法の教科書があった頃と較べ、教科書に記載の文法事項と説明は最低限になっているのだ。そうした中で、「教科書の文法事項を授業で何でも教えことはするな！」と言ったら、結局、「ことばを使う骨組み」もまともに教えられないことになる。現在、教科書で扱われる文法事項は、教師が責任を持って明快に教えるのが、生徒の英語力向上に不可欠な基盤を養う最短の道なのである。文法をまともに教えない教師は、英語教師の責任を果たしていない。

　日本では、授業中の「インプット量を増やす」と言っても、高が知れている。（既に指摘したように、）特に、疑問詞・関係詞の「節境界を越える無限移動操作」が、限られたインプットから自動的に習得されるとは到底考えられない。むしろ、最初に文法操作や仕組みについて明示的知識を身に付け、それを意識的に集中練習することによって、こうした計算処理的な操作でも、徐々に徐々に自動的に行なえるようになる。限られた授業時間とインプットを効率的に使おうとすれば、それが現実的な方法なのだ。

　インプットが有効なのは、その言語基盤があってのことだ。日本の英語教育の現状においては、「インプット量を増やすことによって（教わった）文法知識の定着が進む」という意味においてのみ、インプットが言語運用につながる自動化に大いに貢献するのだ。文法的知識が乏しい状態でインプットを与えられても、その中から「（形式化された操作や計算を含む）文法的な知識や仕組み」を「気付き」によって習得することは期待できない。

記述文法と教育文法は違う

　「自動化理論」が誤りだとする第一の理由に、「複雑な言語ルールを全て明示的知識として習得するのは不可能」ということを挙げ、「日本語の『は』と『が』の使い分けは、多くの言語学者が過去何十年も研究してもまだ解明されていない。そのようなものはいくらでもあるが、それを全て学習者に明示的知識として身に付けさせて徐々に自動的に使えるようにするのは不可能」と説明している。

　だが、「言語研究で解明しようとする文法」と「教育のための文法」は同じではない。「は」と「が」の使い分けは、言語学的にあまりに詳細なことまで踏み込んで教える必要はない。旧情報に「は」を付け、新情報に「が」を付けるという基本を教えれば、(埋め込み文の少ない) 日常会話ではかなり使い分けられる。ほかに、「は」が (「僕はやらない」など) 「対比」も表し、(「猫が好きなの」、「指輪が欲しい」、「ああ、お肉が食べたい」のように、) 好悪の感情を表わす述語や願望の助動詞「たい」の付いた述語では、「が」が目的語も表わせ、さらに、(「君がやれ」、「中トロが美味い」など、) 「取立て」、「卓立」にも使うことを教えれば十分だ。英語の冠詞の用法は日本人にとって難関ではあるが、基本的な使い方は「旧情報には定冠詞、新情報には不定冠詞」を付けることで、多くの場合、正しい使い方になる。(日本語の「が」、「は」の使い分けに新旧情報が関わることから、その知識を英語の定・不定冠詞の使い分けに応用することもできる。つまり「が」が付くところに不定冠詞、「は」が付くところに定冠詞を入れると、ほぼ正しい表現になるのだ。) ほかの文法事項にしても、「基本ないし本質的な用法」を教えることは決して難しいことではない。この程度の基本は教えるべきで、使い方の基本が分かれば、案外正しく使えるようになる。生徒が使い方に気付くのを悠長に待つことはない。いつまでも気付けない生徒が非常に多いのだ。

教師が教えるべき文法事項

　英語教育で文法全般を教えなければ、実践的なコミュニケーションによる訓練・練習はできない。日本語の「(これは) 弾きにくいね」は英語だと "This (piano) is difficult to play." だろうが、これは基本形 "[To play this (piano)] is difficult." の「埋め込み文の文末への移動」により、"[　] is difficult [to play this (piano)]." を派生し、空になった主語の位置に this (piano) を移動して派生したものだ。(仮主語 It を入れると、"[It] is difficult [to play this (piano)]." が派生する。) こうした文法操作は教師が教えなければ分からない。生徒が自らこの文法操作を発見することは考えにくいのだ。

かなり英語力のあっても知らない人が多いが、疑問詞の移動に関しては、"**Who** do you think [Mary kissed ∅ ?]" (∅ は疑問詞の元の位置) のように、埋め込み文から主文の文頭に移動するのが「想念の動詞」の場合で、"Do you know **who** [Mary kissed ∅ ?]" のように、埋め込み文の文頭に移動するのが「事実認識の動詞」の場合であるという区別は教えないといけない。もちろん、その基礎となる「疑問詞・関係詞の節境界を越える無限移動操作[141]」の仕組みは、教師が教えなければ、生徒自身ではその操作や条件が分からない。

教師でも、言語学的素養がなければ、下記のような表現の違いが分からない。たとえば、"I saw him cross/crossing the road." では、cross が「渡り始めから終わりまで行為全体を見守った」のに対し、crossing は「渡っている途中の姿を見かけた」ということだ。"The garden is swarming with bees." では「庭一面に蜂が群れている」のに対し、"Bees are swarming in the garden." では「庭の一角に蜂が群れている」のだが、この文は述語が自動詞で「主語について述べたもの」なので「主語が全面的に関与」する。また、"I loaded *the truck* with hay." は「枯れ草をトラックに満載した」で、"I loaded *hay* onto the truck." が「枯れ草をトラックに積んだ」の意味になるが、この文は述語が他動詞なので「目的語が全面的に影響を受ける」のだ。また "He taught me French." が「教えられたフランス語を習得した」対し、"He taught French to me." では「教えた」ことを述べるだけで、「習得した」かどうかは言及しない。こうした構文の持つ意味の違いを生徒に教えることも、語感を養うには大切だ。言語構造・構文に知的関心を覚え、学習の動機にもつながるだろう。

---

141 「無限移動操作」というのは、**Who** do you think [that Bill suspect [that Mary kissed ∅ ?]] にみられるように、疑問詞・関係詞が境界を複数越えるためである。なお、...suspect **the rumor** [that... のように名詞句が介在すると、「複雑名詞句」という「**島の構造**」を形成し、その内部の成分を取り出した移動はできなくなるが、こうした言語理論的な一般制約を、学習者が自ら発見し習得することは到底考えられない。

語法レベルなら生徒でも簡単に発見できる

　白井氏は高校で教えていた頃、"Young as he is, …"という譲歩表現が出てきた時、生徒がその意味を推測できたことを例に挙げ、「インプットで文法規則の発見ができる」と主張する。確かに、文脈から判断すれば、この表現ならば生徒でも無理なく推測できるだろう。ただし、譲歩表現は文法事項というより「語法」として扱うことが多い。これに準じる簡単な表現は、生徒自身で意味が分かるし使い方も汲み取れる。この程度の語法[142]ならば教師が教えるまでもない。辞書の as の用法の最初に出てくる。生徒はそれを見たかもしれない。この例を挙げ「インプットから文法規則の発見ができる」と一般化するのは適切ではない。「文法規則」は生徒が意識的に発見できない[143]、と筆者が言うのは、「より抽象度の高い統語操作が絡むもの」を想定しているのだ。普通の知性で意味的に推測が付く「用法」ではない。そういう語法・用法は、分析力のある生徒は自分でも気付くことがある。読者諸氏もそうした経験があるのではないだろうか。

文法教育をやめて多読に変えれば成績が上がる？

　勤務校で「文法を教えるのをやめて、多読に切り替えたら偏差値が上がった」というのは、白井氏の貴重な成功体験だが、これは多読によって生徒が新たに文法力を付けたことを証明するわけではない。（切り替え前までの明示的な文法教育により）基礎的な文法ができている生徒が、多読に際して大量の英文を（意識的／無意識的に）解析することを通して、既習文法がしっかり定着した結果か、塾や予備校などでの文法教育によって、成績が上がったと捉えた方が合理的だろう。簡単な語法や表現はともかく、習っていない文法操作を生徒自身が発見することは論理的に

142　たとえば、a crack on/in the wall の場合、on だと「壁表面のひび割れ」で、in だと「壁の内部に及ぶ深い亀裂」になるというのは、この二つの前置詞の基本的な意味をしっかり教えていれば、分析力が鋭い生徒だと自ら意味の違いが汲み取れるだろう。

143　分析力のある生徒だと、"Should you find a suspicious object on the train, please notify it to the conductor." のような文から、これが "If you should find…" という条件文に対応することに気付くかもしれないが、大方の生徒には、「助動詞の倒置が条件文の機能を持つ」ことを明確に説明するべきだろう。

は考えにくい。

💬 英作文でフィードバックは無駄ではない

　白井氏は、シンポジウムで米国の研究報告に言及し、「フィードバックは英作文では無駄だ。何をフィードバックされたか分からない。添削のコメントを見ない生徒が多い。明示的な説明が有効だというのは思い込みだ」とも言うが、それはフィードバックの仕方が悪いというか、まともなフィードバックになっていない。（文法誤りを含む）添削内容が分かるように説明するプロセスが必要なのだ。「コメントを付けて返すだけだと、生徒が分からないとか見ない」というのは、教師の教え方が中途半端であることを露呈しただけで、フィードバックが無駄だということには全くならない。実際、英作文の指導で修正された内容はしっかり消化され、同じ間違いを犯さない生徒が多いという報告も少なくない。

　英作文を真摯に指導した教師であれば、英文法が弱く構文を理解しない生徒は英文が書けず、英文法の知識を深め構文解析力を高めた生徒は自信を持って書けるようになるのを経験しているし、生徒自身もそれを実感しているはずである。文法・構文のエッセンスを全般的に教え、実際の英作文指導の中で、生徒の書いた英文に不足している文法・構文知識を個々に説明し理解させることで、確実にそれに対応する英作文力は向上する。生徒の個別指導の時間がなければ、複数の生徒の作文に共通する間違いを取り上げ、その矯正に必要な文法・構文ならびに語彙・語法知識をクラスで説明するということで良い。言うまでもなく、複数の生徒に間違いがあれば、ほかにも何人か説明の必要な生徒がいるのだ。そうした指導を超える効果的な英作文の指導があれば、根拠を持って教えてもらいたい。

＊＊＊＊＊＊＊＊＊＊＊＊＊＊＊＊＊＊＊＊＊＊＊＊＊＊＊＊＊＊＊＊＊＊＊

第7章　総合的な訳読の多彩な役割

💬 「話せない」のは文法訳読式が原因か？

　「文法訳読」という教授法は伝統的に日本の英語教育の主流であったが、ほとんどの生徒がオーラルな運用力を持つに至らなかったことを理由に、世間一般には、「文法と訳読でやってきたから話せない」という認識が広まっており、「文法」と並んで「訳読」が日本の英語教育の失敗の元凶であるかのように、槍玉に挙げられる風潮が蔓延した感がある。しかし、日本人が英語のオーラルな運用が苦手なのは、外国語の脳内処理の問題（第6章「バイリンガルの脳メカニズム」参照）もかなりあるのだが、従来の英語教育においては、コミュニケーションが強調されて以降も、「コミュニケーションへの橋渡し」の役割を担う「発音や聴解の教育や運用訓練が貧困ないし実質的に欠如していた」ことが大きく影響している。したがって、口頭運用を考えた場合には、従来の英語教育に行き届かない面があったことは間違いない。しかし、「文法訳読式の授業に欠陥があった」という批判は何とも短絡的であり、その役割と機能の分析と認識が間違っている。文法訳読式の授業では、異質な外国語の習得にどうしても必要な文法知識を授け、英文を精確に読み込む能力を身に付けることには成功していた。英語を使う基盤は育成できたのだ。しかし、口頭運用には、さらに「発音や聴解の教育や運用訓練」が必要で、それがほとんどなかったために、「聴き話す」ことにつなげなかったのだ。したがって、「話せない」のは文法訳読式の授業が原因だと断じるのは、とんでもない誤った認識なのである。

💬 文法と訳読は相互補完的

　従来の授業における文法事項の説明が、いずれも明快だったとは言い難い。「ことばの仕組み」が合理的に理解できるような配慮も乏しかった。このため、「文法」と言うと、ややこしい規則を理屈抜きで暗記させられる、日常会話には関係ない、といったネガティブなイメージで捉えられていた感もある。文法

の授業で扱われた事項は、英文読解や英作文の際に、そこに現れる英文と関連付けて説明されて、理解が深まる。そういった経験が少ないことも一因かもしれない。これまでの文法説明のあり方が、文法現象そのものへの知的関心を高める、そのようなものではなかった。それを改善する必要はある。いずれにせよ、「英会話に文法は不要」と考える人が多いが、それは文法を間違って捉えているのだ。「英文法」は、①「英文を構成」したり、②「英文の意味を理解」するための基本的な仕組みであり、これを知らなかったら、③話したり、④聴いたりすることもできない。

訳読は理解確認に不可欠な手段

「訳読」については、英語教育に携わる研究者の間にも、欧米諸国を念頭に、「文法訳読式教育は日本以外では廃れている」と解説する向きもあるが、言語差の問題が全く理解されていない。そもそも、基本的語順がSVO型で、主要な文法操作や構文がほぼ同じため、母語の応用が利く欧米諸国の外国語教育法を、基本的語順がSOV型で文法操作や構文も大きく異なる日本語を母語とする学習者の英語教育において適用するのは大間違いなのだ。

「訳読」は単に和訳させることだけを目指す教育法ではない。「訳読」においては、一旦生徒に日本語に訳させることで、本当に理解しているかどうかを教師が確認できるし、生徒も「文脈的に意味の通る日本語」に訳してみることで、理解が確実なものになる、という重要な役割がある。なお、訳読させるにあたっては、「直訳するのではなく、文脈に適合する意味に和訳する」ように、日頃から指示しておくことが大切だ。

「上滑りの和訳」を避ける

大阪大学の学生は、文法・語彙力そして読解力については、普通の高校であれば学年でトップクラスの知識と学力を有している。それでも、英文を和訳させると、「英文を表面的になぞったような訳」になることが少なくない。その英文の構造解析はできていて、単語の意味も字面では分かっていても、「英文が具体的にどういうことを表わすのか」を尋ねると、答えられない。本当の意味が理解できていないのだ。つまり、英文を単純に日本語に置き換えるような、表面的な和訳はできても、文脈を考えていないので、意図された意味（文意）

の理解には至っていない。言わば、「上滑りの和訳」にしかなっていないのである。これはどの大学でも高校でも見られることだ、決して、難解な英文に限ることではなく、比較的簡単な英文でもしばしば起こる。高校までの英文読解における文意の理解が、「英文を日本語に置き換える」ことに留まり、「自分が納得のできる意味理解」にまで掘り下げる習慣が身に付いていなかったのかもしれない。こうした学生でも、日本語の文章を読むときには、そうした掘り下げた理解をしている。ところが、英文の文章を読むときには、そうした当たり前の理解を行なう脳の思考回路が閉ざされてしまうのである。英文になった途端に、論理的に考える回路が機能不全になると言っても良い。訳読の授業では、思考回路を開く訓練を心がけたい。

「和訳を先渡し」の誤謬

「訳読」を単に「英文を和訳する」方式だけの授業と解してか、中には授業の前に「和訳を先渡し」して「訳読作業を省く」教師もいるようだ。しかし、和訳を配布したら、生徒は授業前に予習して英文を理解しようと努力しない。結果、英文を読み込もうとする際の思考訓練が行なわれない。さらに、訳読の授業においても、意味が分かっている英文についての説明を真剣に聞こうとはしない。それでは読解力も伸びないのだ。ただし、英文の日本語訳を先にざっと読ませて、文章の概略を掴ませた上で、英文を読ませるという意図の教師もいるらしい。だが、それならば文章の「概略」だけを渡せば良い。「全訳」を渡すのは大間違いだ。外国語の文章を読む場合に、その文章の扱う内容の背景知識があれば、全くない場合と較べ、内容理解が遥かにスムーズになる。内容そのものについての知識があれば、さらに理解しやすい。その意味で、もし、ニュース記事の英文を読むのなら、同じニュースを扱った日本の新聞や雑誌の記事を読んでおくのは、非常に助けになる。したがって、授業で英字新聞の記事を読む場合に、日本の新聞の記事を配布するのは悪くない。しかし、英文の全訳を予め渡すのは、英文読解の意欲まで削いでしまう。

なお、訳を書き写す作業を避けるために、「全訳を授業後に渡す」と、「どうせ全訳が配られる」からと、授業中に教師の説明を真剣に聞かなくなる学生も出る。構造や語彙説明の上で「直訳」し、更に「意訳」し、日英表現の対照を踏まえて「日本語として自然な訳」を提示する「段階的な訳読」を行なうこと

もあり、筆者は学生に訳を全て書き写すことは禁じ、難しい箇所や重要な事項だけをメモするように指導している。後で容易に確認できる。また、予習段階での全訳も止めさせる。時間を節約し効率的に学ぶためだ。

英文を日本語の語順に直して訳す

訳読に対する典型的な批判には、英文を読んで理解する時に、「一旦和訳して理解する」習慣が抜けなくなるとか、さらに、「一旦和訳しないと、意味が取れなくなる」ような、「思考経路を歪める」影響を及ぼす、というものがある。しかし、それは初習段階までのことだ。習熟するにつれて、「直読直解」、すなわち、和訳せずに、英文を直接理解するようになる。このほか、日本語に訳す過程で、「英語の成分配列を一旦日本語の配列に置き換える」が、これは「認知的に不自然な処理」だという批判もある。しかし、それは教授法と学習プロセスを混同したものだ。確かに、訳読では、「英文を日本語の語順に直して訳す」が、基本語順が正反対な英語を日本語に訳す以上、語順転換は当然の作業だ。たとえば、"I *do not know* the man [who you talked with at the party]."であれば、「僕は［君がパーティで話した］男を*知らない*」のように、関係節を訳した後で先行詞の名詞を訳す、という英語の語順を逆転させた訳を行なうほか、主文の述語も、（英文のように主語の直後ではなく、）文末において訳出する。これは文成分の配列の違いを反映したものであり、「翻訳」としては当たり前の結果である。訳読過程における語順逆転作業は、両言語の違いを認識させる（「メタ言語意識」[144] を高める）効果もあるだろう。教授方法としてみても、文成分の配列が正反対の言語を外国語として学習する初期段階では、避けて通れないやり方だ。これが日本語と朝鮮語、英語とフランス語がそれぞれ母語と外国語であれば、語順が同じなのだから逆転させる必要はない。和訳段階では、成分配列は英語と逆転せざるを得ないのだから、それを「認知的に不自然」だ

---

144 **メタ言語意識**：言語を客体的に捉え認識すること。たとえば、（連体修飾節を含む表現）「［足腰の弱い］老人」には「老人は皆足腰が弱い」という説明の意味（非制限的用法）と「老人の中で足腰の弱い人」という限定的な意味（制限的用法）があることを認識するのはメタ言語意識である。英語のような外国語を学べば、日本語との構造や表現さらに音韻の違いなど、いろいろな言語特性について気付きやすい。

と批判するのは、全く的外れなことだ。

言語分析的に捉えた訳読指導過程

　言語分析的に捉えると、訳読では、まず、文法・語彙知識を活用して「英文を構文解析」する。これによって得られた（修飾関係を含む）構造情報を踏まえて、その英文の①「言語的な意味」の訳出（「直訳」）を行なう。次に、②一般知識・認識能力を総動員して、文脈に相応しい「意図された意味」（「意訳」）に訳出する。さらに、③それを「自然な日本語」に翻訳する、という予備解析＋3段階の訳文作成作業だ。これは教師が授業の中で英文の意味を説明する過程でもある。

　授業では、教師が生徒の訳文を通して、その理解を確認し適宜修正することになるが、文中の「文法形式や語法の解説」も行なう。（これは意味だけでなく、文法にも注意を向けさせる「フォーカス・オン・フォーム」式教育だ。）もちろん、単語の意味を文脈的にどう訳出するかについても解説する。基本的な意味を、文脈に沿って適切な訳語に改める訓練になる。訳読はあくまでも教授技法であり、生徒の英文理解プロセスとは関係ない。英語力が相当水準に達すると、その英語力以下のレベルの英文については、読解であれ、聴解であれ、母語と同じ解析と理解プロセスが働く。すなわち、「直読直解」になるのである。

英語で授業をする

　仮に、「英語で授業をする」ということになったら、英文の意味を説明するように求められた場合、生徒も「どうにか理解内容を英語で説明する」ことができるかもしれない。だが、「英語による英文の説明」は「原文の英文を構成する英語表現をどうにかつなぎ合わせる」ことでもできる。これは正しい意味理解ができていない場合でも可能だ。原文の意味が本当に分かっているかいないかは、判断が難しい。そうすると、英文を正確に読解する能力の養成が不確実になる恐れがある。上滑りの表面的な和訳で、本当の理解ができていなくても、一応和訳が成立しているのと同じだ。それでは、生徒が英文の意味を本当に理解したかどうかが判断できない。「和訳して理解内容を示す訳読」のように、「正しく理解されているかどうか」正確な判断ができないのだ。

　「英文は全体の意味を把握できれば良く、細かいところは理解できていなく

ても良い」と主張する教師もいるが、全体の意味の理解が大事であるにしても、細部に誤解があると「全体の意味の理解を歪める」危険性もあるのだ。そのことを認識しなくてはならない。英文講読においても、文法構造や修飾関係の説明や文化的な背景などの解説を行なうが、それは当然日本語ですることになる。おそらく、英語での解説は、教師にもできないし生徒も理解できないだろう。

脳内の文意理解プロセスの変容

　訳読式の授業においては、生徒は「自分がどういう意味で理解したかを提示する」目的で和訳する。その訳文は、当然、日本語の成分配列順で提示されるが、その際に「英語の成分配列を日本語の成分配列に転換する」作業を行なう。訳読に対する誤解で典型的なのは、それが「学習者の英文理解プロセスそのものだ」と考えることだ。だが、この転換作業は「まず日本語に訳した上で、意味を理解する」という「日本語を媒介する理解プロセス」とは違う。たとえ「英文の成分配列に沿った理解」ができていても、和訳で理解内容を提示するとなると、日本語の配列にならざるを得ない。それだけのことだ。「英文を読み込んでいる時に、脳の中で語順逆転作業をしている」と考えるのは、皮相的な現象に囚われているのだ。学習者の脳内における直読直解的な意味理解プロセスを想定していない。

　確かに、初習段階では、英文の理解の仕方が訳読に影響されて、「まず和訳してから理解する」というプロセスになるかもしれない。しかし、中級以上に習熟すると、英文を読解するプロセスにおいて、学習者は英文の語順の流れに沿って文構造を解析しつつ、句や節といった成分ごとに意味を理解して行く。この間いちいち和訳するという作業は行なっていない。「まず日本語に訳して意味を理解する」という「母語を介在させた意味理解」ではなく、英文の配列に沿った「直読直解」に転換している。「脳内の文理解プロセスが対象言語の語順に沿う形で進行する」ように変容するのだ。もちろん、書かれた文章の場合には、文が複雑で語彙や内容が難解だと、脳の作業記憶（ワーキング・メモリー）の持続時間を超えて、文の解析と理解に向けての処理が続き、途中で文中の先行成分の情報が記憶から失われるため、「戻り読み」という作業をすることもある。しかし、語彙力も豊かになり読解にも習熟してくると、読み手の英語力のレベルにとって特に難解でない限り、「直読直解」する。「戻り読み」

という作業は起こらない。特に、「音読しながら読解」する場合、英文の語順の流れに沿うしかない。戻り読みや日本語の語順への変更など行なうことはないのだ。仮に、黙読であっても、脳内では英文の音声化が起こっていると考えられ、音読と同じく英文の流れに沿った構造解析と意味理解が進行するのである。とにかく、学習者の読解プロセスと教室における理解確認のための「訳読」という教授技法は、全く別のものなのだということを認識しなければならない。

総合的な「訳読」授業の実践

「訳読」を英文和訳と捉えると、「和訳できたらそれで良い」ということになりそうだが、教師が「訳読」方式で指導する場合には、英語指導のあらゆるノウハウを活用する統合的な教育になっていることが望ましい。実際、経験豊かな教師ならば、「訳読」によって、4技能全てを動員するだけでなく、英文中の語彙・語法や構造の言語的な説明に加え、英文の深い理解の背景にある社会・文化・歴史・宗教・民族などの解説をも含む「総合的な授業実践」ができるのである。ここでは、認識にずれが生じないように、高校の授業における総合的な訳読指導を考えてみよう。

発音指導 もし、生徒が発音の適切な教育を受けていなければ、新学期早々の授業で1時間以上の時間を費やして、音読指導の前提知識となる「英語発音の全般的な特徴と調音の仕組み」を、エッセンスに絞って分かりやすく解説する必要がある。筆者自身はプロジェクターにパワーポイントの説明内容を投影し、発音練習もさせながら解説する。その解説には、口腔内部の発声器官のMRI画像や、発声時の舌のレントゲン動画などが含まれ、たとえば、日本語の「ウ」と英語の [u] では発音様式が全く異なることが、視覚的にも確認できる。(英語の [u] では、両頬の狭めによって、筋肉の固まりである舌が奥に押しやられるが、日本語の「ウ」では、両頬の狭めがあまり起こらないので、舌は定位置に留まる。)発音解説の際には、特徴となるポイントを整理したプリントを配布して、その後の授業中の音読の際に随時参照できるようにする。

音読 (生徒が予習して、英文の意味も一応考えていることを前提に、)教師は最初に音読の模範を示し[145]、生徒がこれに倣った音読を行なう。模範音読は英文の構造や意味関係を音韻的に反映したものでなければならないが、そのことを生徒にも分かるように説明しながら、音読を実践することが重要だ。教

師の音読を漫然と真似て音読するのではなく、生徒が構造や意味関係を認識して音読する必要がある。生徒に音読させることにより、生徒が英文構造をどれだけ理解しているかを確認することもできる。英文の構造や意味を正しく理解していなければ、構造や意味的にまとまっている途中の箇所にポーズを置いてしまうことがある。

また「非制限的な用法の関係節」[146]では、その前後に軽くポーズを置き、節全体を地の文より声の高さを下げて読んで、補足説明であることを示す。そうしないと「制限的な用法の関係節」に解釈される危険性もある。教師は生徒の音読を確認し、訂正指導を行ないつつ、音読練習が発話訓練にもなることを理解させる。生徒はその効果をしっかり認識した上で音読を行なうのである。音読の過程で発音の矯正も受けるが、「どういうイントネーションにし、どこにポーズを置くか」を教わることによって、文の構造や修飾関係がどうなっているかだけでなく、意味関係についてもヒントが与えられることになる。(発話においても、正しい音調で話すことが、聞き手に対して、文の構造や意味へのヒントを与えることになる。) 教師は、指名した生徒が英文を訳す前に、音読させ、発音の間違いを直し、同時にクラス全員で正しい発音を練習することもできる。

教室では、音読作業の後で、訳読に伴う解説によって構造や意味関係をしっかり理解した上で、改めて音読することが望ましい。イントネーションやポーズと構造との対応については、随時説明を加えるのが、適切な音読方法を生徒が理解・習得するのには効果がある。(実際、「意味を理解しないで音読しても、あまり効果がない」という研究報告もある。)

文法説明 文法構造を説明しないと意味が分からない英文の場合は、読解中の英文に関係する文法事項について、掘り下げて説明することになる。"He

---

145　ネイティブが読み上げたCDがあれば、それを聴かせれば良いが、教師が読み方を説明する必要がある。英語音と日本語音の違いの、どこに注意して聴き取るかが分からなければ、慣れ親しんだ日本語の音声に近づけて、すなわち、「日本語のフィルター」を通して、音を歪めて聴いてしまう危険性がある。

146　たとえば "The Greeks, who were philosophers, loved to talk a lot." は、カンマで区切り、非制限用法(「ギリシャ人は全員哲学者で話好き」)であることを示すが、発話では区切られた部分が前後の英文より低く読み、制限用法(「ギリシャ人の中、哲学者が話好き」)ではカンマはなく、前後と同じ高さで読む。

walked as if he *were* drunk."（実際には酔っていない）といった表現が出てくれば、仮定法の文法的な仕組みと、「事実と違う仮定」であることを改めて説明すると共に、"He walked as if he *was* drunk."（実際に酔っている）という直接法の表現とはどう意味が違うか、その説明も行なう。訳読指導中の英文を取り上げて、日英語の表現構造の対応を教えることも少なくない。これは英作文にも役立つだろう。

語彙説明　日本語にピッタリ対応する訳語がない場合もある。mind は「心」や「精神」という日本語に訳されることが多いが、どちらも訳語としてピッタリ合うとは言えない。mind = the functioning of the brain が適切な説明になる。これは「脳の作用・機能」と訳しても良いが、「脳が活動している」時の「活動内容」を意味している。この例は、言語による自然の捉え方の違いに着目させることになるだろう。

　identity という語も難しい。心理学用語としては、英語をカタカナにしただけの「アイデンティティー」で良いが、一般読者にはそれでは腑に落ちる理解にはならない。辞書には、「正体」、「身元」、「当人であること」、「自己同一性」、「個性」などの訳語も載せられている。"She lost her *identity* as a teacher."は「教師としての自己を失った」でも悪くないが、「教師として、いかに振舞えば良いか／どう生徒に接すればいいか、分からなくなった」の方が状況的にはピッタリするかもしれない。"He faced his *identity* crisis."は、直訳では「自己同一性の危機に瀕していた」と訳すのだろうが、文脈によっては「果たして自分の生き方がこれで良かったのだろうかと思い悩んだ」の方が具体的で分かりやすい。

　"US Army's *commitment*"を直訳したのが、「米国は尖閣への米軍のコミットメントを表明した」だ。日本語で「コミットメント」と訳せば、「本気で取り組む」ことが役人には自明[147]だろうが、国民には「米国は米軍が責任を持っ

---

[147]「役人ことば」では、横文字をそのままカタカナに変えた用語をやたらに使うが、これは一般の国民の理解を妨げる。「航空機の衝突の恐れがあった」事態か、「事故が発生する恐れがあると認められる事態」があった場合、国土交通省は「重大インシデント」として発表するが、どうして「インシデント」という表現にするのだろうか。「重大事態」とかストレートに「事故が発生する恐れがある事態」で良いではないか。ほとんどの国民にとって意味不明なカタカナ語の氾濫は、国民に対する誠実な対応だとは言えない。

て尖閣の防衛に当たることを表明した」が説得力のある表現になる。また、"That fellow must have **influenced** her." は「あいつが影響を与えたに違いない」でも分かるが、「あいつがたぶらかしたに決まってる」とか「(野郎) たぶらかしよったな」でないと、映画の台詞にはならない。語彙知識が不十分な場合には、思わぬ誤訳をすることもある。学校では「体」= 'body' と教えるに留まる。このため、生徒は「(ひどく疲れを覚えたので、) 太郎は体をソファに横たえた」を "John laid his/the body on the sofa." と英訳する。実は、'body' は通常「死体」を意味するのだ。したがって、この文では、'his' も 'John' を指せないことになる。正しくは、"John lay on the sofa." と訳さなければならないのである。

　辞書引きは最後に！　(「言語分析的に捉えた訳読指導過程」でも記したように、) 教師はまず、英文の構文・修飾関係を説明する。その上で、①英文の構造に沿った「直訳」を行ない、次に②文脈をも考慮した文意が通る「意訳」を行なう。その意訳が日本語として不自然さがあれば、さらに③「日本語として自然な文」に改める。

　こうした3段階での訳の作成指導は、単語の意味の訳出においても行なわれる。生徒は分からない単語を辞書で引き、最初の2、3の意味を単語帳に記し、往々にして、その意味をそのまま使って、文全体の訳文を作ろうとする。そうすると、その文では、4番目の意味でないと、整合性のあるちゃんとした訳にならない場合でも、辞書で調べた最初の2、3の意味に縛られて、文全体の意味を歪めてまで、無理にかろうじて整合性のある訳文を作ってしまうことも少なくない。

　このため、訳読の授業では、分からない単語があっても、「英文を読む前に、いきなり辞書を引くのはやめなさい」と指導する。辞書を引く前に、使われている文において、「どういう意味でないといけないか」を推定する。その上で、辞書を引き、その推定に合致する訳語を選ぶように教える。したがって、予習で単語帳を作成することは禁止だ。単語帳は授業が終わってから作成するなら良い。整理して読み返し、記憶するのには便利だ。ただし、テキストの英文の中で使われた意味で、英文と一緒に覚える方が、後に使いやすいだろう。テキストの英文の単語を含むフレーズに、直接マーカーで色をつけて覚えるのだ。

　訳語の創出　訳読の授業では、直訳が適切な訳にならない英文については、

どういう訳にするかを決めるに当たって、辞書の訳語を手始めに、いくつか訳の候補を上げ、どれが相応しいか検討する。教師が候補を考えるだけでなく、生徒にも考えさせるのが良い。とにかく、辞書の訳語だけに縛られ、その訳語の中からどれかを選び出す、という習慣は捨てさせなければならない。たとえ辞書の訳語を手がかりにしたとしても、その英文における意味に相応しい訳語を生徒が自ら創り出す意気込みを育てるようにしたい。

　英和辞書には、一つの単語に多くの訳語が記載されるが、まず、それらに共通の「コアの意味」を捉えることが大切だ。英文の翻訳に際しては、辞書の訳語の中から適訳を探すのでも良いが、「コアの意味」を覚えておいて、それを基に、「文脈的に最も適切な訳語を自ら考え出す」ような柔軟な思考が求められる。そのことを、実例を用いて何度も繰り返して指導し、辞書に記載の訳語にだけ依存しないように、生徒に理解させなければならない。「適切な訳語を考え出す」というのは、英文を理解してこそ可能なことなので、適切な訳語になっていれば、それで生徒が英文を理解していることが確認できる。

　こうした訳語を創り出すプロセスは、言わば「思考実験」なのである。日頃の授業でそうした思考実験に慣れていれば、生徒が英文を予習する際にも、そうした思考プロセスを経て、適訳を考え出すことができるようになるだろう。それが訳読の授業の効果でもあり、目標でもあるのだ。

　意訳　生徒に英文を訳させた場合、英文の表面的な和訳はどうにかできても、本当に意図された意味を理解できた訳になっているとは限らない。その場合は、文脈に適合する意味を理解し、それを和訳に反映する必要がある。たとえば、"Settling in Japan was the equivalent of self-banishment: instant and eternal alienation." を、生徒は「日本に住むことは自己追放、すなわち瞬時で永遠の疎外に等しかった」のように訳すかもしれないが、それだけで英文の意味が本当に理解できたかどうかは分からない。「(欧米人が) 日本に住むと、すぐに疎外 (孤立) され、その状態がいつまでも続く。(西欧社会と文化を捨てて) 日本に住むというのは、自らを社会から追放することにもなりかねないことなのだ」という意味であることは、日本語に訳して説明する必要があるだろう。なお、教師の訳を全て書き写す生徒もいるが、難解な箇所だけに訳語を添えれば十分だ。全訳筆記は禁止する。そうすることで、しっかり授業の説明が聞けるし、後で見直してもどこが大事かが良く分かる。

第7章　総合的な訳読の多彩な役割

実物投影機の活用　訳読において、教師は、文法や構造、社会・文化的な背景などの説明を交えながら、3段階（直訳、意訳、自然な訳）で和訳するが、英文そのものの修飾関係や構造については、実物投影機（書画カメラ）を介してプロジェクターでテキストを投影し、英文を直に見せて説明する。そのように視覚的に英文の修飾関係や構造が説明されると、口頭説明だけよりは生徒の理解が確実になる。説明すべき構造が多い場合には、従来のように、いちいち、板書して、構造関係を示すのでは時間が全然足りない。そこで、予め、テキストの英文の構造を括弧で示し、相互関係を視覚的に確認できるようにした上で、構造や修飾関係の説明をするのだ。少なくとも、口頭の説明だけの場合と較べ、生徒の理解が格段に向上する。

異文化の説明　文脈だけでは分からない「文化に根ざした比喩的な意味」もある。たとえば、"John is a snake in the grass." では snake が「裏切り者」の意味で使われるが、「へび」が裏切り者になる経緯は、『旧約聖書』[148] の『創世記』第三章の挿話『失楽園』に記されている。アダムは、神に食べることを禁じられた「善悪の知識の実＝禁断の果実」（りんご）を、蛇に唆されたイブに誘われて食べてしまう。その結果二人には知恵が芽生え、自らの裸の姿を恥じて、恥部をイチジクの葉で隠すが、その姿を神に見られ、戒めを破ったことが露見して、エデンの園を追放される。この物語がキリスト教圏の人々の共有知識になっていることから、「へび」＝「裏切り者」という比喩的な意味になるのだ。授業では、そのことを説明しなければならないが、それによって、訳読指導中に、キリスト教圏の文化教育を行なうことになる。

日本語らしい表現

　英文の表現をそのまま生かした和訳をすると、バタ臭い日本語になることもある。そうした場合は、日本語として座りの良い表現に改める技法を教える必要がある。たとえば、英語では所有表現を用い、"I have three children." と言うが、日本語訳は「私は3人の子供を持っている」ではぎこちないので、「私には3人子供がいる」のような存在表現に改める。また、数詞 three も、「数

---

[148] 旧約聖書はもともとユダヤ教の聖典であるが、キリスト教だけでなく、イスラム教でも聖書コーランとは別に聖典として引き継がれている。この三宗教はいずれも同じ神（エホバ／ヤーヴェ、アラー）を信奉する一神教である。

詞＋類別詞］形式の「3人」に改める。逆に、存在表現の日本語を英文に改める時には、"There are three children in me." は不可能で、have を用いた所有表現に変換する。また、"Many pupils joined the club." は、英文に沿って「多くの生徒がその部に入った」でも良いが、"No pupils joined the club." では、（主語の数量詞 no を述語の否定に変えて）「誰もその部に入らなかった」と訳さなければならない。

「自然な意訳」というのは、日本語の表現として自然な（日本語らしい表現）だけでなく、日本人の文化・社会的な知識構造において、正しく文意が理解される和文になっていることも重要だ。これには、原文の英語を正しく理解できるだけ、著者の文化・社会的な知識構造[149]を理解した上で、（訳文の日本語を読む者が、日本の文化・社会的な知識構造に照らして、原文の英語の意味が理解できるように、）「文化・社会的な知識構造の転換」を行なう形で和訳を提示する必要がある。 このほか、文体論的な問題もある。場面・状況、そして発話したのが、男か女か、若者か大人か、どの地域かによっても、表現は多様に変わり得る。たとえば、"I don't want to be sunburned." は、「私は日焼けしたくありません」と訳すと、教室での訳文調だ。東京の若い女性なら「焼けちゃう」がピッタリかも知れないが、関西なら「焼けとうない」とか「焼けんのは嫌や」だろう。「焼けたくないよ」や「日焼けは避けたいんだ」など、訳者の感性次第で、表現はいくらでも工夫できる。生徒に「自分なら日常どういう言い方をするか」、よく考えて訳文を工夫させると、楽しい授業になるはずだ。直訳から抜けるきっかけにもなる。

訳読と文法教育

日本における文法教育は、能動文を受動文に変えるとか、第4文型 "John sent me a letter." を第3文型 "John sent a letter to me." に変えるなど、機械的な練習が多く無味乾燥だとして、「文法を文法として教えるのではなく、読解の授業の中で、文脈的に自然で生きた表現として、文法形式を取り上げる」ことが効果的だとする主張も見られる。

---

149 著者の生活圏は（英米豪加など）英語が母語の地域とは限らない。英米の旧植民地などの地域かも知れないしイスラム圏かもしれない。地域によって文化・社会的な知識構造は違う。

しかし、英語は日本語とは言語類型的に最も離れており、文成分の配列も正反対な鏡像関係にある。思春期以降の学校教育において、「異質な外国語の基盤を短期間に効率的に形成する」には「文法も語彙も発音も全て明確に教える」ことが必要だ。「文法形式についても、読解の授業の中で、文脈的に自然で生きた表現として、取り上げることが効果的だ」ということは否定しない。だが、文法システムについては、色々な文法形式に慣れてきたら、それらの文法形式を明示的に体系的に関連付けて理解し、その上で、「文脈に相応しい生きた使い方」を実感する「深度化」作業を進めることが大切だ。

また、文法形式を明示的に説明する授業においても、文法形式が変わった場合の意味の違いや文体的なニュアンスについて触れることで、生徒が言語形式や表現そのものに知的な好奇心を覚えることは珍しくない。第4文型 "John sent me a letter." は「送った手紙が届いて、私がそれを読んだ」という意味だが、第3文型 "John sent a letter to me." では、「手紙は送った」が、「それが届いて私が読んだ」かどうかは言及していない。つまり、第4文型では間接目的語（「与格」）が直接目的語を受け取る「移転関係」が表わされるのだ。また "Bill shot the man." では「玉が当たって」いるが、"Bill shot at the man." は「目がけて撃った」だけで、「玉が当たった」かどうかには触れていない。また "I slept on this bed." のような自動詞文を受動文 "This bed was slept on by me." に変えることは普通できないが、"This bed was slept on by Napoleon." では、付加価値が生まれるなど、「主語が影響を受ける」ので、許容される表現になる。このように教え方や内容を工夫すれば、文法形式の教育も決して無味乾燥にはならない。

音読による語彙・文法アクセスの自動化

音読[150]には語彙と構造が記憶に定着する効果[151]がある。すなわち、短めの

---

150 英文の音読をサポートする「音声合成（読み上げ）ソフト」も市販されている。ネイティブの音読と同じではないが、それに準じるレベルだ。平均的な日本人の英語教師よりは良い。個々の単語の発音だけでなく、音調（イントネーション、リズム）も悪くはない。ほかにもソフトはあるが、デモで確認した Globalvoice English（HOYA サービス）などは安価で、学生の自主的な音読の手本に使える。（但し、使用にはテキストのファイル化が必要なので、教師が対応することも考えられる。）

文を繰り返し音読することによって、語彙と構造パターンの記憶への定着が堅固なものとなり、その語彙と語句の機能や構造を自動的に引き出せる状態で、脳中に蓄積することができるのである。反復して音読練習することにより、(抑揚、強勢など) 英語の音韻システムの獲得が促進されるだけでなく、語彙・文法規則の適用が自動化されるようになる。そのため、英文の構造解析が高速化し直読直解力も向上する。その結果、脳のワーキング・メモリーにおける言語処理時間が速まり、それに伴って、思考に振り向けられるメモリー量（思考スペース）が拡大することになる。言語処理に追われて、じっくり考える余裕がない状態から、ある程度解放されるのである。

黙読と音読のプロセス

黙読でも脳のかなり広い領域が活動するが、音読ではほぼ全脳領域[152]が活動する。読解プロセスとして、黙読では、①（眼球を停留させて）文字を知覚し、②単語を認知して、それを③音韻符号化し、④脳内で発声（内語反復）する一連の低次処理の段階からなるが、音読では、さらに、実際に発音器官を動かして④発声する。この際、発音器官の筋の協同を制御する脳の機構が活発に稼動し、筋が実際に動く。このため、黙読より広い脳の領域の活動として検出[153]される。なお、語彙アクセスだけでなく構文・意味解析を行なって、それを反映したイントネーションで適切に読むのが、正しい音読になる。

したがって、黙読においても音読においても、構文・意味解析を実行する文法機構と意味機構が中心的に稼動する言語処理が進行するのである。2000年頃までに、国内でも MRI などの機器を備えた医学部のある大学ほかの研究機関においては、脳科学の研究、特に「脳イメージング」によって、脳のどの領域が活動しているかをリアルタイムで可視化できるようになっている。黙読や音読においては、言語領域だけではなく言語処理中に想起される映像を描く視

---

151 イスラム教徒はコーランを歌のようなメロディーに載せ、体も大きく揺らして音読する。黙読より記憶への定着効率が高い。
152 音読中の文章で描かれている情景の映像や音声が、脳の視覚や聴覚、ひいては、味覚、嗅覚、触覚を司る領域をも刺激して、言語・音声処理に関わる言語中枢以外の脳領域まで活性化するのである。
153 ただし、黙読における脳内発声であっても、発音器官は動かされないものの、筋の協同の制御は行なわれており、脳の機構の活発な稼動が確認されている。

覚領域も活動しているなど、ほぼ全脳領域が活性化することが確認されている［川島教授（東北大学）のグループほかの研究］。

音読による脳の多重活性化

英語力の総合的な向上に、徹底的な音読が推奨されることが多い。ただし、①産出に気をとられ内容理解が伴わない（「**空読み parrot reading**」）とか、②速読の妨げになるなど、その効果について否定的な見方もある。だが、負の影響は「内容を理解してから音読する」ことで回避できる。音読を繰り返す過程で内容が理解され、黙読の速度も向上するという報告さえある。黙読においても、脳の音声制御部が音読と同じように活動するという研究もあるが、文章理解の際にも、語彙の音声面の処理（脳中の内的音声）が関わるのだろう。恐らく、漢字などの表意文字よりも（仮名を含む）表音文字において、より深い関与があると推定される[154]。

音読では、①テキストの意味・構造的なまとまりを把握し、②それに基づいて音声化を実行する、といったプロセスを踏むことになる。これには「構造・意味解析に関わる脳の部位」と「音声の認識・制御に関わる脳の部位」をそれぞれ同時に並行的に稼動させることになる。（発音した音声は自分自身それをフィードバックして聴くことになると予測されるが、脳のイメージングによるとそれはかなり抑えられるようだ。話す際には聴こえない方が良いのだろうが、同時通訳ではどうだろう。）少なくとも二つの言語処理を担う脳内機構が働くことになる。慣れないとなかなか困難だが、これは母語を話す際に我々が無意識に実行している作業だ。日頃からこうした音読練習をしておけば、いざ外国語を話すといった状況に素早く対応できる。構造・意味解析には、述語の許す複数の構文情報の中から、読み手の背景知識も動員して、文脈に相応しいものを総合的に選び出すプロセスが介在する。音読は、「単語を読み連ねる」表層的なレベルの作業では決してない。文法・知識情報を総動員して文章解析を遂行し、それを音韻・音調的に実現していく「多重並列的な統合処理」なのである。

---

154 漢字と表音文字の脳における処理部位が異なることは、脳科学で確認されている。

🗨 慣用句・連結句

　我々が言語処理する場合に、文中の複数の語の連鎖を、文法構造に沿って句として統合して意味解釈を行なうが、慣用句・(共起頻度の高い) 連語・連用句はいわば一つの単語のように「固定した塊」として処理されるため、ほかの語連鎖と較べかなり高速に処理されることになる。そしてまた、こうした出現頻度の高い慣用句・連語・連用句を用いた場合、自然な表現の文になることが多い。更には内部解析や合成を行わなくて済むため、こうした慣用句・連結句をたくさん覚えることは、(アクセスがかなり自動化された) スムーズな発話にも寄与する。

🗨 多読・速読の効用

　近年、「英文は大体の意味が掴めれば良い。辞書も調べなければ和訳もしないで、大量の英文を読み進むのが英語力を高めることになる」として、熱心に薦める教師もいるなど、流行になっている感がある「多読・速読」だが、その効用については吟味する必要がある。多読・速読においては、「テキストのレベルが読み手の英語習得レベルより低い」ことが前提となる。語彙も未知語が1頁当たり2、3個程度をあまり超えてはいけない。学習者の英語力がそのテキストのレベルより高くなければならないのだが、それにはテキストを読めるだけの文法知識と語彙の習得が不可欠である。多読・速読においては、そうした既習の文法知識と語彙知識を使わなければ、速やかな読解作業を行えないのだ。学習途上では、「精読」によって文の構造と意味を正確に分析・理解する訓練を行ない、英文読解の基盤を固めることが先決だ。その基盤能力が整えば多読・速読が可能になるが、大量の英文を読むことで基盤能力が定着し高速に運用できるようになる。それで口頭運用力も向上する。

　「多読・速読をすることで、文法力も高まる」という主張もみられる[155]。大量の英文に接することで、そこに含まれる英語の文法構造の知識を無意識の内に習得できると言うのだが、果たしてそうであろうか。多くの英文を読むことによって新たな文法構造や表現に遭遇したとしても、学習者が自らその機能や意味を正確に知り、必要な操作などを無意識に習得するということは考えられない。たとえば、仮定法の仕組みや用法を学校で教えられていたとしても、「助

動詞と主語の倒置が条件を表わす」ことを教えられていなければ、"Had they begun earlier, the task of learning a foreign language would have been easier." のような英文に接して、どれだけの生徒が "If they had begun earlier, ..." の意味で理解・解釈できるのだろうか。「新たな言語表現に接触して、学習者が自らその機能や意味を知り、必要な操作などを無意識に習得する」というのは、自分の母語がその外国語に近く文法や操作がほぼ共通な場合には、違う部分が少ないのでそれに気付き、母語の文法を微調整するというプロセスでできるかもしれない。だが、日本語母語話者にとって英語はあまりにも違いすぎ、インプットの英文の中から文法を発見するということは思春期以降の学習者にはほぼできない。

　また、語彙については、教師に意味や使い方の説明を受けるとか、文脈的にどういう意味かを推測した上で辞書引きを行なって、適合する意味を選んでしっかり覚えるという作業をしないと、記憶に定着しない、という報告もある。多読・速読においては、未知語を調べないで読み進み、意味を正確には理解しないきらいがある。だが、それでは記憶に残らない。何となく分かったつもりでいるような学習の仕方は、実力を養うものにはならないのだ。

文法・語彙アクセスの自動化に有効

　ただし、英語力を高めるというのが、「英語をより速やかに読めるようになる」という面を指すなら、必ずしもその効果を否定できるものではない。多読・速読をすることにより、既知語の認識も速くなるし文の構造解析も速やかになり、同時に意味処理も速くなる。これはそうした言語処理がある程度まで自動化するプロセスだが、この解析能力は口頭運用においても働くし、解析を支える文法力は、文の生成の際にも半自動化された形で威力を発揮する。

155　多読の効果として、たとえば、「100万語の読書量がTOEIC得点に換算して40点〜50点の英語運用力の向上に寄与する」という報告（伊藤和晃、長岡美晴2008）があるが、それだけ読むには200時間かかる。授業では年間22.5時間を多読に当て10万語を読むほか図書館で読み、6年間で100万語を達成したというが、この期間の授業での文法・語彙・読解・作文・聴解の教育・訓練がTOEICの成績にどれだけ影響したのか、多読をしない対照群はどうかの情報も必要だ。「多読で文法力が高まる」とするには、「多読の何がそれに寄与したのか」「何を読んだら、どういうメカニズムで、新しい文法知識を自ら発見したのか」を具体的に示されなければならない。

読解においては、黙読であっても、語彙の認知と文解析・意味理解を行なう過程で「脳内で音読」している。もちろん脳内なので無音ではあるが、生理的に発声器官を動かさなくても、音声化のための脳内制御が作動しているのだ。したがって、これは実際の音読に向けての訓練にもなるし、発声の基礎訓練になる。発音教育と訓練・練習がしっかり行なわれ発音が自動化されると、話す際にも半自動生成に近づく。その意味で「多読・速読」は適切に行なわれた場合、極めて有効な自動化手段となるのである。

　多読・速読では、教師による解説がなくても、自分だけで理解できる英文を読むことが原則であることは既に述べたが、多読・速読素材については、授業時間外での生徒の自習課題（宿題）とするのが時間的にも現実的だ。教師は、英文の理解の確認など、補助的な役割を果たすに留め、全面的に授業で扱うまでもない。こうした読解作業を授業中にさせた場合、それは生徒が教師を通して学ぶ時間だけでなく、教師という人的資源の有効活用を損なうことになる。多読・速読では、頻繁に同一の語彙や構文に接するため、その処理に必要な文法規則や語彙へのアクセスの過程で、言語運用がかなり自動化する。ただし、基盤能力が十分に整う前の学習初期・中期段階から、多読・速読を行なっても、より高度な英語力の獲得には効果的につながらない。その意味でも、まず教師が指導する精読によって、文の構造と意味を正確に分析・理解する訓練をしっかり行ない、英文読解の基盤を固める。その基盤能力を踏まえて、多読・速読を行なうのが効果的だ。

訳読による速読や多読以前の読解力養成

　訳読の習慣が付くと、多読や速読に弊害となるという批判もあるが、訳読は現在の自分の英文読解能力よりも若干高いレベルの英文[156]を、構文解析を行なって言語的意味を理解しつつ、文脈・文化的な背景に照らして、意図された意味を読み解く作業を、教師の指導の下、教室という場において行ない、その

---

[156] 精読を授業で行なうのが訳読だが、訳読に使うテキストは生徒の現段階の能力（i）より若干レベルが上（i+1〜3）のものでなければならない。（レベルが（i+1）なら自習もできる。あまりレベルが上（i+5）のものは、教えようとしてもなかなか習得できない。）多読や速読が生徒の現段階の能力より若干レベルが下（i−1）のものを使うのと対照的だ。

質を高めていく教授法である。この作業で文法構造の解析力も高まるし、語彙知識も豊かになる。このように、訳読は英語の音韻、文法、構文解析、語彙、作文、文化など総合的な説明を行なうものなのだ。ただし、これはあくまでも教室での「指導方法」であり、学習者の読解過程ではない。学習者自身は、英語読解力が中級レベル以上に上がってくると、英文の流れに沿って理解する。いちいち和訳することはない。なお、自習においても「辞書を片手にじっくりと読み込む」ことが必要だ。それで多くの英文を読めば、構造解析力が鍛えられ、文法・語法・語彙知識など英語力の基盤が堅固になる。「どんどん読む」だけが多読ではない。

母語と外国語の読解過程

　意外に思うかもしれないが、大人の通常の母語の読解においては、ほとんどの語（内容語80％以上、機能語40％以上）を、飛ばすことなく、1/5〜1/4秒（200〜250ミリ秒）注視し、正確で反射的な語彙認知が起こる（cf. Harrison 1992）。これに続いて文脈に合った語義が意識下で自動的に選択され（＝語彙アクセス（lexical access））、語の音声と意味が記憶から自動的に呼び起こされるが、同時並行的に自動処理された統語解析に沿う形で、文の意味が合成されて、テーマ関連知識との照合や推論などを踏まえて、意味解釈に至る。

　外国語の読解過程は、習熟度が増すにつれ、母語の読解過程に近づくことになるが、学習途上段階では、（習得英語力のレベルより一段易しいテキストでない限り、）語彙の認知・アクセスはなかなか反射的にはならず、正確さも不十分だ。（母語では無意識に行なわれる）統語解析と語義選択は、意識を集中し、文脈・文化的な背景に照らして行ない、句や文の意味を合成するプロセスを経て、やっと意味解釈に至る。テキストが難しいと、この読解プロセスにおける文脈照合と統語解析に沿う語義選択といった作業を、「訳読」という教育技法によって教師がサポートする必要が出てくる。

　読解プロセスと同じことが聴解プロセスにおいても起こると仮定されるが、どちらもワーキング・メモリーの動作する短い時間の間に処理を完了しないと、理解が困難になる。特に聴解プロセスでは、文全体の意味解釈に到達する前に、文の始めの部分の情報が記憶から消えていくことも起こり得るが、その場合、読解のように戻り読みもできないので、文の理解に失敗する。

第8章　差し迫った学習動機

学習動機付け

　外国語を学習するには、その外国語を学びたいという動機がなくてはならないが、従来、学習動機付け研究では、「統合的な動機付け」[157]（「内発的動機付け」）と「道具的な動機付け」（「外発的動機付け」）が区別されている。前者はその言語を使う国や国民・文化に興味があることが学習の動機付けになるというもので、後者はその言語が使えることで何か得られるとか入試や就職に有利になるというものだ。（教室での教師の導きを含む）言語の学習を通して、言語そのものに対する興味・関心が高くなり、その言語のいろいろな側面を知的に面白いと感じるようになると、もっと知ろうとする探究心が生まれる。一般に、そのような「言語への知的関心」が学習動機になることがあまり認識されていないが、筆者はこれを「言語内的動機付け」と呼び、外国語学習の動機として非常に重要なものであることを強調したい。

　近年どのような学習動機があるのかをアンケートで調査する風潮があるが、中高生の場合には、最も切実な入試に関わる動機が常に圧倒的な回答になる。中学生への「あなたが英語を勉強する理由は？」という問いに対して、1番が「テストでいい点を取りたいから」（82.4％）、2番が「英語ができるようになるのがうれしい」（70.9％）、3番が「国際社会で必要になる」（68.0％）、4番が「できるだけ良い高校や大学に入りたいから」（66.6％）だが、1番と4番は入試ということである。2番は自己実現に伴う充実感ということだが、英語に対する知的好奇心も多少混じっているのではないだろうか。3番は世間で喧伝されるグローバリゼーションに感化されているのかもしれない。そうすると、英語学習を左右する主たる要因が入試ということになるが、その中でも多くの生徒に

---

[157] 最近、「統合的動機付け」の一種として、英語が国際コミュニケーションのための国際共通語となっていることを踏まえて、「国際的志向性」（international posture）という概念を関西大学の八島智子氏が提案している。

とって最高学府である大学入試の影響が特に大きい。センター試験が最も広範囲の影響を及ぼすのだが、(旧帝大系など) 難関校の場合、総合問題のほか英訳・和訳を課して、かなり高度な読解力・文法力を要求しており、これに備えるには、コミュニケーション英語中心では無理で、文法訳読式による精読訓練が欠かせない。このため、教科書会社の営業用冊子のデータの「コミュニケーション英語を指導する際、どこに重点をおいて授業を行なうか」という質問に、「リーディング中心」(30.3％)「リーディングと文法中心」(42.8％) という回答をしているが、高校の現実的な対応を示している。従来から言われている、「コミュニケーションG」(コミュニケーションの授業で、実際には文法 (Grammar) が教えられていることを指す) の実態は変わらないのだ。

　こうしたことから、大学入試をコミュニケーション中心に変えなければならないという声も大きいが、大学によって事情は異なるので、一概にそうした変更はできない。特に、(旧帝大系の) 大学院大学では、多くの学生が大学院に進み、研究者や各分野の専門家になることから、文献の英語を精確に読みこなせるだけの読解力ならびに英語の論文が書けるだけの英文作成能力の養成が不可欠であり、その基盤となる英語力を備えた生徒を適切な入試問題で選抜する必要がある。そうした大学に高校生を合格させるには、「コミュニケーション中心の英語の授業だけでは無理である」ことを実績のある高校では明確に認識しており、文法も読解もしっかり教え込む教育を生徒に対する責任として行なっているのである。

　また、大学院大学や中堅レベルを超える大学では、コミュニケーションに偏った英語教育は行なっていないし、そうした教育を理想ともしていない。以前から批判されてきた教養主義の英語教育を理想とするわけでは決してないが、研究者、専門家として英語を駆使する能力の養成を行なうとともに、「世界の政治経済や文化、文芸などあらゆる分野の知見にもアクセスし、発信もできる英語力を目標とする」と言っても過言ではない。また、「コミュニケーション＝英語の口頭運用力」と理解された感のある従来の英語教育だが、2000年以降ネット上の (メールを含む) 電子文書による実務や情報交換が圧倒的な重要性を持つようになった今日、文法もまともに教えないで定型表現をキャッチボールする「コミュニケーションまがいの授業」で身に付いた「お遊び程度の口頭運用力」では、実務にも役に立たないのである。そうした現実を直視すれば、

近年の日本の英語教育行政によって歪められた「コミュニケーション」という目標に振り回されず、「外国語としての英語教育」の原点に立ち返った総合的な英語教育を改めて考える必要があるだろう。

アンケートで尋ねて得られる回答は「英語が使えたら、こんな仕事がしたい、どこか海外に行きたい」など、漠然たる関心や憧憬であることが少なくない。仮にそうした動機が強いという結果が出たとしても、その人が実際の学習行動に向かうことには必ずしもならない。その外国語を学びたいという思いはあっても、「自分の将来の仕事がどうなるか具体的に描けないことから、英語がどう仕事に関係するかも分からない」「外国語習得の仕組みが分からないので、どうやったら効果的に学べるかが分からない」、そうした生徒がほとんどだ。教師も「どうやったら英語が効果的に学べるか」を生徒に描いて見せることをしないまま、ひたすら教科書に沿って授業を進める傾向がある。これでは、生徒が「今教わっていることを積極的に学習したい」という気持ちにはならない。

学習目標と学習効果の認識

何かを学習・習得したいという場合、「何を何のために学ぶか」という大きな目標はもちろんだが、「何を学習すれば何ができるようになる」か、そして「どのように学べば効果があるのか」ということだけでなく、学習の「全体的なプロセス」と「個別のステップとなるプロセス」を明確に認識することが、意欲的かつ効果的に習得するのには極めて大切だ。

英語の学習も、「何のために英語を学ぶか」目的がはっきりしていなくてはならないが、中高生でその目的を自分の将来と結びつけて実感できるのは少数で、現実的には「受験に必要だ」ということだ。その先は漠然とした夢の中にある。本当に英語がどう自分に関わるかは、大学に入った後で専門科目の講義に出席し、具体的にどういう仕事がしたいかが見えてきたところではっきりして来るだろう。

受験が目的の場合、受験を予定する学校の試験に合格できるレベルの英語力を身に付けなければならないが、これはその学校の入学試験の過去問の業者分析を参考にすればほぼ推定できる。教師は、具体的な学習内容（文法・語法・発音）やスキルについて、「それが英語学習の上でどういう意味を持つのか、どうすればそれを効果的に習得できるのか」を生徒が良く理解するように説明、

第8章　差し迫った学習動機

指導、アドバイスを行わなければならない。それにより、生徒も「具体的にどう学習すれば良いか」が納得でき、学習につながる動機が生まれる。つまり、「どういうことを、どういうふうにすれば、どういうことができるようになるか」、学習の「目標と方法と効果」を予め認識した上で学習できる。逆に、そうした明確な理解・認識なしに漫然と授業を受けても、意欲的で効果的な学習にはつながりにくい。

　教師は、専門的な造詣と運用技能を踏まえ、「英語という言語」そのものについての知的な探究心をも育てることができる。そうした知識欲を筆者は「言語内動機付け」と呼んで、従来の「言語外動機付け」（＝「統合的な動機付け」「道具的な動機付け」）とは区別している。英語の構文や語法、慣用表現に知的な興味を抱いたり、読み物の中の難解な英文の構造が分析でき意味が取れた時の快感もあれば、発音がうまくできるようになった時の喜びや達成感もある。「語彙の意味や構文の変化の歴史」が面白いと思うかもしれない。さらに言語の構造や言語の普遍性や多様性、言語習得、特に外国語習得の仕組みなどにも関心が及ぶかもしれない。言語へのそうした知的な関心に誘う(いざな)のが、教師の造詣と導きである。

　英語力がどこまで伸びるかは基盤となる文法・語彙力に依存する。高校、大学までに標準レベル以上の英文を読める（できれば書ける）ような文法力（＝英文解析・構成力）を習得していれば、音声教育をしっかりやることで、十分な運用力が獲得できる。これに対し、中学レベルの英語力しかない場合、比較的簡単な日常会話ができる程度に留まり、実務レベルの英語運用力にはならない。買い物や空港の通関などの設定場面で使われる定型的な表現でやり取りをするとか、道順を訊いたり教えたりする表現を使えるようにはなるだろう。しかし、文法的な知識がしっかり習得できていないと、実務的な交渉はなかなかできない。仮定法を始め、関係節や同格節などの複文構造や準動詞構文なども使いこなせないと仕事にならないのだ。

　読書や英会話などの活動を行なうことで得られる喜びもある、TVのニュースやドラマの視聴、映画の鑑賞によって得られる知的な興奮や感動もある。関西の私立大学の教授の話だが、スポーツ選手でも国内大会だけでしか活躍できない場合には英語学習意欲は低いが、国際大会や海外練習などに参加し、外国選手とコミュニケーションするなど、簡単な日常会話であっても、英語を実際

に使う機会のある選手の場合、積極的に勉強に励むという。英語を使わざるを得ない切実な状況があると、それが強い学習動機になるのだ。

　そうした状況を大学が作り出すケースもある。秋田市の国際教養大学では、全ての講義が英語で、1年間の留学や留学生との共同生活を義務付けている。卒業要件を厳格にしているので、4年で卒業できるのは全学生の半数ほどだ。しかし、2004年の開校以来、卒業生の評価は旧帝大と肩を並べ、一流企業を含め就職率がほぼ100％だ。そうした「約束された就職」に向けての卒業資格を手にすべく、学生は猛勉強する。図書館には年中深夜も学生が詰める。海外に留学しなくても、学内でほぼ同じ勉学環境に置かれるのだ。

英語の文法的な仕組みへの知的関心

　「教師が文法を教える」と言うと、生徒が我慢して受身で習うと捉えられがちだが、それは必ずしも実態を捉えたものではない。「知らないことを知る」というのは生徒にとっても楽しいことなのだ。それを教師が教えても、生徒自身が発見しても構わない。本で読むこともあるだろう。ただ、生徒自身が新たに文法・語法的な発見をするには、文法の基盤となるコアを知っていなければならない。基盤知識が欠如していては、発見などできないのだ。「知的探求心が芽生えるように育み、学びの方向を示して導く」のも、教師に委ねられた役割であるし責任でもある。そうした教師の心構えと信念があってこそ、生徒の潜在的な知的好奇心を引き出し、開花させる導きができるのだ。近年流行になった感のある「生徒の主体性」の尊重というのは、最初に教師による「基盤知識の育成と思考方法の訓練」があってこそ初めて可能なのだが、そうした基盤作りをほとんどしないまま、実体の疑わしい「生徒の主体性」を持ち上げ、自らの教育責任を実質的に生徒に丸投げするのは、教師として実に無責任で愚かな行ないであることを認識するべきだろう。

　中堅レベル以上の学校の生徒は、2、3割が英語の文法的な仕組みへの知的関心が高い。そうした生徒の知識欲にもしっかり応えることが教師の使命であろう。多読やコミュニケーションによって、生徒自身が発見できる言語的な現象はごく限られている。中学、高校の限られた学習時間の中で、速やかにかつ効果的に文法的な仕組みなどに関する知的好奇心を満たし、更なる知識獲得への意欲を駆り立てるのは、教師の深い専門的な造詣に根ざした教育と導きであ

第8章　差し迫った学習動機

る。会話や多読を行なう過程で、生徒が自ら文法・語法の意味や使い方を発見することは、極めて難しいのが実態だ（第6章コラム『「自動化理論」批判は間違っている』中の「教師が教えるべき文法事項」参照）。

英語を使わなくても困らない社会

　欧州諸国やアジア、アフリカの英米の旧植民地諸国では、英語を使えなければ仕事や日常生活においても支障をきたす。特にアフリカにおいては、現在でも高等教育は英語やフランス語など旧宗主国の言語と教科書で学ばざるを得ない。教員体制も整っていないが、教科書も自国では出版できないのだ。これに対し、日本社会はそうした状況にはなっていない。もちろん、高校や大学でも授業は日本語で受けられる。海外で出版された本も数ヵ月後には翻訳書で読めるので、原書を読む人も一般国民の間にはほとんどいない。さらに、ネット上の海外情報も、翻訳ソフトによる処理を選べば、原文の難易度によって不完全な翻訳部分が少なからずあるものの、一応内容が分かる程度の日本語訳が読める。仕事や知的関心を満たす情報へのアクセスを含む日常生活が母語の日本語だけで全て完結し、自らが英語などの外国語を使わなくても済む。環境的には、そうしたことが、英語学習への動機付けを弱くする最大の要因になっている。

　なお、英語を話す環境を整えるとして、社内業務を英語で行わせる会社もあるが、英語が得意でない社員が大半の中、業務命令で会社が英語使用を社員に強制すると、脅迫的な心情が生まれ学習意欲が抑制的（ネガティブな動機付け）になる危険性もある。これに対し、受験科目として英語を勉強しなくてはいけない場合には、それは未来を開く鍵なので、強制的ではあるが、学習意欲が抑制的にならない。日常生活で英語を使う必要のない日本の生徒の場合、英語が苦手で大学受験に受からなければ、自分の将来の道が閉ざされるという現実は、極めて大きな学習動機になるのだ。

グローバル化だから英語が不可欠？

　「グローバル化」が喧伝され、それに伴いこれからは日本人も英語に不自由しないように備えることが、世間では当たり前のように幅をきかせている。産業界だけでなく教育界にも、韓国や台湾などを英語教育の先進国として、お手本に見立てる向きがあるが、両国が英語教育に熱心なのは経済的な理由が大き

139

い。

　韓国は輸出入額が国民総生産（GNP）の80％を優に超える。韓国のサムソンやLGなど超巨大企業は、世界各国に社員を配置して文化や習俗、社会慣習にも馴染ませるなど現地化させ、現地における人のネットワーク作りや製品のニーズ調査を含め、草の根的に業務展開を図っているが、そうした活動をしないと企業として存立できないのだ。台湾は韓国より輸出入額の国民総生産比がさらに高い。これらの国の企業は英語運用力のある社員を多数抱えないと死活問題につながる。国際中継貿易の拠点シンガポールも輸出入額の国民総生産比が90％以上になるので、企業や政府に就職するには英語力が不可欠だ。

　こうしたアジア諸国に対し、日本は、一般社員が英語を使えなければ企業活動に支障をきたすほど、輸出入への依存度は高くない。近年、日本の輸出入額は国民総生産の20％程度で、輸出額は10％に留まる。貿易依存度は先進国の中で最も低い。資源の輸入依存度は高いが、最終消費財は全て自国内で賄える。特に石油や天然ガスなど、日本企業の生産そのものとは直結しない燃料の輸入額が高いのだが、米国からの安価なシェールガスの輸入や日本近海のメタンハイドレートの採取、地熱・風力・太陽光発電などの稼動が数年後に本格化すると、燃料の金額ベースでの海外への依存度はかなり低くなる。こうした事情なので、今後も英語運用力が業務上不可欠なのは、輸出入に直接関わる部署の社員だけに留まるだろう。そうした社員は今後も国民の10％を超えることはない。英語運用力はあるに越したことはないが、本当に重要なのは、社員の専門的な知識と能力、即ち、研究・開発や企画・立案を含む総合運営力だ。英語が使えても、それが欠けていたのでは、企業において、実践的な戦力とはならない。

💬 誤解に始まる「英語が使える日本人」

　学習指導要領には「実践的なコミュニケーション能力」の育成が目標として掲げられているが、これは「『英語が使える日本人』の育成ための行動計画」が「二一世紀日本の構想」懇談会の「英語を第二公用語に」しようという提案を受けた英語教育改革案だ。この懇談会の座長河合隼雄氏は、シンガポールを視察して、この国の英語教育が成功しているから、それを模範として「日本も英語を公用語にする」ことを提唱したが、この国の言語事情ならびに英語教育

の実情についての認識に根本的な誤りがある。

　アジア諸国は多くが、英語を使いこなせる人材を育てなければ、国家の存立が危うくなる。しかし、母語が近似言語でない限り、英語が実務で使えるようになるには、思春期以降からの学習の場合は過重な負担が必要となる。このため、韓国や台湾、さらに中国では、都市部を中心に幼児期から英語教育に熱心で、中産階級以上の家庭の子弟は大学卒業までに英語が実務で使えるレベルに到達する者も少なくない。一方、シンガポールでは、中国系市民は、もはや祖父母や曽祖父母の中国語（福建語）を母語とすることを捨て、英語を実質上の母語としているのが実態だ[158]。決して外国語として英語を教育しているのではない。英語が母語なのだ。家庭でも学校でも会社でも英語を使う。歴史的にイギリスの植民地であったことと、中継貿易による立国を目標としたことが、その背景にある。

　日本は、戦後の一時期、米軍（GHQ）に管理された頃を除いて、独立国であり植民地支配を受けたことはない。そうした国が外国語を日常的に使う例はないのだ。一過性であったとは言え、日本国内が第二公用語化論に振り回され、文科省が「『英語が使える日本人』の育成ための行動計画」を推進し、「実践的なコミュニケーション能力」の育成を英語教育の中心においたカリキュラムに改変したのは真に愚かしいことであった。

💬 グローバル化はグローカル化

　「グローバル化」というのは、英語を話す日本人社員を管理職として送り出し、日本流を現地社員に押し付けることではなく、（日本の優れた技術・業務管理方式を伝授した上でということになろうが、）現地の人間を管理職に登用し、現地の工場の操業や商品の販売を委ねる「グローカル化」（「グローバル＋ローカル」）のことなのだ。これは海外に業務で進出・展開する場合に、現地の言葉を使い現地の文化や風習、労働環境を尊重するということだ。

　企業の海外への展開が拡大する際、現地の工場や販売店の管理には日本流の

158　福建省出身の中国系市民が8割弱で、ほかにマレー系、インドのタミル系市民などから構成される多民族国家であることから、どの民族の母語でもない英語が教育・行政だけでなく企業でも使われ、公用語になった。そういう状態が半世紀以上続き、現代の市民（4〜6世）の母語は英語になってしまった。

管理や販売方法が現地に溶け込めるような調整が必要だが、それは日本人社員ではなく、日本からの派遣であれ現地採用であれ、現地の人間が担当するのが現実的だろう。海外における最大の生産・販売市場となる中国国内では英語は役に立たない。日本語を業務でも使える、大学や大学院卒の中国人が多いことを踏まえると、中国の工場の生産や店舗での販売そして労務管理は、中国人幹部社員に任せた方が良い。中国の労務慣習に習熟した管理となり、労働争議も起こりにくい。商業取引、販売面でも現地の社員のノウハウを活用できる。日本の本社との連絡においても、中国人幹部社員がその任に当たる体制が安定的な企業活動を保証できる方策だ。中国語が心もとない日本人の派遣社員[159]が、業務の助言を行なうことがあったとしても、業務の主体は現地社員が担うのが良い結果につながる。これは東南アジア諸国などにおいても同様だ。

赴任地域の言語を習得しなければならないか？

大学英語教育学会（JACET）大会（2012年）のシンポジウム『英語教育と社会言語学—日本人が英語を学ぶということ—』において、本名信行氏から「グローバリゼーションの時代には、英語一辺倒にするのではなく、赴任地域の言語が使えなければならない。タイ赴任の社員にはタイ語[160]を学ばせるべきだ」と持論が披瀝された。筆者は「タイ語や東南アジアの言語を外国語科目として提供している大学はごく一部の外国語大学[161]以外にない」ことを指摘し、世界のそれぞれの地域にその地域の言語を習得した社員を送ることは無理だろう」と私見を述べた。社員に全く異質な新しい言語であるタイ語を社命により短期間、教室で勉強させても、実務レベルの習得はできない。その習得に必要な労力・努力などの負担を斟酌すると、パワハラにもなり兼ねない。そうした社命を受けた社員の本来の仕事の能率が落ちたり、神経症になる危険性もある。どうにか簡単な日常会話はできるようになるかもしれないが、そのレベルで実

---

159 ただし、大学での第二外国語は近年中国語の人気が高く、中国語が得意な学生が確実に増えている。
160 タイ語はラオス語とは方言関係にある。中国語と同じ「孤立言語」で語形変化はない。基本語順SVO型の声調言語。修飾語が後置される以外は、中国語と似ており、同じ語が動詞、形容詞、名詞として使える「多品詞機能」が特徴。カンボジア語、ベトナム語もほぼ同じ特徴を持つ。
161 東京外国語大学、大阪大学外国語学部（旧大阪外国語大学）等。

務をやろうとして、取引の内容に誤解を生じたら大事になりかねない。むしろ、通訳を雇うなり、英語を媒介言語として実務を行なう方が、遥かに信頼度が高く安全だ。「現地の言語で仕事をするのが望ましい」という理念に囚われることはない。現地社員との信頼関係は、社員が一緒に飲んだり食べたりすることでも絆が築ける。親睦目的で社員旅行する企業もある。日本人社員に現地言語の習得を強いて、業務を遂行しようとするのは現実的ではない。もちろん、現地語で挨拶や声掛けするだけでも良い。その程度なら、苦労せずに覚えられる。

　日本企業の東南アジアへの進出は、自動車やパソコンの記憶装置やプリンターの生産拠点となっている仏教国タイを中核に、マレーシア、ベトナムなどでもかなり進んでいるが、今後はミャンマー（旧ビルマ）が期待される。数年前までは軍事独裁政権で、世界からの経済制裁により最貧国だったが、新大統領選出後、急激に民主化され、世界からの投資も拡大しており[162]、経済特区プロジェクトも進む。イギリスの旧植民地であった経緯から、英語が使える市民が非常に多いほか、工場従業員までが熱心に日本語を学び[163]、日本人が赴任してもすぐ仕事ができる。識字率が90％を超え、手先が器用で勤勉で親日的だ。月給は6000円（2012年）で、上海より一桁近く低い。天然ガス、石油、鉱物資源も豊富なことから、電力事情が安定すれば、中国脱出組の新天地になるだろう。ほかのアジア諸国やアフリカの旧植民地では英語が公用語のことが多く、業務は現地語でなくても構わないのだ。特にシンガポールでは（ほぼ母語化している）英語でないと業務ができない。「業務は現地語で」という理念は非現実的なことが少なくない。

　どの外国語を学ぶのが良いか　外国語を学ぶ場合、①その外国語を使えることで得られるメリットと、②習得までに費やす労力と期間を考えなければならない。東南アジアの諸言語は、マレーシアとインドネシアで使われるマレー語やタイ・ラオス語以外は、国外では使えない。今後日本がさらに進出するミャンマーやモンゴル、トルコの言語は、いずれも基本語順や修飾構造などが日本

162　日本はイギリスに次いで経済援助が大きく、2013年1月には麻生副総理が500億円の円借款を約束。
163　シナ・チベット語族のビルマ語は、基本語順はSOV型で主部に助詞が付くなど日本語によく似ており、比較的短期間で習得できる。声調言語で発音はかなり違う。ミャンマーでは就職機会を求め日本語を学ぶ市民が急速に増えている。

語に近く学びやすいが、やはり国外では使えない。これに対し、フランス語やスペイン語、ドイツ語、ロシア語は使用人口と国・地域が多く、仕事にも有利だ。特に、英語に習熟している場合には、この英語力を足掛かり（中間言語）にして、どれも比較的短期間に習得できる。英語の文法と語彙の知識がかなり転用できるからだ。言うまでもなく、日本の大多数の大学においては、伝統的にこうした欧州の主要言語を第二外国語として学ぶことができるし、教師だけでなく教科書や参考書、NHK の語学番組も充実している。また、隣接するいくつかの国々や（アジアやアフリカ諸国[164]など）旧植民地で使えるほか、スペイン語（ブラジルのポルトガル語はスペイン語と姉妹言語と言うか、同一言語の方言関係にある）を学べば中南米全域で使える。

　言うまでもなく、かつて政府主導で多くの日本人が移民したペルーやブラジルからは、日系移民の子孫が日本に集団で出稼ぎに来ていて、道路の案内表示などが日本語以外にスペイン語、ポルトガル語の町もある。中南米との交易が今後益々盛んになる情勢の中で、日本の外国語大学では、英語以外の欧州言語の中で、スペイン語学科[165]が突出した学生数を擁し、現地で活躍できる人材を輩出している。

　海外進出に際して、日本人が英語を使うか現地語を使うか、日本語が使える現地人を幹部に登用し実務を委ねるかは、日本の大学で学生がどういう外国語を専攻するか、日本語が使える現地人がどれだけいるか、現地では英語が日常語になっているかなどを踏まえて、柔軟に対応するべきだろう。単純に「現地では現地の言語を使って仕事をする」という理念に捉われてはいけないし、それが社員の過大な負担になるなど、必ずしもうまく機能することにはならないことも認識する必要がある。

　中国語、朝鮮語については、日本人にもかなり習得できる学生が増えているが、それ以上に中国、韓国の学生は日本語が堪能だ。（特に韓国では高校で 2

---

[164] アフリカ諸国は欧州の列強に植民地支配された経緯で、現在も宗主国の影響は政治、経済だけでなく教育、言語にも及び、民族語と（スワヒリ語などの）広域通用語と旧宗主国語の三重言語社会である。
[165] 英米語以外の欧州語は、関西外国語大学のスペイン語学科が学年で 250-270 名、京都外国語大学のフランス語、ドイツ語が 80 名台、スペイン語 100 名、ポルトガル語 80 名、上智大学が各言語 10 人減程度。

つの外国語履修が必須なので、英語以外にも外国語を学ばなければならないのだが、反日教育が行なわれていた時代でも、大方の生徒が日本語を選択した。日本語が朝鮮語と酷似しているため習得が容易なのだ。）日本がこうした国々において製造や販売を行なうというのであれば、日本語のできる中国人[166]、韓国人を管理者、責任者に育て、現地の文化、風習、労働慣習に応じた労務管理を行なうのが成功の鍵になる。「現地のことは現地の人間に任せる」グローカリゼーションこそが日本の企業の選ぶべき道だ。

グローバルな人材とは？

ところで、「グローバルな人材」というのはどういう人を指すのだろうか。読売新聞（2012年8月23日朝刊）の記事『世界で学ぶ「留学帰り」活用　企業模索』の中で、米国留学を支援する団体の理事が、「日本企業はクリティカル・シンキング（批判的思考）に慣れていない」「日本で上司相手に実践すると『うるさい、生意気、使いづらい』となる」、「疎まれ、評価されず居心地が悪くなる」と述べている。こうしたことはあるとは思うが、日本でも論理的に意見を述べ合うことが増えてきている。クリティカル・シンキングは留学帰りに限られる訳ではない。

理事は留学帰りの社員について次の話も続ける。「気分転換にガムを噛んかんだことが批判の的になっていた。以来、職場で『アメリカでは…』は禁句」と誓い、不必要な英語は口にしないようにした。それを踏まえ、「多くの日本企業が求めるのは、英語がうまいだけの従順な日本人。それはグローバル人材ではない」と論じ、日本の会社における留学帰りの社員の扱いを批判している。だが、会議でガムを噛むのは礼儀に反するし、不必要な英語は口にしないというのは、当たり前のことだろう。「郷においては郷に従え」が適切な対処だ。欧米での会議において、「沈黙は金、男は黙って」という日本流に、自分の考

---

[166] 中国の大学には日本語を専攻する生徒が少なくない。たとえば、東北地方の大連大学には、現在3000人の日本語専攻の生徒が在籍する。国際交流基金の2012年度版日本語教育機関調査結果によると日本語学習者は、中国105万人、インドネシア87万人、韓国84万人、オーストラリア30万人、台湾23万人、米国16万人、タイ13万人だが、人口1万人当たりでは、韓国175人、オーストラリア133人、台湾101人で突出し、中国は8人に留まる。

えや主張を積極的に表明せず沈黙していたら、無能だという扱いになる。自分の置かれた状況や集団の行動・思考様式に順応した対応を取ることが真のグローバル化であり、日本社会においてアメリカ式を振りかざすのは的外れなのだ。

全ての生徒が英語を学ばなければならないか？

英語は世界共通語になっており、英語を使えることが、仕事を始め、人とのつながり、情報交換の可能性を広げることに疑いはない。その意味で、どの生徒も英語を学ぶ機会を持つ権利を有するが、高校1年頃までに「英語がどのような言語か」を学習・体験した後は、英語学習をさらに継続して学び続けるかどうかについては、自らの経験に照らして、生徒が選べるようにしても良いのではないだろうか。

これまで述べてきたように、習得が極めて困難な外国語をいつまでも全員に強制するべきではない。(ただし、仮に、幼稚園や小学校低学年からの英語教育が教師、教育内容、時間などの面で適切に行なわれるならば、母語に準じる形で言語習得の壁が乗り越えられるので、全児童が英語を習得できる。) 生徒の個性・志向によっては、習得の見通しもない中で、無理して英語を学び続けさせるのは、苦痛以外の何ものでもない。"You can lead a horse to water but you can't make it drink." という諺にもあるように、廊下から教室に教師が引っ張り込まなければ、授業に参加しない生徒に、英語を学ばせることはできないのだ。その生徒が学びたいと思うほかの教科があれば、それを学ばせた方が有意義な学習ができる。

敢えて英語を教えるというならば、どの生徒でも使う可能性のあるような「海外旅行中の色んな場面や状況」で使う簡単な定型的表現などに特化して(DVDなどを活用し、仮想場面を設定するなどの工夫をして)学ばせても良い。生徒によっては、関心のあるスポーツやバイク、音楽、ファッション、アニメ関連の用語や台詞、歌詞などの英語を発表してもらうのも良いだろう。とにかく、普通の生徒は「自分の生活空間の中で使う」という可能性を実感できない限り、英語を学びたいという学習動機は生まれないのだ。

なお、どれか一つ外国語を学ばせるということなら、朝鮮語を学ばせても良い。朝鮮語ならば、文法だけでなく語彙も漢字を背景としているものならば共

通だから、音韻的にも微調整で済み短期間で話せるようになる。

英語の社内公用語化は浅はかな思い込み！[167]

　経済界には世界展開を掲げ「英語の社内公用語化」を目指す動きがあるが、その前提となる「日本人の英語力の現状」の理解が乏しく、いかに多くの問題を孕むかが認識されていない。

　楽天は収益の99％が国内で海外実績はない。役員に外国人はなく社員もほぼ日本人だ。同国人だけなのに、実務に外国語を使う企業は欧米にもない。三木谷社長は、自身も母親も米国の小学校で教育を受け、自然に習得した英語で思考し話せる。放映された社内の授業では、"**What do you do?**" と訊かれ、社員は沈黙後 "**I'm businessman!**"（実業家）と珍答したが、"legal affairs" など「職務」を伝えたい。これで社内英語化はできない。社長は「英語をしゃべらないといけない環境を作っている」から、「1、2年後には**全社員が流暢な英語が話せる**ようになる」と言うが、簡単な日常会話はともかく、基礎力がないと実務で流暢になる見込みはない。戦時中の米陸海軍日本語学校では長期間毎日十時間の厳しい特訓を行ない、発狂者や自殺者が何人も出た。言語差の極めて大きい外国語の習得は、それだけ難しく強い精神的ストレスがかかるのだ。

　「外国人が交じる会議は英語にする」というのも実は問題がある。母語は言語中枢でほぼ自動処理されるが、英語だと日本人は発話の聴取・理解や発話構成をかなり意識的に行なう。その際に脳の思考活動を担う作業記憶が占有され、論点を分析し対案を考える余裕がない。「英語の国際会議では英米人が頻繁に発言し精神的に有利な立場で交渉を進め

---

[167] 本コラムは専門誌『新英語教育』（2011年3月号）の巻頭エッセイを（許可を得て）転載したので、本文の記述と一部重複する内容になっている箇所があるが、ご容赦いただきたい。

る」という報告もある。英国宰相チャーチルは、英語訛りがあり母や妻ほど完璧ではないが、フランス語が堪能で、それを好んで披露したのに、首脳会談では英語を通した。相手のペースに巻き込まれるのを嫌ったのだ（"Churchill's French"：ネット入手可）。欧州議会の議員は「英語で話すと、本来自分が言いたかったことではなく、自分の英語で表現できることしか言えない」と洩らす。欧州連合では、専門委員会はともかく、全体会議では外国語の使用による不利益を回避するために「母語で発言をする権利」を保障し通訳を使う。企業でも外国人が交じる際は通訳を使えば良い。

　「社内英語化」には、英語習熟レベルにより情報の格差や歪曲が起こり「情報が正確に共有できない」問題もある。米国政府と交渉した企業の部長が、英語運用力の必要性を痛感し、**英語が堪能な**部下 10 人ほどに「全員、日本語厳禁。すべて英語で仕事しよう」と指示したが、以後、部下は口を閉ざし**沈黙の職場**と化したという。また「仕事はできないが英語はできる」人を昇進させるのではなく、「英語はできない」が（技術開発、服飾デザインなど）「仕事ができる」社員の能力を生かす職場でないと企業の存立が危うい。

　「グローバル化＝英語化」ではない。日本は生産と販売で中国への依存を高めているが、工場内の従業員に英語は通じない。中国の大学には日本語専攻の学生も多く、卒業生や日本留学経験者を要所に配すれば、文化・風習や就業意識が日本とは違う現場の労務管理が適切にできるし本社との連絡も問題ない。欧州、アジアでも、旧英米植民地以外では、人材も言語も現地化するのが現実的だ。中南米はスペイン語だ。英語力は海外業務に携わる社員に求めれば済む。現地での技術教育も通訳を介せば誤解がない。

　経済界は文科省行政に影響を行使し、「英語が使える日本人」を目指す英語教育への転換を実現したが、その結果生徒の文法・語彙力と読解力が急激に低下した。大卒平均 TOEIC 450 点では入社後の伸びに限界がある。韓国では（2009 年）国内総生産の貿易依存度が 82.4％と業務に英語が不可欠なため、巨大企業では 900 点を採用条件に設定し「社内英語化」を実現したが、日本は貿易依存度が 22.3％に留まり社内英語

化には及ばない。韓国は就職における英語重視に起因する学習動機の強さを背景に教師養成とカリキュラムの充実を図って英語力を伸ばしたが、他教科とのバランスを欠き歪みも指摘される。実情を見極め「基礎を固め応用力を育む」英語教育を再構築するのが日本の喫緊の課題だ。

(『新英語教育』2011 年 3 月号)

第9章 リメディアル教育

🗨 大学のリメディアル教育

「ゆとり」教育以降、大学に入学した時に基礎が習得できていないことから、大学での教育に備えた再教育（リメディアル）をしなければならない学生が増えた。日本数学会が2012年に公表した「大学生数学基本調査」[168] では、計算問題はできても、問題の内容自体を理解・説明できない学生の姿が浮かんだ。「偶数と奇数を足すと必ず奇数になる」ことを説明できたのは19%（約6000人中）だと言う。中学2年生レベルの問題だが、最難関大学でも正答は半数に満たない。同じことは英語についても言える。大学生でも「be動詞」の使い方が分からない学生が少なからずいるのだ。（実例については後述するが、）中学1年生レベルでつまずいているのは困ったことだ。こうした学生に簡単な日常会話の英語が使えるように指導するとすれば、中学校で習得すべき文法を再教育する必要がある。

🗨 海外留学するべきか？

大学によっては海外留学を売り物にするところがある。外国語大学や外国語学部など、（文法・語彙・読解力など）英語力の基盤がかなりできている学生が揃っている場合には、海外留学することによって運用力が伸びることが期待できる。大学の講義でも、図書館での予習復習や寮などの日常生活においても、四六時中英語を使わざるを得ない環境に置かれることで基盤能力がより堅固に

---

[168] 「ゆとり教育は本来ならば『考える力』をじっくりと養うはずが、学習内容が削減されただけに終わり、結局は入試対策で明暗が分かれた」と『「ゆとり」で数学力低下』というコラム（読売新聞2012年2月25日）で批判されている」これは日本数学会の「大学生数学基本調査」を踏まえたものだが、「小中レベル中心」の問題で、ゆとり世代の大学入学者の全問正答が1.2%であり、型通りの計算はできても内容を理解、説明できない生徒像を浮き彫りにしたという。

なる。特にゼミの討議などではかなり複雑な構文を使って意見を言わなければならないので運用力が格段に上がる。いわば英語運用時の脳内中枢たる文法・語彙・発音・聴解処理系へのアクセスが半自動化するのだ。そうした面で留学は非常に有力な英語力向上の方策だと言えるし、学生や保護者からの支持と人気も高い。

しかし、米国では近年の学費の高騰もあって、経済的には 1 年の留学で、提携校でも 250 〜 350 万円ほどの費用[169]がかかり、英語専攻以外の学生に海外留学によって英語力を付けさせようというのは現実的ではない。かなり英語力の基盤ができていないと、留学しても講義の英語が聞き取れないし、予習を要求される大量の文献も読めない。結局、大学の講義に付いていけなくなり落伍して、失意の内に帰国するということになりかねない。とにかく、海外留学する条件として、それなりに高い英語力を課すことが不可欠だ。

💬 海外留学よりリメディアル

中堅大学であっても、中高での基礎的な英語力が習得できていない学生がかなり多い。これは「ゆとり教育」と「コミュニケーション英語」によって、英語力の基盤が脆弱になったためだ。また、AO 入試や推薦入試、特にスポーツ選抜で、英語の試験を受けていない学生の中には、中学生レベルの英語力しかない者もいる。こうした状況では、海外留学を一般学生の英語力向上の方策とすることはできない。英語専攻以外の学生は海外留学よりリメディアルによって、基礎学力を引き上げ、使える英語へ導くことが求められる。

基礎レベルの英語力が不十分な学生を「運用力を育てる」という名目で留学させることは、学内での英語教育の責任放棄にも等しい。大学の使命としては、海外に留学させて英語運用力を高めることを、教育システムとして宣伝するの

---

[169] 米国の場合、州立大学は学費が約 2.5 万ドル（47 大学平均、州により 3 倍の開きがある：州民は 1/3 に減免）、私立大学は 3.6 万ドル（53 大学平均）必要だ（「Best Colleges 2010」U.S. News & World Report 参照）。米国の大学は同じ科目が（月、水、金など）週 3 日開講されるが、ほとんどの生徒が授業日以外は仕事をする。英国は 2012 年に学費が 3 倍の 9000 ポンド（日本円で 130 万ほど）になった。なお、欧州の大学は北欧のように（外国人でも）学費が無料か数万円の国（フランス、ドイツほか）が多く、英語での講義も多いので留学先に適している。

ではなく、学内で英語運用力を高める教育を行なうのが本筋だろう。とにかく、現地の大学の講義を聴いて、どうにか理解できるレベルまで育てることが、留学をさせる前に大学が行なうべき使命なのだ。

　ゆとり教育[170]や(そう呼べる中身になっている訳ではないが)「コミュニケーションに偏向した中高の英語教育」によって文法・語彙力が不足し、発音や聴解の教育もほとんど受けていない学生が増えたことを考慮すると、中堅大学であっても、英語力が不十分な学生にはリメディアル教育を施して、英語の基盤能力を身に付けさせることが急務だ。文法や発音を基礎から教え直すリメディアル教育が、目を見張るような効果を上げている大学もあるが、英語力の基盤を習得して更に運用力を高めたい意欲のある学生には、留学生と日本人が英語で語り合う異文化交流の場「イングリッシュ・カフェ」[171]を学内で提供することも求められる。

💬 授業には出席ではなく参加が必要

　こうした学習実態を踏まえて、「6年も英語教育を受けて中学1年の文法の習得が芳しくない」と嘆く大学教師の声もあるが、どんなに学習能力が低い生徒でも、授業にしっかり参加し教師の説明を聞いていたら、その程度の英語習得に留まることは考えにくい。その生徒は教室には居たかも知れないが、授業には実質的に参加していなかったのだ。それで6年も英語教育を受けたとは言えない[172]。

170　「脱ゆとり」以降、高校の英語教科書の単語は4割増しになっている。
171　大阪大学には世界中から留学生が集まっているが、日本人の生徒と交流する機会が限られていた。そこで筆者は、異文化交流を英語で行なう場として「イングリッシュ・カフェ」という企画を（個人プロジェクトとして）大学の資金で5年間ほど運営したが、23年度より大学の業務として事務が管理するようになった。基本的にBasicを含む4グループが、昼の時間に飲食しながら、(TA並みの謝金を支給される)留学生を囲んで色々な話題について英語で話し合うが、多様な文化圏からの参加者の異文化的視点を反映した討議になることを指針とする。
172　中高生の英語学習に費やす時間は個人差が大きい。塾や家庭での学習をする学生も多いが、授業に出てはいても、授業の説明をほとんど聞いていないとか理解できていない学生も少なくない。また、スマホ所有率が高校生では85％にもなることから、授業外の時間は、LINE交信などに忙殺される学生が多い。とても英語の勉強に振り向ける時間がないのだ。

もちろん、それには理由があるだろう。「授業が面白くない」とか「説明が分からない」など、英語嫌いになる経緯はあったのだろう。中学1年時の教師による基礎教育がうまくいっていないこともあるだろう。高校1年時に教師が「中学の英語の基礎がどれだけできているか」を確認して、不足している知識を補っていれば、もう少しまともに英語習得ができていたはずだ。そういう事情があったとすれば、その生徒を担当した英語教師の指導力不足が、英語嫌いを生んだとも言えよう。安易に「6年間英語を学んだのに英語が使えない」と言うべきではない。「6年間、他の生徒と同じようには英語を学んでこなかった」もしくは「英語の基礎をしっかり教えてくれる教師に恵まれなかった」生徒が、基礎的な英語力もない状態に陥っているのかもしれない。

ただし、6年間英語を普通に学んできた生徒は、英語の基礎を十分に習得できているかと言えば、それも「そうだ」とは言えない状況である。授業時間数と、接する英文の分量からそれが言える。戦後間もなくの学習指導要領で、「週6時間なら効果があるが4時間では効果がない」と記されているように、毎日少なくとも1時間の英語の授業が望ましい。(中高の1時間は50分なので、出欠確認なども含めると45分がせいぜいだろう。)これはほかに自宅での予習、復習に同じくらいの時間をかけることを想定してのことだが、現実には中学高校6年間で1100時間程度、1年で184時間ほど、夏冬の休暇を除けば月に18時間、週に4時間程度にしかならない。readingの教科書が消えたこともあり、全く異質の外国語を習得するには、絶対的に英文の分量が少ない[173]と言わざるを得ない。

💬 基礎知識を明示的に教えれば劇的に伸びる

4技能を統合する教育の基盤として文法(週1時間)と発音教育(週1時間)を1年行ない、基礎知識を明示的に教えれば、TOEICが平均で150点も上がる。大阪女学院大学のケースだが、1年生春学期末で406点だったのが、2年生終

---

[173] 高校の教科書は、Communicationが140頁前後で150-200語ほどのテーマ英文が20章に振り分けて40-50頁に掲載され、関連文法事項の説明と内容設問などが数頁続く。Expressionsは100頁前後で文法事項の説明と文法・作文の練習問題が記載されるが、50語ほどのDialogueと100語ほどのテーマ英文が各章の始めに掲載される教科書が多い。

了時で558点、3年生終了時で619点になっている。(TOEIC-IP全国平均で435点（2008年度）) また、伸びが激しい学生の中には、330点から755点と425点も伸びたものもいるが、これは例外ではなく、350点以上伸びた学生が8人（2004年度入学生154人）いるのだ。多読によって多量の英文に触れることによっても、成績を上げることができるが、それは年間ベースで20〜50点が限界で、これほど劇的に上がることは期待できない。

　要するに、言語基盤となる文法の知識、発音の知識と訓練が高校までは不十分だったのを、リメディアル的な補完を行なうことで、どんどん英語力が伸びる道が開けたということだ。もちろん、英語を専攻する学生なので、ほかの英語の授業においても多くの英文に触れることによる効果はあるのだが、外国語大学や外国語学部の英語専攻の学生でも、このような飛躍的な伸びはみられないらしい。なお、一般に英文に多く触れることによる英語力の伸長は、英語力が低い学生ほど顕著なのだが、これは高校までの授業において触れる英文が少なかった事態を改善することになったためと考えられる。

生徒のつまずきについて

　生徒が「学習につまずく」という表現には、そこで「挫折して学習が嫌になる」というネガティブな意味合いが強く感じられがちだが、現実にはポジティブな側面もある。「自分の表現したいことが言えない」ことに気付くことがきっかけで、「言いたいことを表現する言語形式がどういうものかを探す」とか、「読んでいるか聴いている英文中の言語形式がどういう意味を担うか分からない」ので、それを知ろうとすることがしばしばある。これは学習の中でいろいろな言語形式につまずくことが、それを学習しようとするきっかけになるということだ。そうした「つまずきを解消する」ことが生徒自身ではできないことが「ネガティブなつまずき」ということで、そのまま放置すると英語嫌いになる。つまずきを解消する専門的な知見と指導力を持つと期待されるのが教師だ。教師は明示的で分かりやすい文法指導をすることによって、生徒がつまずいた言語形式を理解できるようにしなければならない。中には、生徒が疑問に思って尋ねても、「そうしたことは大学に入ってから専門の先生に尋ねなさい」と答える教師もいるようだが、生徒が疑問を抱えたままにしたのでは、フラストレーションを覚え英語嫌いになりかねない。教師は自分の恩師に尋ねるなり、専門

の教師に尋ねるなりして、何らかの回答を生徒にするべきだ。それは生徒の疑問を解消するだけでなく、自分の知見を深めその後の指導にも役立つ。大学の教師は、面識のない人にでも、（必要ならば、自ら色々調べて）しっかりと答えてくれる筈だ。もちろん、謝礼を求めることもない。それを専門家としての社会的な使命と心得ているのだ。

　「学習は生徒がするものであり、教師が教えたものをそのまま全て吸収するものではない」、「生徒は個人によって大きく異なる独自の認知方略を持っている」という見解もある。だが、生徒の認知方略いかんに関わらず、言語習得に際して教えなければならない（言語の基盤を構成する）学習内容（文法、語彙、発音ほか）は、教師が選んで明快に教える必要がある。いわば「学習の道案内と手ほどき」を行なって、生徒の学習を支えていかなければならないのだ。生徒が自ら学習の指針と方略を自身で見つけるようなことは、せめて中級レベルまで習熟してこないと、なかなかできるものではない。学習者中心の学習を最初から導入することは、むしろ教師による教育の放棄に等しい。個人の特性に合った学習方法や認知方略というのも、学習内容をある程度習得・習熟して行くプロセスの中で徐々に掴んで行くものだ。生徒が自らの体験を踏まえて、自分に相応しい学習方略を見出せるところまで、しっかりと導いてあげる教育が必要なのだ。その教育を担うのが教師であることを忘れてはいけない。

コラム

****

第5文型は複文

　日本の学校における英語教育では、文構造を教える際に、伝統文法家オニオンズ（C. T. Onions）による5文型という分類を採用しているが、これは日本だけのことである。5文型は文構造を説明ないし理解するには便利な面もあるが、実際の文に適用しようとすると、いろいろ不備や欠陥もあることは事実で、根幹的な問題を認識していないと却って混乱と誤解を生じてしまう。特に問題なのが第5文型である。

　通常SVOCで表記される第5文型だが、この表記では第2文型SVCのCと同じ要素が第5文型のCの位置に現れることを意味する。要するに、SVOCの「OとC」がSVCの「SとC」と同じ文法関係になると表示しているのだ。第2文型のCは名詞ないし形容詞が占める補語の位置で、主語とは繋辞（連結詞）で結ばれる関係（Mary is clever.）だが、そうした関係の要素が第5文型のCの位置に常に現れるという説明に等しい。ところが、現実にはそれ以外の関係の要素が現れる（I saw Bill playing the piano.）ことが多く、その場合でも学校文法ではその要素をC（補語）として扱っており、これが生徒の文型理解に混乱を招いている。

　現代言語学では、不定詞のないSVOC型は不定詞を含む文（I found Mary (to be) clever.）の不定詞（to be）の省略によって導かれると考える。したがって、第5文型を単文の一つとして片付ける訳に行かない。第5文型は基本的に内部に文[174]を埋め込んだ文から派生されるのである。下記に示すように、第5文型のCの位置にはどの文型でも入る[175]のだ。埋め込み文（補文）の主語が主文の目的語ないし主語と同一の場合には音形としては現れないが、これを@で表記すると、埋め込みを含む文は下記のようになる。

174　動詞や形容詞などの述語は、行為や状態、性質、属性などを表すが、それに関わる行為者や被害者、対象物などを（主語、目的語などの）文法項とする文を形成する。独立文か埋め込み文かに関わらず、「述語と文法項からなる構造」を文と規定するが、埋め込み文は（不定詞句や分詞句など）準動詞構造ないし（that節、関係節、副詞節などの）節構造をとる。

第5文型　　　　（補文の文型）

SVO+[SV]	（第1文型）	--- (I asked Harry [@ to go there].)
SVO+[SVC]	（第2文型）	--- (I helped Jess [@ to be happy again].)
SVO+[SVO]	（第3文型）	--- (I urged Mary [@ to reject the offer].)
SVO+[SVOO]	（第4文型）	--- (I ordered Jim [@ to send me the tape].)
SVO+[SVO[s]]	（第5文型）	--- (I persuaded Mary [@ to help me [@ find the paper]]].)

要するに、第5文型は補文を埋め込む複文構造[176]なのだ。学校文法では、それを明快に説明せず、動詞 be が削除されて残る要素（形容詞、名詞）がCの位置に埋め込まれた文を例文として使い、第5文型を単文の一つのように扱うために混乱を生んだのである。「第5文型は5つの文型のどれが埋め込み文として入っても良い複文構造である」と説明すれば、適切に学習できる。そこで個人的には、第5文型をSVOCではなく、埋め込み関係を反映したSVO[s]として教えることを提案したい。ただし、実は「第3文型SVOも5つの文型のどれが埋め込み文として入っても良い複文構造」なのである。第3文型のOには名詞句のほかに補文としてthat/whether節が来ることも多いが、（不定詞、動名詞など）準動詞句が来ることもある。この点、第5文型のCの位置に名詞句や節構造が来ないのとは峻別される。

●**文型分析の問題点**　文を埋め込む文として捉えたとしても、第5文型の文の実際の分析に際してはいろいろ問題もある。ひとつは実際には現れない「埋め込み文の主語が何か」ということだ。主文の動詞によっては、埋め込まれた文の主語が①主文の主語と一致して削除される場合（I promised her [@ to buy the ticket].）

175　正確には、①動詞の後に目的語があって、その後に埋め込み文が入るもの SVO[s]　(I persuaded him [@ to go there].) と②動詞の後に直接埋め込み文が入る第3文型 SV[s]　(I expect [s *him* to go there].) が派生の過程の「埋め込み文の主語の主文目的語への格上げ」で第5文型 SVO[s]　(I expect [*him*] [s to go there].) に変わったものに分けられる。
176　文の中に別の文を埋め込む場合、埋め込まれる文を「補文」と言い、補文を埋め込む文を複文という。第5文型はCの位置に不定詞句ないし分詞句（I heard Mary sing/singing merrily.）を補文として埋め込むが、第3文型はOの位置にthat節を補文として埋め込むことも可能である。

と②目的語と一致して削除される場合（I persuaded *her* [@ to buy the ticket].）があるのだが、その違いは文型分析では表せない。

また、主文の目的語の位置に不定詞句が埋め込まれる（John expects [₅ Mary to be famous in the future].）こともあるが、これは that 節が埋め込まれる（John expects [₅ that Mary will be famous in the future].）場合と同じく第３文型と分析されてもおかしくない。だが実際には、John expects [Mary][to be famous in the future]. のように、埋め込み文の主語を主文の目的語として扱い（「主文目的語への格上げ」）、第５文型に分析される[177]。（このように「埋め込み文の主語を主文の目的語として扱う」のは、受動態化によってそれが主文の主語になる（[Mary] is expected [to be famous in the future].）ことから、適切な分析であると考えられる。）

一方、埋め込み文の主語が主文の主語と同じ場合には同一要素が削除され、*John* expects [@ to be famous in the future]. となり、不定詞句を目的語とする第３文型に分析される。ただし、「ほかの誰でもなく自分が」と「自分」を強調したい場合には再帰形を残し、*John* expects [*himself*][to be famous in the future]. となり、やはり第５文型に分析される。文中に実際に現れる成分にこだわれば、基本的な構造が同じ文でも異なる文型に分析しなければならない。最終的な実現形によって文型分析することは無理があるのだ。

なお、文型については、「５文型」のほか、第１文型や第３文型に「必須副詞成分 ADV」（第１文型 SV＋PP：The cat jumped [ADV onto the sofa]. ／第３文型 SVO＋PP：John put the knife [ADV on the table].）を加え「７文型」とする修正案がある。英作文などに参考にされることの多かったホーンビィ（Hornby）の 24 動詞型などもあるが、世界的に標準となるものがない。このため、英米や諸外国ではあまり文型を教えるということはないが、英語に対応する文型が欧州諸語にも存在するので、敢えて教える必要がないということもある。ただし、日本人学習者にとっては、文型の教育と学習が英語の構文を理解し習得するのに大いに有効な手がかりになる。

****

---

[177] 一般化して言うと、第３文型 SVO の O に不定詞句を埋め込む場合、派生段階で埋め込み文の主語が主文の目的語に格上げされ、これが SVOC の O として分析されるということである。

第9章　リメディアル教育

生徒がつまずく文法事項

　中学では文法の基礎を教えることが不可欠だが、教師としては、「生徒がどんな文法事項でつまずくのか」を踏まえて、文法事項の導入時期や教授内容、教え方などを検討する必要がある。動詞の使用は構文ないし文型と切り離せない。動詞によって、どういう構文、文型を取るか、埋め込み文は不定詞か動名詞か that 節かなど文法情報が決まっている。したがって、どんな文法用語を使うか、「5文型」という分類にするかどうかは別にして、構文・文型を踏まえて動詞を導入することは、どうしても必要なことだ。また、文法操作にしても、「疑問詞や関係詞の文頭への移動」は、中学では単文内で良いが、高校では「埋め込み文から主文への移動」も教えなければならない。これは何度も何度も繰り返し例文を音読するなどして記憶しないと、自然に操作できるようになるのは難しい。移動操作を知識として理解しても、実際に使う際には、どうにか半自動処理できるまで定着していなければいけない。無意識で処理される完全自動化は、「性、数、格、時制の一致」のような自動計算処理同様、幼児段階の言語獲得期でないと難しい。

　母語として英語を習得する子供の場合、不規則形をそのまま憶え、やがて規則変化を習得すると、これを多くの不規則動詞に過剰適用し、後に不規則形に回帰するという発達段階でのプロセスが認められる。 cut, cut, cut や come, came, come、そして go, went, gone や eat, ate, eaten など、日常の会話の中で何度も繰り返される動詞は、「規則変化への圧力」に抗して存続できる。だが、shake, shook, shaken や seek, sought, sought のような日常耳にすることが比較的に少ない動詞の場合、規則変化への圧力に抗し切れなくなってもおかしくない。英語を母語としない人の英語には、不規則活用の動詞にも規則変化形が見られるし、日本人の生徒も学習過程でそうした規則変化形を使う。結局、記憶の負担軽減を考慮すれば、動詞は規則活用の一般動詞から教え、活用が「動詞＋ed」という簡単な規則によることを最初に学ばせる。基本動詞は不規則活用が多いが、これは頻繁に使うために昔の活用が現在の一般的規則活用に抗して生き残った例外であることを知らせた上で、生徒が規則活用に慣れたかなり後の段階で導入する配慮が求められる。

　教育現場からの声として、「英語の語順が掴めていない」というものがある。

そこで、まず日本語との基本的な語順の違いなど、言語認識を導入することが必要だ。その上で第1文型から第4文型のような基本文型を徐々に習得させる。ただし、第5文型は文を埋め込む文であり、混乱を招かないためにも、第1文型から第4文型のような基本文型とは違う扱いにするべきだ。語順のコンセプトを導入した上で、具体的な例文により基本文型に慣れるようにするのだが、従来は"I am a boy."式の第2文型から入ることが多く、そこに一つ大きな問題があった。大体、この種の「我輩は猫である」式の命題や断定的な表現は日常めったに使わない。ある意味で社会状況的には出現頻度の極めて低い不自然な表現からの導入になる。さらに問題なのは、この文型に出てくる動詞が「be動詞」であることだ。

何故 be 動詞を習得し損なうのか？

　これまで中学校の英語教育では、be 動詞が最初に導入されてきたが、中学生が最初に英語につまずくのは be 動詞だと言う。まず、この動詞はその不規則で多様な活用形が、①ほかの言語や方言に根ざすか、②ほかの動詞の活用形をばらばらな時代に取り込んだ混合体[178]なのだ。用法も本動詞と助動詞に分かれる。本動詞としては、③第2文型をとる「繋辞」（連結詞・繋合詞 *copula*）として使われ、述部の形容詞や名詞などが主語の「属性」を表わすか、④第1文型をとり、場所を表わす副詞句を伴って「存在する」ことを表わす。助動詞としては⑤「受身」や⑥「進行形」さらに⑦「（自動詞）完了形」にも使われる。このように極めて複雑な特徴をもつ be 動詞を最初に教えることによって、生徒の理解が不十分になるだけでなく混乱を招いているのだ。

178　**be 動詞の変則活用**　一、二、三人称は、現在形が（ゲルマン祖語の動詞*es/er「存在する」に由来する）am, are, is だが、過去形は（ゲルマン祖語の動詞*wes/wer「留まる」に由来する）was, were, was となり、仮定法では人称に関わらず、現在形に（ゲルマン祖語の動詞*bheu「生成する・なる」に由来する）原形の be、過去形に were を使う。要するに、三つの動詞が歴史的に混用され、be 動詞の活用形を構成することになったのだ。この中 are は中英語期に北欧の古ノルド語からヴァイキングによって英国北部にもたらされたが、南下し（been の略形であった）be との混用の時期を経て 17 世紀後半に取って代わった。さらに不定詞や命令では be に統一された。過去分詞は古英語にはなかったが、12 世紀頃から他の動詞との類推で gebeon などが使われ 15 世紀頃に been に統一された。

中学で最初にこうしたbe動詞の「ごった煮」のような「でたらめな活用形」を学習させられるのでは、英語嫌いになって当然だ。be動詞を導入するのは一般動詞の規則活用に慣れた段階が良いが、「be動詞の活用が複雑なのは、いくつもの動詞の活用形が混用された結果だ」くらいの説明をするだけでも納得する生徒がいる。中学では、be動詞は「活用が規則的で用法も単純な一般動詞」に習熟した後で徐々に教えるべきだ。もっとも、対話のやり取りに使わざるを得ない "I am…." や "we are…."、"Are you…?" などは初期に導入しても良い。三人称の "he/she is…." や "they are…."、過去形 was, were、過去分詞 been 原形 be などの活用は、規則変化の習得後に教えることで、生徒の心理的混乱や負担を減らすことができる。

最近の傾向だが、大学でも「be動詞の活用もできない」という学生もいる。だが、本動詞としての2用法（"The book *is* on the desk."、"John *is* a student."）と助動詞としての3用法「進行形」「受動態」「（自動詞）完了形」（"Mary *is* playing the violin."、"The dog *was* chased by the cat."、"He *is* gone now."、"The dog *was being* chased by the cat."）の使い分けが学習できていない、という学生はかなり多い。このほかbe動詞は進行形で「予定の決まった未来」を表わすことができるだけでなく、（"Bill *is about/going to* leave the town." のように）ほかの語彙と結びついて「近い未来」を表わすこともある。そうした用法を全てしっかり習得できている学生は必ずしも多くはない。

中学や高校だけでなく大学においても、be動詞と本動詞を一緒に使う間違いが少なくないことが報告されているが、これについては、be動詞を「繋辞（けい）」の意味の延長で「だ・ている」などの意味で憶え、本動詞に助動詞のように付けているのではないかと疑われるものもある（*"He *was* went to the shop."、*"I'm got up at 8:00 a.m."、*"You *are* wash hands before lunch."、*"You *are* read many books."）。主語と時制、法（mood）によってこれだけ複雑な変化をするのは理不尽極まりない。

論理的な思考が得意な中高の生徒は、「be動詞の不規則な活用と複雑な用法」にイライラするかも知れないが、これが「歴史的に異なる言語や方言から借入した結果」であることが分かると、be動詞の「寄せ集め特性」が理解できる。「活用が不規則で用法が複雑」な理由に納得すると、意識的に習得する気持ちになる[179]。リメディアルを受ける学生だけでなく、大学生には是非そうした

解説を行ないたい。教える立場になった時に役に立つ。

形容詞の配列制約

学生に英作文をさせると、*an *English long* word や*a *wooden comfortable* chair のような表現を書くが、どちらも英語としては認められない。英語ではa *long English* word や a *comfortable wooden* chair しか許されないのだ。日本語では形容詞の配列は大体自由で、「英語の長い単語／長い英語の単語」「坐り心地のいい木製の椅子／木製の坐り心地のいい椅子」のようにどの配列でも問題ないが、それを英語に反映してはいけない。英語では形容詞の配列に強い制約があり、形容詞の下位類間で相互に配列順序が決まっているのだ。本当は重要な知識だが、教師自身が大学では学ばないため、学校では教えられていない。

英語では、等位接続されるのは、同じ品詞または構造のものに限られるが、形容詞の場合は制限がさらに厳しく、同じ下位類に属するものでなければならない。このためa *wise* and *attractive* girl や a *lovely, gracious* person は良いが、異なる下位類の形容詞は*an *intelligent* and *Chinese* student のような接続ではなく、an *intelligent* [*Chinese* [student]] のような階層的序列に従って配列されなければいけないのだ。

英語の名詞句内部の構成は［限定詞－数量詞－形容詞句－主名詞］だが、形容詞類が名詞句内に配列される場合は、主要語類と下位類[180]が、［同定語＞強意語＞形容詞＞分詞＞名詞］のように配列[181]される。指示限定詞的な機能を持つ同定の形容詞は、同定語として限定詞に近い外枠に置かれる。また、強意の形容詞も強意語として他の形容詞とは異質の機能を担い、同定語に次いで外枠を占める。［強意語は同定語とは共起するが (the same real politician)、他の形容詞とは共起しないので、排除的な関係にあることになる (*a real/mere

---

[179] 理屈でものを考える中高生と違い、小学校低学年までの児童の場合には、児童英語教室で実践されているような、「主語代名詞＋be 動詞」ないしその倒置の語連鎖 (You are/Are you, He is/Is he, They are/Are they など) を、「リズムに乗せて高速で繰り返す」訓練によって、言わば、1語のように塊で記憶させる方法が自動アクセスと運用には有効かも知れない。母語の言語発達過程においても、動詞の不規則活用の習得が規則活用の習得に先行するが、不合理な be 動詞の活用も幼児期には習得の障害にはならない。

small violinist)。］したがって、他の形容詞はこれより内側に位置することになるが、分詞を境に、その外側には形容詞らしい形容詞が配列され、内側には名詞的な性質の形容詞が配列される。そして、主名詞の直前には「素材」や「所属」など本質的な属性を表わす（形容詞用法の）名詞が置かれることになる。したがって、形容詞の主要配列には次のような緊密度の統語的グループ化があると見ることができる。

　　　　［限定詞－［同定語－強意語［［形容詞類－分詞－名詞類］］－主名詞］
　　　　　限定詞性　　◀━━━　　　　形容詞性　　　━━━▶　　名詞性

　これは左側に配列される語ほど限定詞性が強く、右側に配列される語ほど名詞性が強いという統語的性質に対応する。特に、主名詞直前の形容詞用法の名詞は主名詞との結合度が強く、一種の複合語的な性質（a long winding asphalt road（「アスファルト道路」）、his brown military uniform（「軍服」））を示すことが多い。

二重属格

　*John's this book や *this John's book と英訳する学生がいるが、これは非

180　　　［主要語類］－［下位語類］
　　　　　　同定語－同定形容詞（same, certain, other, main, etc.）
　　　　　　強意語－強意形容詞（real, utter, true, mere, etc.）
　　　　　　形容詞－評価形容詞（tall, fat, large, pretty, etc.）
　　　　　　　　　　新旧形容詞（new, old, young, etc.）
　　　　　　　　　　色彩形容詞（grey, white, red, etc.）
　　　　　　　　分詞－（winding, carved, paved, etc.）
　　　　名詞型形容詞－固有形容詞（Japanese, American, etc.）［固有名詞からの派生］
　　　　　　　　　　派生形容詞（social, wooden, political, etc.）［普通名詞からの派生］
　　　　　　　　　　素材名詞（silk, stone, iron, etc.）
　　　　　　　　　　所属名詞（church, school, etc.）

181　**形容詞配列サンプル**——the same real hero（同定語－強意語）、the other main reasons（同定語間の順序）、a large green carpet（評価語－色彩語）、a tall young woman（評価語－新旧語）、a new red gown（新旧語－色彩語）、a beautiful little old white table（評価語－評価語－新旧語－色彩語）、a large Japanese wooden table（評価語－固有語－素材語）、a long paved American road（評価語－分詞－固有語）

文法的だ。こうした表現を作るのは、日本語で「ジョンのこの本」や「このジョンの本」が許容されるからだ。「日本英語」と言っても良さそうだが、これは英語に「限定詞が名詞の前に一つしか配置できない」という制約があるためであり、この制約のない言語の話者が皆犯す間違いなのである。属格（所有格）は冠詞や指示詞（determiner）と同じ限定詞の一種なので、それらとは限定詞の位置に共起できない。このため、基本構造 [Det [John's][this]][book] において並置された指示詞だけを残して属格を後置し、of で繋いで [Det this][book][of [John's]][182] に改めるのである。本来「of + 名詞句」だけでも属格の機能を果たすのだが、[of + 属格名詞] という言語形式は名詞をも属格（名詞 + 's）にするので「二重属格」と言う。

　二重属格は an opera *of Verdi's* / *a sonata *of a violinist's* に見るように、属格名詞が「人間」かつ（指示対象が不特定でない）「定」という条件を満たさなければならない。（限定詞が定冠詞の場合は、「定」という機能しかないので顕在化させる必要はなく、*[the] daughter *of John's* ではなく [*John's*] daughter と言う。）二重属格表現 some antiques [*of John's*] は「ジョン所有の古美術品何点か」という意味だが、これと類似した部分表現の some [of John's antiques] は「ジョン所有の全ての古美術品の中の何点か」という「全体と部分」の関係を表わす意味になる。

182　[Det this][book][*of* [John]] だと「ジョンについての本」の意味に解される可能性がある。このため、[Det this][book][*of* [*John's*]] しか容認されない。一方、a friend *of the doctor/ John* の場合はそうした曖昧性は生じないので、a friend *of the doctor's / John's* より好まれる。その意味で、二重属格にするかどうかは主部名詞の曖昧性の有無に依存する。

第10章　どういう英語を教えるべきか？

💬 イデオロギーに囚われない教育

　いつの時代でも外国語を学習するには、それに見合った実利が学習動機に存在した。明治期の外国語学習熱にしても、「欧米の学問、制度などを取り入れ、新しい時代を創り上げたい」という情熱に根ざしたものであった。今日、世界の最新の情報や知識をネットで手に入れ、メールで情報交換するには、（80％以上が）英語を使う。アジアにおける国際会議や商取引でも英語が共通語だ。（東南アジア諸国連合ASEANにおける唯一の公用語でもある。）ただし、母語話者より非母語話者が遥かに多く、非母語話者間の英語使用の方が増えている現実を前に、近年「諸英語」（Englishes）という概念が教育現場でも認められつつある。これは語法や発音面で地域語の影響を強く受けたノン・ネイティブの英語も英米語と対等であるという理念で、それは尊重したい。

　だが、それを根拠に、学校教育で「英米語[183]を教えないで、地域英語を教える」というのは賛成できない。特に発音面では、それぞれの地域語の特徴が顕著な「訛った英語」になり、互いに通じ難くなる恐れがあるからだ。ネイティブの英米語よりもノン・ネイティブの地域英語の方が使用人口が多いことから、「地域英語の時代」を掲げ、旧植民地の地域英語だけでなく、外国語としての英語まで「諸英語」に含める向きもあるが、これは言語学的には誤った認識である。たとえば、「日本人は『日本英語』で良い」のだという考え方だが、発音に日本語訛りがある点を除いて「日本英語」と呼べるような（文法・語彙面で）「日本人に共通の英語の特徴」は存在しない。それに英米で「通じない日

---

[183] 「英米語」というのは、従来学校でイギリス英語、アメリカ英語として教えられてきた英語を指すが、カナダ英語やオーストラリア英語も母語話者の英語として認められる。オーストラリア英語はロンドンの下町の英語コックニー（Cockney）の発音の影響が強いが、文法はイギリス英語（British English）と変わらない。カナダ英語は基本的にアメリカ英語（General American English）と同じだ。

本英語」では学ぶ意欲も失せよう。「圧倒的な情報発信力」を有する米国や英国の英語が理解できる英語力を育てるのが教師の使命である。①母語の影響で発音に訛りが残るのを許容することと、②モデルとなる発音に近づける努力をはじめから放棄することは峻別すべきだ。

🗨 地域英語の特徴

　地域英語には、①文化や思考様式に根ざした表現面と②発音や文法のような言語面がある。イスラム圏では仕事の期日までの完成についても "I will try." と「神の御心に」委ねた責任回避とも解される表現をする。シンガポールでは福建語の影響で "Relax, lah." と文末に lah を入れる。こうした表現は親近感が沸くが、"You speak Chinese, can or not?" の質問に "Can." "No can." のように答える（中国語表現「能」「不能」の影響を受けた）文法的な特異性は、現地でも真似ない方が良いだろう。

　一般に「諸英語」や「外国語としての英語」では、母語にない音は「生理的に発音し易い音で代用する」傾向がある。歯擦音 th（[θ][ð]）は獲得も難しく珍しい音であることから、摩擦性を失い、破裂音 t, d で代用される（tree books）ことが多い。アジアや欧州の諸地域だけでなく、米国の黒人英語などの方言でもそうだ。サッカーのベッカム選手は third を「**ファードゥ**」と発音するが、この「f 音化」はロンドンの下町英語「コクニー（Cockney）」の特徴だ。発音の困難な音を発音しやすい近似音で代用するのは普遍的な現象だが、言語獲得途上の幼児にも生じる。日本人の早期英語教育でも「f 音化」が起こることは、公開講座[184]において発音のメカニズムを解説した時に、児童英語教室の先生から伺っている[185]。

184　公開講座「教師のための英語リフレッシュ講座」（大阪大学大学院言語文化研究科主催）：筆者は企画運営責任者ほか、「英語らしい発音の科学—ダイナミックメカニズムと発音・聴解の秘儀」「日本人に相応しい英語教育—言語習得論の錯誤を正す」などの講義を担当。平成 25 年度に 12 回目を迎える本講座は、例年、中・高のほか小学校の教師が、近畿圏だけでなく中部、東海、四国、関東、九州、さらに石垣島、利尻島からも参加。近畿圏の大学の英知を結集する講師陣態勢をとり、理論的な面での教師の研鑽だけでなく、運用力を磨くために、発音や音調の理論と実践、音読指導法などの講義を独立に設けている。
185　この先生は日頃日本の幼児が th を f に変えて発音することを不思議に感じていたと言う。

第10章　どういう英語を教えるべきか？

　母語特有の影響もある。ヒンディー語は抑揚が少ないことから、インド英語では全ての音節を平等に（強弱をつけないで）発音する。また通常「破裂音」は内圧を著しく高めた呼気が瞬間的に解放される時の音だが、インド英語では呼気が口腔内破裂的に両唇を押し開く形で解放される。この独特の発音様式により box が「ンボックス」になるほか、舌を反らせて口蓋を叩いて t, d を発音する。（Wednesday を「ウェドゥネスデイ」、park を「パルク」と読むなど）綴り字通りの発音も特徴だが、通訳者泣かせだ。ただし、本場のイギリス英語を話すインド人も数千万人いる。

　英語教育においては、母語の影響が残るのを容認するが、「母語話者の英語をモデルとする」というのが一般的である。だが、それは「地域英語が母語話者の英語より劣ると見做すことになる」と批判する向きもある。しかし、これは「英語帝国主義」批判と同じく民族主義のイデオロギーに囚われた偏頗な考えだ。そうした価値判断は教育に馴染まない。英米語をモデルとするのは、あくまで文法や発音など言語面のことで、英米人の発想や論理展開や文化まで模範とすることでは決してない。当然のことながら、アジアやアフリカ的な発想や論理で英語を話しても全く問題ない。ただし、議論や説得に際しては相手の論理を知って使う方が効果的だ。

米語をモデルとする根拠

　英語には様々な変種があるが、それを母語とする国の英語（話者：約4.5億人）と旧植民地や英連邦など公用語ないし第二言語とする国・地域の英語（話者：約4億人）、そして国際補助語としての英語（話者：約10億人）に分けられる。もちろん、歴史的には英国が本家で、ほかの国は移民が持ち込んだ英国諸地域の方言を受け継いでいる。

　米語（話者：約3億人）は方言差が少なく、一般米語（General American）を話す人口が圧倒的に多い。カナダの英語も国境沿いの地域は米語に準じる。イギリス英語は威信のある標準英語がいわゆる「容認発音」（RP：Received Pronunciation）で、公共放送BBCで使われるが、日常的にこれを話す市民は3～5％にすぎない。英国内では、地域だけでなく、社会階級（職業、学歴）によってかなり異なる方言を話す。スコットランドや北アイルランドなど、民族による違いも顕著だ。オーストラリア・ニュージーランドは囚人の流刑地で

あったため、その英語[186]は「コクニー（Cockney）[187]」の末裔にあたる。

現在、政治・経済・文化に関して、テレビやラジオだけでなく新聞や雑誌、そしてネットなどのメディアを通じて、世界で圧倒的に多くの情報が視聴されるのは、アメリカ英語による。旧植民地や英連邦諸国、欧州では、市民の交流の機会も多く、イギリス英語が幅をきかせているが、日本の学習者もこの時代に最も影響力が大きい英語を習得したいと望んでいることを斟酌すると、BBCの英語もCNNやABCの米語の後塵を拝する。このため、日本の英語教育における学習のモデルとしては、アメリカ英語が最も適当であろう。

相手の理解度に配慮した言語使用

国際的な場で使う英語（「国際語としての英語」：English as an International Language）は、母語話者を含め他地域の英語話者にも理解されるものでなければならない。「ノン・ネイティブ間で通じればそれで良い」というものではないのだ。ただし、非母語話者が努力するだけでなく、英語母語話者もまた「非母語話者に分かる話し方」を心がけなければならない。

日常的な会話では「基本動詞＋副詞辞」が多用されるが、頻度の高いフレーズを除き、外国人は複合表現に慣れていない。（母語話者でも、方言が違うと通じない表現が少なくない。）たとえば、"I ***did out*** the bedroom." などは "I cleaned the bedroom." に変えたり、make up のように多義な語は、compensate や constitute など一義的な語を使用するように心掛けるべきだろう。母語話者でも辞書を引くようなギリシャ・ラテン語に由来する語の方がかえって教養ある外国人には理解しやすいのだ。

最近、名前を日本式（姓－名：Yamada Taro）に表わす教科書もみられるが、こうしたことは自国の慣習とか民族的プライドで対応する次元ではなく、相手

186　英語とオーストラリア英語の調整は（paper の母音を「エイ」から「アイ」に変えるなど）一部音声の交代で済むが、米語と英語は第二強勢の強さが違うほか、これと相関して母音が組織的に変化するので、調整はなかなか骨が折れる。（たとえば secretary は米音が「**セクレテアリ**」、英音が「**セクルトゥリ**」となる。）

187　「コクニー（Cockney）」：ロンドンの下町英語で、[h] 音の脱落や [θ] 音の [f] 音化、[ei] が [ai] に変わるなど、特に発音の違いが顕著だが、文法や語法・語彙面でも独特の特徴を持つ。

が姓と名を区別できるか否かの問題であり、間違われそうなら欧米式（名－姓：Taro Yamada）にすれば良い。話し手が相手の理解度に配慮した対応をするのが適切だろう。

💬 英語には発音記号が必要！

　元来アルファベットは発音を映すメディアだ。ラテン語直系のイタリア語やスペイン語の場合、ごく一部の例外を除くと、綴り字通りに発音すれば正しい発音になる。（ゲルマン語との言語接触などによる音韻変化があったので、母音字複合や字母補助記号などを加えて対応しており、アルファベットだけでそのまま発音を表示するわけではないが、）フランス語においても、所定の音韻に対応する綴り字が標準化して以降の音韻変化は若干にすぎない。英語の親戚のゲルマン諸語（ドイツ語、オランダ語、北欧諸語）もほとんど綴り字が発音を表わす。

　ところが英語は異端である。綴り字が発音を表わさないのだ。綴り字と発音の乖離が特徴だ。15世紀に発明された活版印刷術により数万冊の書物が出回ったが、そこで使われたのはその時代の政治・経済・文化の中心地の綴り字であり、これが次第に定着していった。ところが皮肉にも、英国においては、その後に「大母音推移」という大きな音韻変化を組織的な規模で被っている。どの言語でも歴史的に音韻の変化はみられるが、欧州の言語でこれほど大規模な変化を被ったものは他にない。その後にも音韻変化が続いたこともあり、現代英語では綴り字が発音を表示できないため、音声記号に頼らざるを得ない事態に陥ったのである。

💬 激変する英語の発音

　英語では、辞書に記された単語の音声が、文中でほかの単語と隣接して、自然な速度で発話された場合、融合、変化するほか、脱落もする。実は単語内のどの位置かによっても実現形は違う。それを示すのが「精密表記」（narrow transcription）だが、普通の辞書は「簡略表記」（broad transcription）なので示されない。

　強勢の影響でも音声変化を被る。強勢があると母音が明確化し、ないと曖昧化ないし脱落する。さらに、強弱強のリズムが優先し *Ja*panese boy のように

強勢の位置が移動すると、それに伴い単語内の母音が影響を受ける。そうした顕著な音声変化は、欧州諸語には見られない独自の特徴であり、これが英語の発音・聴取を格別困難なものとしている。米音では、What are you .... は「ホワットアーユー」ではなく「ワラユー」となり、a little turtle は「ゥレロターロゥ」、not at all は「ナラロー」、I get off. は「ァゲダフ」となる。これを聴き取るには、そうした変化を引き起こす仕組みを教えられなければならない。それが分かれば発音も米音に近づく。

　したがって、英語の学習者は綴り字と（発音記号に記載される）音声との対応を学ばなければならないというだけでも、「綴り字通りに読めばよい」ほかの欧州諸語の学習者より不利な立場にあるが、隣接音や強勢などの影響で顕著に原音が変化するという点で、さらに不利になる。

　辞書の発音記号に示される原音を英語の「基準発音」とすると、隣接音や強勢などの影響で顕著に変化した発音は「派生発音」[188]と位置づけられる。英米の諸方言はこの派生の方向と度合いが相違するのだが、どの方向にどれだけというのは地域の選択ないし歴史による。ただし、どの方言も音韻機構的にはごく自然な変化を遂げている。一方、ノン・ネイティブの英語は、そうした変化は比較的少なく、どちらかと言うと基準発音に近い。このため、母語の影響による訛りがきつくない限り、（ノン・ネイティブ間の国際コミュニケーションに適した）聴き取り易い英語になっているとも言える。結局「一般米語」(General American) を教えるというのは、音韻的な特殊化の様相を認識させることになる。そこで、従来の ESP (English for Specific Purposes) の規定とは違うが、（一般米語を代表とする）母語話者の英語の教育に伴うダイナミックな派生発音の教育を、敢えて一種の ESP と捉えることにしたい。

　従来の日本の英語教育においては「基準発音を教えてきた」のだが、これだけでは母語話者の「音韻が劇的に変化した英語」には近づけない。しかも、（「アンド」のように）「母音を伴って子音を発音する」だけでなく、「抑揚のない平坦な読み方になる」など、日本語の特徴まで引き継ぐことでも訛りが顕著になる。ネイティブには理解してもらえないし、彼らの英語を聴いて理解することもできない。

188　「派生発音」は筆者の造語。

米語をモデルに学習するにしても、ネイティブの自然な発話を聴き取れるようになるには、発音教育が欠かせない。ところが、日本の中学や高校では発音記号をほとんど教えない傾向にある。「話せる英語」を重視する学習指導要領や教科書の英文の実態からすると、これは極めて不思議な状況だ。平成18年度からセンター試験においてリスニングが実施されたので、高校でも訓練しているが、問題はやみくもに英語の録音を聴かせるのみで、音声のダイナミックな変化など、発音上の注意点を原理的にも把握できるようには指導していないことだ。発音記号も教えないというか、自身が正しい音価を知らないなど、音声学的な知識と指導技術を持ち合わせていない教師が多いという実情がある。本気で「話せる英語」を目指すならば、大学も含め教師の音声教育[189]から始めなければならないだろう。

日本語訛りの英語で良いのか？

英米人の発音は音変化が激しく非母語話者には聴き取りにくいが、「日本人の英語」は良く分かってもらえる、という理由で、地域英語の一つとして推奨する議論もある。しかしながら、我々がテレビなどから得る情報は英米人の発音[190]であり、それを聴き取れることが重要である。そうした聴き取り能力を養うには、「個々の音声の音質と発音の仕組み」や「動的な変化の仕組み」を知った上で、英米人の発音を聴く訓練をしなければならないが、その際効果的なのはシャドーイングである。これは英米人の発音をなぞる行為であるから、モデルに近似した発音の訓練をすることにもなるのだ。

近年「諸英語」（Englishes）という概念が教育現場でも容認されつつある。これは語法や発音面で地域語の影響を受けた英語のことだ。外国語として使う英語が母語に影響されるのは自然なことだ。だからと言って、「地域英語を教

---

[189] 「英語が使える日本人の育成」を掲げ、「英語の授業は英語で行なう」のを原則とするなど、「コミュニケーション英語」への転換を図ってきた文科省が、教職課程で音声学を必修にしていないなど、発音教育を疎かにする無責任な行政を行なっている。

[190] 英語を聴き取るにしても話すにしても、発音がインタフェースになるが、日本語訛りの英語では通じない。英語が苦手な日本の自衛隊員とアメリカの軍人が共同訓練する時にも単語でのやりとりでどうにか意思疎通はできるようだが、その場合でもアメリカ英語の発音で単語を発音しなければ通じないのだ。

える」というのはどうだろう。授業で英米豪語を教えないと、それぞれの地域語の特徴が顕著な訛った英語になり、互いに通じ難くなる恐れがある。規範となる英語の発音や文法を教えても、訓練、習熟が不十分で母語の影響が残るのは仕方がない。だが、①発音に訛りがあるのを授業で許容することと②モデルとなる発音に近づける努力をはじめから放棄することは峻別すべきだ。それに日本人の学習者は母語の訛りのある英語を学習したいとは思っていない。米語であれ英語であれ、モデルとしてはネイティブ・スピーカーの発音の英語を学びたいのである。

💬 どこまでの英語力を目標とするか：目標の二極分化

　個人によって、「どういった英語力を習得したいか」はそれぞれ異なる。「旅行などの際に英語で意思疎通を図りたい」ということならば、中学と高校１年生までに習う主要な基本文法と語彙力に加えて、（空港やホテル、レストラン、ブティック、商店など）「代表的な場面で使う表現や語彙」を補足的に学習することで、どうにか対応できる。したがって、多くの中高生や大学生、そして主婦や社会人、さらに国際舞台で活躍するスポーツ選手や芸能人、俳優などにとっては、こうした（旅行でも使う）日常英会話能力が現実に使う可能性のある習得目標ということになるだろう。

　しかし、（別れた夫や妻によるケースも含め）誘拐など子供の失踪が年間２百万人、銀行強盗が７千件、殺人が４万人、銃が２億丁を優に超える米国では、危険な場面で使われる"Hit the floor!"「床に伏せろ」などの特殊な意味の俗語表現を知らなければ、時として命にも関わる。実際、ハロウィーンの格好で、友人宅と間違えて、他人の家の玄関に通じる前庭の道に入り、"Freeze!"（「動くな」）と叫ばれても、そのまま進んで射殺された、日本人留学生の悲惨な事件もあった。その意味で、日常英会話力を習得した旅行者や留学生には、『危機対応表現集』のようなものを読んで欲しい。もっとも、日常生活で使われる表現として、旅行先でも目にする「店の表示や看板、道路標識」などの英語についても、ある程度知っておいた方が良いだろう。中古車を探していた時に、自動車販売店に"NO MONEY DOWN!"という張り紙があったのを見て、筆者の妻は「どうして『値下げしない！』と告知するのかしら」と訝しく思ったが、これは「頭金不要」という意味だ。

第 10 章　どういう英語を教えるべきか？

　アメリカの大学への留学には国際英検 TOEFL で 550 点が必要だが、日本の中堅の大学の学生で、それだけの能力があるのは、100 名中 1 人か 2 人ほどにもならない。もちろん、550 点を越えていても、発音については、留学前に改めて懸命な学習と訓練が不可欠だ。それに研究のために文献を読むとか、英語で研究発表するといった学術的な目的だけでなく、海外とのメールを使った実務的な交渉のためにも、英文の読解や作成の高い能力が必要になる。また、ネットや衛星放送のニュースをリアルタイムで聴きたいという場合には、対話における聞き手に配慮した英語よりも、遥かに速い英語を聴き取る能力が要求される。これにはネイティブにかなり近い英語力が必要で、「日本英語で良い」というわけにはいかない。

　学習者は各人が「どこまでの英語力を目標とするか」を明確にすることが大事で、その目標を達成できるならば、ネイティブと同等の完璧な英語力である必要はない。「読み書き」や「聴き話す」という面で目標となる、いわゆる「実用レベルの英語力」は言語獲得期を過ぎてからでもどうにか習得できる。特に「読み書き」については、努力次第で論文や業務文書の読み書きもできるなど、実務において英語を使う能力は、かつての英語教育の実績において証明されるように、十分豊かな実力を獲得できていたのである。

　ただし、それだからと言って、言語獲得期が外国語習得上も「学習プロセスと効果」において破格に有利であることは否定できない。子供はこの時期においてのみ「涙なしの英語獲得」ができるのだ。「完璧に聴き取れる、自由に討議もできる」といった能力が目標であれば、言語獲得期内における英語学習は必須なのである。この時期を外すと、ほとんどの日本人が英語習得に涙ぐましい努力を払わなければならないことは、皆が経験してきたことだ。そこまでしても、習得が甚だ心もとないので、不満が残るのである。

「イギリス英語」なんか存在しない！

　イギリス英語、アメリカ英語、オーストラリア英語と言うが、発音面での均一性を中心に語彙、文法的特徴を考慮に入れて言語を捉えた場合、イギリス英語なんか存在しない。あるのはイギリスの地域方言と社会階級方言だけなのだ。一般に「イギリス英語」と認められてきたのは威信のある標準英語で、これはいわゆる「容認発音」（RP：Received Pronunciation）と呼ばれ、上流階級や

公共放送 BBC などで使われる。King's/Queen's English（国家元首が国王か女王かで名称が変わる）もその中に入る。元来英国南東部の中・上流階級の英語でパブリックスクール（名門私立校）の学生言葉[191]だった。標準英語の扱いになっているものの、日常的にこれを話す市民は 3〜5％にすぎない。

　80 年代以降はロンドンを中心に「容認発音にコクニー（Cockney）の要素が混合」した「河口域英語」[192]（Estuary English）の話者が増えている。英国内には社会階層[193]による方言の違いがみられるほか、地方による方言の違いも大きい。リバプールやスコットランドで住民同士が話しているのを聴いても、母音や語彙がかなり違うので、日本人がイギリス英語として容認発音を習得していても聞き取れないだろう。またアイルランドやウェールズでは、先住ケルト民族の末裔にゲール語を使う人が多いが、ゲール語の影響を受けた英語も使われている。このように、英国内では、民族や地域、さらに社会階級（職業、学歴）によって（特に発音差が顕著だが、文法や語法・語彙でも）異なる方言を話す。

　イギリスの英語がこうした「通じ難いほどに違う方言」に分かれているのには歴史的な経緯がある。イギリスには元々ケルト民族が住みついていて、紀元前 50 年頃から 4 世紀にはローマ軍が都市部を中心に進駐し、それ以降はユトランド半島南部からアングル族、サクソン族などが中部、南部に移住し、北部にはスコット族が移住した。その結果それぞれの部族の英語方言が移住地域で話されることになった。その後 11 世紀には北欧から南下してフランス北部を領有していたノルマンジー公ウィリアムに征服されて以降 300 年に渡りフランス語を公用語とするノルマン王朝に支配された。その間、本来のゲルマン語からロマンス語化し、混血語に変貌[194]したのだ。こうした歴史の中で、イギリ

191　独特な吃音を特徴とする「オクスフォード大学英語」もあり、社会的な威信を示すための特異な方言になっている。
192　ロンドンのテムズ川（346km）流域地区において、若い世代を中心に話者人口が増えている。
193　イギリスは近代戦争で負けたことがないことから、封建制の遺産が階級社会として残り、議会は庶民院（House of Commons）と貴族院（House of Lords）からなるが、貴族院は世襲制で約 700 名の貴族から構成される。2007 年には、選挙制導入が可決され、一部は選挙で選ばれる見通しだ。
194　3 音節以上の語彙のほとんどがフランス語からの借用語になるとともに、分詞構文など文法的にも影響を受けたものが少なくない。

スの英語は地域ごとに方言が割拠して行った。イギリスが海洋覇権を拡大し世界各地に植民地を作った時代には、移民の出身地の方言がその植民地の英語の特徴を構成している。イギリス本国と違い、アメリカ英語は、特殊な背景を持つアメリカの黒人英語を除けば、方言はあっても理解し難い方言は存在しない[195]。

植民地時代、アメリカの東部沿岸から南部に至る地域では、英国やスコットランド、アイルランドからの入植者の出身地域の英語が使われ、入植地ごとに方言差があった。だが、アパラチア山脈を越えて中部から北部、西部への開拓が始まると、移民の言葉は次第に一般アメリカ英語に変貌して行った。このため、東部の伝統地域には英国各地の方言の香りが幾分残っており、南部には農園を支配した上流階級の方言が浸透して行ったが、現在それ以外のほとんどの地域では「一般アメリカ英語」が話される。カナダの英語も国境沿いの地域は、日常的に市民の買い物や物流の相互搬入などアメリカとの交流が盛んで、一般アメリカ英語に準じるものになっている。オーストラリアやニュージーランドは、経済的に恵まれなかった社会階級に属するロンドン下層階級出身の囚人の流刑地になっていたため、囚人の多くが話したコクニーが今日まで受け継がれ、東西海岸全域で使われており、方言差はほとんどない。

「日本英語」なんてない！

「日本英語」、「韓国英語」などというのも幻想だ。生活圏で使われるわけではない外国語として英語を学習する地域では、英語という言語のコア（中核部）がその地域の母語に影響を受けることはない。基本的に音韻面だけが影響するのだ。「日本英語」というのも（子音に母音が付いて発音されるなど）日本語の音韻の特徴が英語に反映したものだ。

文法語彙面では、日本人は、discuss *about* のように、英語では要らない前

---

[195] 白人英語から逸脱した変種とされた「黒人英語」は、基本的には白人の南部英語の特徴を引き継ぐが、アフリカの諸言語が複合的に影響して、独特な文法システム（①「活用の簡素化」"He walk." ②「連結動詞 be の省略」"They real fine." ③「習慣的な意味を be 進行形で表わす」"Sometimes they be walking round here." ④「be 現在完了形」"I been known your name." ほか）となっており、一部発音に簡素化が見られる。

置詞を付けることがある程度で、ほかに共通の特徴は認められない。この表現は英語では間違いだが、多くの言語ではdiscussと同じ意味の動詞には「前置詞ないし後置詞を付ける」のが普通だ。そのことを考慮すると、英語のdiscussは特殊な動詞だと言えよう。その意味では、日本人が「discussに前置詞を付ける」間違いを犯すのは、（英語の特殊構造に優越して、）「一般性（普遍性）の高い表現構造」が選択された結果であるとも考えられる。もちろん、（普遍構造と同じ構造を取る）日本語の規則を踏襲して選ばれたと言っても良い。

末延岑生（2010）は、学生の英訳、"I born in Kobe."「私は神戸に生まれた」は100%、"I am not much money, so I can't go."「お金がないので行けません」は97.5%、"I could not high school life, so I want to enjoy college life."「高校生活は楽しめなかったので大学生活は楽しみたい」、"I decided stop to go to this college."「私はこの大学に来ないことに決めた」は92.5%、"Hearing don't like very much."「ヒアリングはあまり好きではない」でも70%がアメリカ人にも理解できることから、「短大」をshort collegeと英訳したものなどと同様に、「日本英語」として推奨する。だが、意味が通じれば良いというものではない。それにこれらは日本人が一様に犯す間違った英語ではなく、個人の学習レベルの低さと思考の不足に起因する単なる粗末な間違いに過ぎない。中堅以上の大学の学生なら、こうした基礎的な英語力の欠如に起因する間違いは犯さない。こうしたものを日本英語として紹介するのは、日本人の英語力が個人によって雲泥の差があることを無視している。そもそも外国語としての英語においては、個人ごとの学習レベルの違いの方が重要なのだ。「日本英語」と呼べる代物は、せいぜい発音面だけなのである。

第11章　翻訳と通訳はどう違うのか？

　翻訳と通訳は英語に関わる専門職として関心は高いが、それぞれ訳読におけるような何段階かの基礎作業がある。第一に原文に沿った忠実な訳を作成し、これをより自然な訳文に改める作業が必要になるが、どれだけ自然な翻訳になるかは訳者の個人的な感性に依る。芸術的なセンスがあれば、文芸作品などの翻訳が向いているだろう。文章が自然かどうかより、翻訳が正確かどうか、それが重要な科学分野の場合、ある程度その分野の専門知識があることが翻訳者に求められる。通訳の場合には、特に俊敏さと正確さが必要になる。訳文の自然さや芸術性はあまり求められない。また、日韓通訳や英仏通訳など、近似言語間の通訳は語順なども同じなので、聴こえた文の流れに沿って訳せば良い。このため、作業負荷はさほどでもないが、日英語間通訳は基本語順だけでなく修飾語句の位置も逆転するので、リアルタイムの処理は尋常では考えられないほどの注意力が必要となる。そうしたことも含めて、翻訳、通訳という作業について考えてみたい。なお、パソコン上でネット情報を瞬間的に翻訳できるだけでなく、スマートフォンに多言語間翻訳・通訳機能が搭載されていることにより、（道を訊いたり教えたりなど、）簡単な日常会話であれば通訳者を介さずに外国人と対話ができる[196]など、身近に使えるようになってきた自動翻訳についてもメリットとデメリットを考察したい。

💬 どこまで翻訳できるのか？

　翻訳というのは、基本的には源言語から目標言語に「意味」を移す作業だが、その意味も「論理的な意味」以外に「文化的なニュアンスを含む意味」があり、

---

[196] 2012年2月に、多言語間翻訳・通訳機能がスマートフォンに秋から搭載される予定がメディアで報じられた際に、TBSラジオの番組『荒川強啓デイ・キャッチ！』の中で、筆者は自動翻訳のメカニズム、日英・英日、英仏・仏英、日韓・韓日翻訳の精度と音声認識レベル、定型表現を組み込んだ「場面会話」通訳機能の実用性などについて、電話インタビューに答えた。

さらに場合によっては、（漢字、仮名などの）視覚的表現形式や（俳句などの七五調の）音調形式、（擬音擬態語による）音韻象徴など「媒体形式に随伴するイメージ」まで移せるのか、ということも問題になる。通常、翻訳にしても通訳にしても、論理的な意味は伝えられるが、よほど近似した言語でない限り、形式や音韻のイメージ（「音象徴」）まで移すことは困難である。しかし、特に、欧米人の翻訳論においてはほとんどそうなのだが、（日英語間にみられるような）言語差や基本語順の違いなどの要因については触れられることが少ない。
　ただし、翻訳や通訳について論じる場合、論点の誤解があってはいけないので、対象となる言語間の言語的な条件について共通の理解が必要だ。現代の欧州の言語は印欧語族の中の欧州の三大グループ（ゲルマン語派、ロマンス語派、スラブ語派）と先住ケルト民族の言語などに分類できるが、同じグループの言語は方言の違いを超えるものでないことが多い。そうした言語間では敢えて翻訳や通訳の必要がない。そこで、「方言差を越えて、意味も通じない、外国語関係にある」言語間についてのみ、翻訳や通訳という作業を論じる。
　（既述のように、）英語は300年間に及ぶノルマン王朝支配の結果、①文法の大枠や基礎語彙といった骨格は本来のゲルマン語的特徴をどうにか維持するものの、②複雑な活用を失い、大量のフランス語を借入したことで、ロマンス語的な特徴を強く帯びるようになり、「混血語」に変質している。このため、英仏語間では、語順、文法だけでなく、語彙さらに音韻といった、あらゆる面で「情報ロスが最小限の翻訳」が得られる。さらに宗教的伝統と文化や社会制度の多くを共有していることから、翻訳に関わる情報が、論理的な意味や文化的なニュアンスだけでなく形式・音韻イメージも含め、かなり忠実に訳文に反映できるのだ[197]。それでも欧米人の翻訳論には「翻訳」という作業の困難さを指摘する意見もみられるが、日英語間の翻訳と比べれば、翻訳情報の歪みや欠落の質と量は雲泥の差だ。はっきり言って、取るに足らない些細な差異にまで拘泥している。実に贅沢な話だ。
　日本語のように、英語とは構造、配列のあらゆるレベルで正反対で語彙、形態、音韻面でも共通性がない言語では、補足的な表現を付加することも含め、

197　英仏語間や日韓語間のような近似言語間翻訳においては、人間による翻訳だけでなく、（純粋に言語処理だけを行う）機械翻訳においても、「情報ロスが最小限の翻訳」が得られる。

論理的にほぼ同等の意味をどうにか伝えられるという程度が精一杯で、文化的ニュアンスや形態、音韻形式に伴うイメージなどはほぼ全て犠牲にせざるを得ない。それどころか、翻訳文においては、原文の語彙や文体には見られなかった「訳文言語側に起因する言語文化的ニュアンスやイメージ」を生み出してしまうことが避けられないのだ。

💬 異質な文化参照枠に沿った翻訳・通訳

翻訳・通訳というのは、ただ原文の意味を言語的なレベルで目標言語に訳出することではない。自然な意訳になっていなければならないのだ。「自然な意訳」というのは、日本語の表現として自然な（日本語らしい表現）だけでなく、日本人の文化・社会的な背景知識において、正しく文意が理解される日本語になっていることも重要だ。これには原文の英語を正しく理解できるだけの文化・社会的な背景知識が求められる。さらに、訳文の日本語を読む者が原文の英語の意味を日本の文化・社会的な背景知識に照らして理解できるように、「文化・社会的な背景知識の転換」を行なう形で和訳を提示する必要がある。翻訳・通訳は、原文を目標言語の文化的な環境において適切に機能（＝理解）できるようにする作業だ、と言っても良い。

💬 日英同時通訳は神業

通訳は時間の流れとの勝負だ。話者が一文ないし数文話すごとに訳すか、講演などでは一段落ほどのまとまった内容ごとに訳す**逐次通訳**では、メモを取りながら訳すこともできるので、それほど負担のかかるものではない。だが、話者が話し始めて二、三秒遅れで訳す**同時通訳**になると、とにかく（言語対によって）「基本語順の違い」、そして「言語差」が、決定的に作業の難易度を左右する要因になる。

英仏翻訳では（フランス語における「（目的語の）代名詞の動詞前への移動」[198]などを除けば）ほとんど語順が一緒だけでなく、（通常3音節以上の）

---

[198] ラテン語の子孫として姉妹関係にあるイタリア語、スペイン・ポルトガル語、南仏語においても「目的語の代名詞の動詞前への移動」が起こる。こうした言語間では「文法辞の操作と語彙ならびに活用接辞の置換」だけで翻訳がほぼ成立し、構造レベルの処理はあまり必要ない。

語彙（ギリシャ・ラテン語由来のフランス語とそれを借用した英語）は、綴り字も実質的に同じだ。発音は若干変容するがごく一部を除けばアルファベット通りに読むので、英語より遥かに変則性がない。このため、いわば「シャドーイング」[199]に近い感覚での①語彙レベルの瞬時的な置換（同じ語彙の英音から仏音への転換）と②（活用や文法辞の移動などの）文法的調整だけで通訳できる。句構造ごとに訳せば、その修飾対象が曖昧なままで、しっかり意味を理解していなくても、翻訳そのものは成立する。極めて浅いレベルの翻訳だ。技術的な内容のために、意味を明確に理解していなくても、修飾関係が分かっていなくても[200]、言語的なレベルでは通訳できる[201]のである。

修飾関係と翻訳

これに対し、日英語間の翻訳では修飾関係が分かっていないと翻訳できない。原文の意味が解らないと訳語選択もできない。技術翻訳や通訳では専門的な知識がなければ訳せないのである。また、語順については、（英仏語間のように）原文をシャドーイングのようにそのままなぞる通訳などあり得ない。英⇒日通訳では、主語の直後に続く述語を聴いた時点で、（目的語など）後続の文成分がどういうものか予測しながら、通訳を始める。そうしないと、原文に数秒遅れで［主語−修飾句−目的語−述語］といった配列の日本文に同時通訳することは困難だからだ。この予測はもちろん外れることもある。外れたことが分かった時点で、瞬時に構造を変更して、異なる構文構造に翻訳し直さないといけない。敏捷な機転と相当な経験が必要なのだ。

日英通訳は英日通訳よりさらに難しい。文の構造は構文情報を担う述語動詞／形容詞で決まる。英語は［主語−**述語**−目的語−修飾句］という配列なので、すぐに通訳が始められるが、日本語は［主語−修飾句−目的語−**述語**］といっ

199　発話の直後から発声を影のようになぞって発声する訓練法。
200　英仏語の配列は修飾語句も変わらないため、英文で曖昧な修飾関係を同じ配列で仏文に置き換えれば翻訳が成立する。訳文の曖昧性の解消は読み手が行えば良い。一方、日英語間では修飾関係が曖昧なままでは翻訳できない。例えば、I killed a man [with a stick]. は「僕は［杖を持った］男を殺した」か「僕は［杖で］男を殺した」と訳すが、これには with a stick の修飾先を決定しなければならない。
201　国際シンポジウムにおけるオーストラリアの翻訳会社の発表でその旨の報告があった。

た配列なので、述語が最後になる。日本語は文末にある述語を聴くまでは訳せない。だが、現実には見切り発車で予測した述語に訳すこともある。また、最後の述語が否定になる場合もある。それだけではない。日本文は修飾句や主語、目的語などが節により修飾されていることも多々ある（「僕が[[昨日新宿で**買った**]本]を**読み終えたら**、君に**貸してあげるよ**」）。そうなると、後ろに続く要素の予測はほとんど不可能になる。正確に訳そうとすれば、一文遅れで翻訳するしかない。だが、①一文全体を最初から最後まで聴いて、構文・意味解析し知識システムと照合して理解し、②（それを記憶に保持しつつ、）リアルタイムで訳文を生成する間に、③後に続く文をリアルタイムで聴き取って、構文・意味解析し、知識システムと照合して理解し、それを記憶する。聴き取り中に通訳を始め、同時に聴き取りを継続するのだ。こうした聴き取りと通訳を同時に遂行する二重処理作業を繰り返し、継続しなければならないことになる。これは超人的な負荷のかかる至難の業だ。

　通訳におけるこのような作業は、日英語のように成分配列が大きく違う場合には、極めて高度な技術と記憶力、集中力を要するので、（国連総会などの）大きな会議で通訳者の詰めるブース内では、10〜15分ごとに担当が交代するのが普通である。一緒に詰める通訳者がメモなどを見せて手助けをすることもある。とにかく、日英同時通訳は、通訳文の生成に際して、これから聴こえる文の内容を予測しながら行なう、ほとんどギャンブルに近い作業であり、実務能力のピークは30歳代のようだ。これに対し、同系統の言語である英欧語間ないし日韓語間の通訳は、それほど集中力を要せず記憶の負担も少ないので50代、60代になっても十分実務をこなすことが可能だ。

💬 地域英語の通訳

　英語の通訳と言っても、英米やオーストラリアのネイティブの英語とは限らない。筆者が学部生の頃、ドイツ人の技術者に付いて、日本の技術者を対象に技術指導の通訳をした。「プレジャー」という発音に一瞬戸惑ったが、状況から「プレシャー」（圧力）であることはすぐに解った。ドイツ語では「母音に挟まれた子音は有声化する」が、ドイツ語を履修していたのですぐ気付いたのだ。また、インド人の一行と通産省の役人の会議でも通訳したが、ヒンディ語の訛りが強く、何度も聞き直さなければならなかった。大学院生の時に非常勤

講師をしていたミッション校ではフランス人の神父が英語の授業で"This is a hotel."を堂々と「ジスイズ・アンノテル」と発音していた。フランス語では英語のthの音がないので、日本人と同じように「ジス」と発音したのはまだしも、hotelのh音をフランス語式に落としたら英語にならない。h音を落としたことで冠詞aがanに変わりotelに続くので「アンノテル」という発音になってしまう。まさか中学の英語の授業でこの発音を聴くとは思わなかった。
　もちろん英国内にも発音がかなり異なる方言が多く、現地の人同士が話しているのを聴いたのでは理解できないが、こうした人たちも地域外の人と話す時には、強い方言的特徴をある程度改める。欧州諸国では南欧の高齢者を除き、ほとんどの人が日常会話レベルの英語なら話せるが、普通は母語の音韻特徴に影響された発音になっている。ドイツ語、フランス語、スペイン語など、日本の大学で開講される主要な外国語なら学習しておくに越したことはない。英語力がしっかりしていて、構造分析力があれば、比較的短期間でどうにか習得できる。それ以外の英米の旧植民地だった地域の英語は、発音をはじめ、文法や語彙についても特徴があり、そうした英語を話す人たちの通訳の際には、その特徴を勉強して備えることが肝要だ。一番大きな違いは発音面だが、文法面の特徴や語彙・表現の違いも、せいぜい2、3頁の記述に収まる程度なので、憶えるのにさほど苦労はない。予めそうした特徴を知っておくことによって、聴き取りがかなり楽になるはずである。
　最後に、翻訳者になろうか通訳者になろうかと思案している方に、ヒントになりそうなことも触れておこう。翻訳はどちらかと言うと内向的な人向きだと言う。じっくり深く反芻して考えるような作業が必要になる翻訳には、才能はもちろん前提とはなるが、若さよりは熟成された経験が役に立つ。翻訳対象となるテキストに関係する歴史の背景を踏まえた、社会・文化的な知識や宗教の教えや組織に関する深い知識が翻訳の成否を左右する。これに対し、通訳は外交的な人が向いているとされる。才気煥発で集中力があり、瞬間的な判断の利くような人材でないと、（日英語のような、）構造配列が正反対な言語間の同時通訳という、神経を消耗する作業には耐えられないだろう。ただし、逐次通訳ということなら、きちんとメモ取りができて、段落に相当する発話単位ごとに、内容をすみやかにまとめることができれば、それほど神経を傾ける作業にはならない。対話の通訳ならば、微笑と社交性、ウィットが利点になるだろう。観

光案内ならば、通訳というよりは英語で説明するという作業になるが、もちろん観光地の地理、歴史、文化、さらにレストランや交通事情に関する知識の勉強が不可欠だ。どのような通訳であっても、対象となる言語に関係する民族の社会、文化、宗教、伝統と習俗など、広範な知識がなければならず、心してかからなければならない。

機械翻訳ではどういった言語処理ができるのか？

　機械翻訳の言語処理がどこまでできているのか、基本的な構文の処理方式について具体的に見てみよう。たとえば、「僕の女房は魚が嫌いみたいだ」は、"My wife seems to dislike a fish." とほぼ正しく翻訳するソフトだけでなく、"The/A fish dislikes my wife." のように、「魚が」を主語と解析する例もみられる。つまり、「女房」が「嫌い」の対象として解釈され、逆の関係で訳されているのだ。「好き・嫌い」など「感情」に関する述語は、対象を助詞「が」で表示できる、という文法的な決まりがあるわけで、それを組み込んでいたらちゃんと訳せる。そのような述語がなければ、「が」があるために「魚」を主語とする分析が優先する。しかし、「僕の女房は、あいつは嫌いみたいだ」などが曖昧なように、「女房」が「嫌い」の対象になることもあり得る。「魚」が「感情」を持たないという情報を含めれば、その可能性を排除することもできるが、それは辞書に記載する語彙情報が深すぎると思う。なお、解析ないし生成に完全に失敗したり、「みたい」を「見たい」（本動詞＋助動詞）に解析し wants [to watch it] と訳すソフトもある。

　主語がないケースにどう対応するかは、ソフトにより工夫が見られる。たとえば、「[最初に議論すべき]問題」における連体修飾節には主語がない。英訳にあたって、主語を復元しなければならないと言っても、必要な情報が節内にあるわけではないので、復元もできない。では、どう対応しているか。まず、A problem [to discuss first] のように「不定詞句」を使えば主語を表さなくて済む。また、The problem [which should be discussed first] のように「受身」にしても復元が回避できる。さらに The problem [that *you* should argue in the first place] のように「総称的代名詞」の you を入れても良い。ただ、残念ながら、*The problem [that *it* should discuss first] のように、文構造を維持するため、無意味な「it を入れる」設定にしているソフトもある。ほかに

*The problem [which should argue (at) first] のように、「主語を補わない」というか、The problem を関係節内の文の主語に立てる、論理的におかしい直訳も見られる。言語的にかなり木目細かく対応しているものとアドホックなものがあるのだ。

　既述のように、日英語間の翻訳にはさらにハードルがあり、構造的なまとまりの解析だけでなく修飾関係も判定しないと翻訳できないことが多いが、それには文脈情報が欠かせない。一方、英仏翻訳では曖昧なままでも翻訳が成立するため、95％ほどの精度になる。

　こうした修飾関係の曖昧性を本格的に解消するには、文脈情報に基づく知識処理が不可欠だが、機械翻訳ではそうした知識処理機能が備わっていない。現実にはキーワードを始めとする言語的な手掛かりや統計的な傾向に基づく設定、言語的な条件による決定も可能だ。工学的には修飾語に近い名詞を被修飾語に選ぶ「近接原則」を設定することがある。それで適切に処理できそうな「可愛い女性の靴」でも、「可愛い靴」の解釈の可能性は「可愛い女性」の解釈の可能性と変わらない。単純な近接原則は統計的に65％ほどの正解にしかならないのだ。一方、言語的な条件で修飾関係を決定することもできる。身体の一部は誰もが持つものであり、その（弁別的な）特徴を記述しなければ言語表現にならない。たとえば「瞳の女性」では意味がない。このため「きれいな瞳の女性」のような表現においては、直前の形容詞「きれいな」は「女性」ではなく「瞳」を修飾すると決定できる。「瞳」の代わりに「髪」「足」「うなじ」などが現れても同じ解釈になる。「身体の一部」という意味特性を持つ名詞の前の形容詞が、直後の名詞を修飾する設定にすれば、こうした関係は処理できるのだ。

第11章 翻訳と通訳はどう違うのか？

テキストの機械翻訳例

　翻訳ソフトを評価する場合、①翻訳品質が一番で、次に②（パターン翻訳などの）翻訳品質を高める機能、そして③編集環境となる付加機能についてみれば良い。そこで最も大事な翻訳品質をどう評価するかだが、(A) 構造処理能力と (B) テキスト翻訳能力に分けることができる。構造処理能力を調べる簡単な方法としては、高校の教科書や参考書の文法の例文を使うのが手っ取り早いが、英文テキストに含まれる構文などで解析・生成能力を見ることもできる。テキスト翻訳能力はユーザが普段使う分野の文書を翻訳させてみるのが良いだろう。専門分野辞書の組み込みなどによって、専門用語や語彙面での翻訳品質が大きく改善する。ただし、構文解析と生成は翻訳ソフトのコア能力なので、それを調べることで、どれだけ実用的に使えるかがほぼ見当が付く。

　下記の英文は、動名詞句、不定詞句、分詞句、並列句、埋め込み文などを含み、構造処理能力も検証できる。英仏翻訳、英日翻訳の品質を見て頂きたい。英仏翻訳は英語とフランス語が非常に近いことから翻訳精度は95％が普通だ。フランス語が分からなくても、逆翻訳により英語に戻すと原文との違いが判断できる。

英仏翻訳＋逆翻訳（「コリャ英和！一発翻訳2011 マルチリンガル」）

原文 The idea of using machines to provide translations between natural languages has been recognized since the 1930s, but an appropriate climate for development did not arise until the years following the Second World War. At that time, the rise of information theory, the success of advanced code-breaking techniques, and the invention of the electronic computer all indicated that machine translation (MT) could be a reality.

仏訳 L'idée d'utiliser des machines pour fournir des traductions entre langues naturelles a été reconnue depuis les 1930s, mais un climat approprié pour le développement n'est pas survenu jusqu'aux années suivant la deuxième Guerre de Monde. À ce temps, la montée de théorie de l'information, le succès de techniques du code-brisement avancées, et l'invention de l'ordinateur électronique que tout a indiqué que la traduction automatique (MT) pourrait être une réalité.

★ que は処理上のゴミか？不定代名詞 tout は tous に改め完了の助動詞 ont の後に置く。95％以上が正訳。

逆翻訳 The idea to use some machines to provide some translations between natural languages has been recognized since the 1930s, but a suitable climate for the development didn't occur until the years following the second War of World. To this time, the rise of theory of information, the success of techniques of the code-breaking progress, and the invention of the electronic computer that all indicated that the machine translation could be (MT) a reality.

★ 仏語では修飾語 avancées が名詞句の後に置かれ、その位置で英語 progress に換えられて、code-breaking に修飾されるように解される表現になっている。ほかは、仏訳での不要な que が英語 that に変換。

英日翻訳は、誤訳があるものの、大体意味が取れるレベルにはなっている。

和訳 自然言語間の翻訳を提供するために機械を使用する考えは、1930年代以来認識されました。しかし、開発用の適切な気候が第二次世界大戦に続く年まで発生しませんでした。その時に、情報理論の上昇、高度な暗号解読技術の成功および電子計算機の発明はすべて、機械翻訳（MT）が現実かもしれないことを示しました。（「The 翻訳 2009 プレミアム」）

和訳 機械を自然言語の間に翻訳を提供するために使う考えは1930年代から認識されました、しかし開発のための適切な傾向が第二次世界大戦の後に続く年まで生じませんでした。その時、理論、先進的なコー

第11章　翻訳と通訳はどう違うのか？

ドを破るテクニックの成功と電子のコンピュータの発明がすべてその機械翻訳（MT）を示したというインフォメーションの台頭は現実であり得ました。（「コリャ英和！一発翻訳2011マルチリンガル」）

　日韓翻訳は文法と漢語系の語彙がほぼ同じなので極めて精度が高い。朝鮮（韓国）語が分からなくても、逆翻訳により日本語に戻すと原文との違いが判断できる。

日韓翻訳＋逆翻訳「J・SeoulV8」

原文　経済界や世間が「日本の英語教育は失敗だ」と断罪し、「使える英語」を求める声に押され、文科省は文法を軽視し形ばかりの「会話に偏った英語教育」を行なってきたが、その結果、「ゆとり教育」による「授業時間と教育内容の大幅な削減」と相俟って、急激な学力低下を招いた。

日韓翻訳　경제계나 세상이 「일본의 영어교육은 실패다」라고 단죄하고, 「사용할 수 있는 영어」를 요구하는 목소리에 밀려, 문부 과학성은 문법을 경시해 형식뿐인 「회화에 치우친 영어교육」을 다녀 왔지만, 그 결과, 「융통성 교육」에 의한 「수업 시간과 교육 내용이 대폭적인 삭감」이라고 더불어, 급격한 학력저하를 초대했다.

逆翻訳　経済界や世の中が「日本の英語教育は失敗だ」と断罪して、「使用できる英語」を要求する声に押されて、文部科学省は文法を軽視して形式だけの「会話に偏った英語教育」を行なってきたが、その結果、「融通性教育」による「授業時間と教育内容が大幅な削減」と一緒に、急激な学力低下を招いた。

主要参考文献

アークル編(2013)「新課程直前・高校英語『授業は英語で』を考える―何のために、どのように行うのか―」『上智大学・ベネッセ応用言語学シンポジウム報告書』ARCLE
東照二(2000)『バイリンガリズム』講談社
荒川洋平(2009)『日本語という外国語』講談社
安藤貞雄(2005)『現代英文法講義』開拓社
安藤貞雄(2008)『英語の文型』開拓社
和泉伸一(2009)『「フォーカス・オン・フォーム」を取り入れた新しい英語教育』大修館書店
池上嘉彦(1991)『〈英文法〉を考える』筑摩書房
井上和子・山田洋・河野武・成田一(1985)『名詞』(「現代の英文法6」)研究社
磯田貴道(2008)『授業への反応を通して捉える 英語学習者の動機づけ』渓水社
今井邦彦(2007)『ファンダメンタル音声学』ひつじ書房
今井邦彦(2011)『あいまいなのは日本語か、英語か?』ひつじ書房
伊藤和晃・長岡美晴(2008)「英語多読における多読語数と英語運用能力向上効果との関係」『平成20年度.高専教育講演論文集』独立行政法人国立高等専門学校機構主催教育教員研究集会
英語音声学研究会編(2003)『大人の英語発音講座』日本放送出版協会
ウィリアム・オグレイディ、内田聖二監訳(2008)『子どもとことばの出会い―言語獲得入門―』研究社
江川泰一郎(1991)『英文法解説』(改訂三版)金子書房
江利川春雄(2008)『日本人は英語をどう学んできたか』研究社
江利川春雄(2009)『英語教育のポリティクス―競争から協同へ―』三友社出版
江利川春雄(2011)『受験英語と日本人』研究社
エレン・ビアリストク&ケンジ・ハクタ、重野純訳(2000)『外国語はなぜな

かなか身につかないのか』新曜社
大谷泰照(2007)『日本人にとって英語とは何か―異文化理解のあり方を問う―』大修館書店
大谷泰照編（2010）『EUの言語教育政策』くろしお出版
大谷泰照（2012）『時評 日本の異言語教育―歴史の教訓に学ぶ―』英宝社
大津栄一郎（1993）『英語の感覚』（上、下）岩波書店
大津由紀雄編（2004）『小学校での英語教育は必要か』慶応義塾大学出版会
大津由紀雄編（2005）『小学校での英語教育は必要ない！』慶応義塾大学出版会
大津由紀雄編（2006）『日本の英語教育に必要なこと』慶応義塾大学出版会
大津由紀雄編（2009）『危機に立つ日本の英語教育』慶応義塾大学出版会
大津由紀雄編著（2012）『学習英文法を見直したい』研究社
大西泰斗（2003）『英文法をこわす』日本放送出版協会
大野敏明（2002）『日本語と韓国語』文藝春秋
岡秀夫・金森強編著（2009）『小学校の英語教育の進め方 改訂版―「ことばの教育」として―』成美堂
岡田伸夫（2001）『英語教育と英文法の接点』美誠社
岡本真一郎（2013）『言語の社会心理学』中央公論新社
岡本隆司（2011）『中国「反日」の源流』講談社
小川洋子・岡ノ谷一夫（2011）『言葉の誕生を科学する』河出書房新社
苧阪直行編著（2008）『ワーキングメモリの脳内表現』京都大学出版会
苧阪満里子（2002）『脳のメモ帳 ワーキングメモリ』新曜社
織田稔（2002）『英語冠詞の世界―英語の「もの」の見方と示し方』研究社
ガイ・クック、斉藤兆史・北和丈訳（2012）『英語教育と「訳」の効用』研究社
影山太郎編（2001）『日英対照 動詞の意味と構文』大修館書店
門田修平、野呂忠司編著（2001）『英語リーディングの認知メカニズム』くろしお出版
門田修平編著（2003）『英語のメンタルレキシコン―語彙の獲得・処理・学習』松柏社
門田修平（2007）『シャドーイングと音読の科学』コスモピア

門田修平（2010）『SLA研究入門 第二言語の処理・習得研究のすすめ方』くろしお出版
門田修平（2012）『シャドーイング・音読と英語習得の科学』コスモピア
金森強編著（2003）『小学校の英語教育―指導者に求められる理論と実践』教育出版
金谷憲（2008）『英語教育熱』研究社
金谷武洋（2003）『日本語文法の謎を解く』筑摩書房
神尾昭雄・高見健一（1998）『談話と情報構造』研究社
川島隆太・安達忠夫（2004）『脳と音読』講談社
岸田隆之・早坂信・奥村直史『歴史から読み解く英語の謎』教育出版社
久野暲・高見健一（2004）『謎解きの英文法―冠詞と名詞』くろしお出版
久野暲・高見健一（2005）『謎解きの英文法―否定』くろしお出版
久野暲・高見健一（2007）『英語の構文とその意味―生成文法と機能的構文論』開拓社
グレン・サリバン（1993）『「日本人英語」のすすめ』講談社
小池清治（1994）『日本語はどんな言語か』筑摩書房
小池生夫・寺内正典・木下耕児・成田真澄編（2004）『第二言語習得研究の現在―これからの外国語教育への視点―』大修館書店
河野守男編（2007）『ことばと認知のしくみ』三省堂
小寺茂明・吉田晴世編著（2008）『スペシャリストによる英語教育の理論と応用』松柏社
小寺茂明・吉田晴世編著（2005）『英語教育の基礎知識』大修館書店
斉藤厚見（2000）『英語発音は日本語でできる』筑摩書房
酒井邦嘉（2002）『言語の脳科学』中央公論新社
澤井繁男（2001）『誰がこの国の英語をダメにしたか』NHK出版
佐野洋子・加藤正弘（2002）『脳が言葉を取り戻すとき―失語症のカルテから―』日本放送出版協会
佐久間治著（2005）『英文法のカラクリがわかる』研究社
白井恭弘（2004）『外国語学習に成功する人、しない人―第二言語習得論への招待―』岩波書店
白井恭弘（2008）『外国語学習の科学』岩波書店

白井恭弘（2012）『英語教師のための第二言語習得論入門』大修館書店
白畑知彦編著（2004）『英語習得の「常識」「非常識」』大修館書店
白畑知彦・若林茂則・村野井仁共著（2010）『第二言語習得研究—理論から研究法まで—』研究社
ジョン R. テイラー、辻幸夫訳（1996）『認知言語学のための14章』紀伊国屋書店
ジュディス R. ストローザー 木下耕児訳（2001）『言語獲得から言語習得へ—思春期をめぐる脳の言語機能』松柏社
ジョン・オーツ／アンドルー・グレイソン編、井狩幸男監訳（2010）『子どもの認知と言語はどう発達するか』松柏社
J. C. キャットフォード、竹林滋・設楽優子・内田洋子訳（2006）『実践音声学入門』大修館書店
菅原克也（2011）『英語と日本語の間』講談社
杉江弘充（2001）『知っていそうで知らない台湾—日本を嫌わない隣人たち—』平凡社
鈴木寿一・門田修平編著（2012）『英語音読指導ハンドブック』大修館書店
鈴木寛次・三木千絵（2011）『英語は将来こう変わる』大修館書店
鈴木光太郎（2008）『オオカミ少女はいなかった—心理学の神話をめぐる冒険—』新曜社
末延岑生（2010）『ニホン英語は世界で通じる』平凡社
スーザン H. フォースター＝コーエン、今井邦彦訳（2001）『子供は言語をどう獲得するのか』岩波書店
祖慶壽子（2003）『アジアの視点で英語を考える』朝日出版社
高梨芳郎（2009）『データで読む英語教育の常識』研究社
竹内理（2003）『より良い外国語学習法を求めて—外国語学習成功者の研究』松柏社
大学英語教育学会学習ストラテジー研究会編著（2006）『英語教師のための「学習ストラテジーハンドブック」』大修館書店
田中茂範・佐藤芳明・阿部一（2006）『英語感覚が身につく実践的指導—コアとチャンクの活用法』大修館書店
田中茂範・松本曜著、中右実編（1997）『空間と移動の表現』研究社

主要参考文献

田村智子(2011)『同時通訳が頭の中で一瞬でやっている英訳術リプロセシング』三修社

崔基鎬(チェケイホ)(2004)『日韓併合―韓民族を救った日帝の36年―』祥伝社

中公新書ラクレ編集部＋鈴木義里編(2002)『論争・英語が公用語になる日』中央公論新社

ジョージ・レイコフ、池上喜彦・河上誓作他訳(1993)『認知意味論―Women, Fire, and Dangerous Things―』紀伊国屋書店

津田倫男(2011)『英語ができれば、それでいいのか』廣済堂出版

角田太作(1991)『世界の言語と日本語』くろしお出版

寺村秀夫(1992)『寺村秀夫論文集Ⅱ』くろしお出版

寺村秀夫(1993)『寺村秀夫論文集Ⅰ』くろしお出版

鳥飼玖美子(2006)『危うし！小学校英語』文藝春秋

鳥飼玖美子『「英語公用語」は何が問題か』角川書店(2010)

中尾俊夫(1989)『英語の歴史』講談社

中村久美子(2013)『子どもを英語バカにしない学校―保幼小一貫バイリンガル校が教えていること―』ダイヤモンド社

成田一(1994)「連体修飾節の構造特性と言語処理」『日本語の名詞修飾表現』田窪行則編、67-126、くろしお出版

成田一編著(1994)『こうすれば使える機械翻訳』バベルプレス

成田一(1997)『パソコン翻訳の世界』講談社

成田一(2002)「翻訳ソフトあれこれ」『私のおすすめパソコンソフト』岩波アクティブ新書編集部編、143-156、岩波書店

成田一編著(2008)『英語リフレッシュ講座』大阪大学出版会

成田一(2012)「*though* 移動―その形式的基盤―」『21世紀英語研究の諸相―言語と文化からの視点―』神崎高明・井上亜依編、81-96、開拓社

西尾由里(2011)『児童の英語音声知覚メカニズム』ひつじ書房

西村和雄編(2001)『ゆとりを奪った「ゆとり教育」』日本経済新聞社

西村和雄編(2001)『学力低下が国を滅ぼす』日本経済新聞社

野村康幸(2005)『プラトンと考える ことばの獲得』くろしお出版

橋本功(2005)『英語史入門』慶応義塾大学出版会

バトラー後藤裕子（2005）『日本の小学校英語を考える―アジアの視点からの検証と提言』三省堂
樋口忠彦（代表）編集（2010）『小学校英語教育の展開―よりよい英語活動への提言―』研究社
樋口忠彦・金森強・國方太司編（2005）『これからの小学校英語教育―理論と実践―』研究社
平澤正夫（2003）『手づくり英語発音道場―対ネイティブ指数50をめざす』平凡社
ピーター・ラディフォギッド、竹林滋・牧野武彦共訳（1999）『音声学解説』大修館書店
深澤俊昭（2000）『英語の発音パーフェクト学習事典』アルク
福地肇（1995）『英語らしい表現と英文法―意味のゆがみをともなう統語構造』研究社
藤永保（2001）『ことばはどこで育つか』大修館書店
船川淳志（2011）『英語が社内公用語になっても怖くない』講談社
本庄巌（2000）『言葉をきく脳しゃべる脳』中山書店
正高信男・辻幸夫共著（2011）『ヒトはいかにしてことばを獲得したか』大修館書店
牧野高吉（1995）『第2言語習得への招待』鷹書房弓プレス
松井力也（1999）『「英文法」を疑う』講談社
松村昌紀（2009）『英語教育を知る58の鍵』大修館書店
マーク・ピーターセン（1988）『日本人の英語』岩波書店
森山進（2011）『英語社内公用語化の傾向と対策』研究社
三橋貴明（2011）『サムスン栄えて不幸になる韓国経済』青春出版社
毛利可信（1983）『橋渡しの英文法』大修館書店
村野井仁（2005）『第二言語習得研究から見た効果的な英語学習法・指導法』大修館書店
村上直久編著（2009）『EU情報事典』大修館書店
八木克正（2007）『世界に通用しない英語―あなたの教室英語，大丈夫？』開拓社
八木克正（2011）『英語の疑問 新解決法』三省堂

安井稔（1982）『英文法総覧』開拓社
柳瀬陽介（2006）『第二言語コミュニケーション力に関する理論的考察』渓水社
山鳥重、辻幸夫（2006）『心とことばの脳科学』大修館書店
山鳥重（2011）『言葉と脳と心』講談社
山田雄一郎（2003）『言語政策としての英語教育』渓水社
山田雄一郎（2005）『英語教育はなぜ間違うのか』筑摩書房
山田雄一郎（2005）『日本の英語教育』岩波書店
山田雄一郎（2006）『英語力とは何か』大修館書店
山崎紀美子（1997）『英文法の核心』筑摩書房
吉川尚宏（2010）『ガラパゴス化する日本』講談社
渡部昇一（1996）『英文法を知ってますか』文藝春秋
渡部昇一（2003）『英文法を撫でる』PHP研究所

Canale, M. & Swain, M. (1980). Theoretical Bases of Communicative Approaches to Second Language Teaching and Testing. *Applied Linguistics 1*, 1-47.

Cummins, J. (1980). Psychological assessment of immigrant children: Logic or institution? *Journal of Multilingual and Multicultural Development, 1(2)*, 97-111.

Cummins, J. (1981). Age on arrival and immigrant second language learning in Canada: A reassessment. *Applied Linguistics, 11(2)*, 132-149.

Cummins, J. & Swain, M. (1986), *Bilingualism in education: Aspects of theory, research and policy*. London: Longman.

Elder, C., & A. Davies (1998). Performance on ESL examinations: is there a language distance effect? *Language and Education Vol 11*, 1-17.

Ellis, R. (1994). *The Study of Second Language Acquisition*. Oxford: Oxford University Press.

Harrison, C. (1992). The reading process and learning to read. In C. Harrison and M. Coles (eds.), *The reading for Real Handbook*, 3-28. London: Routledge.

Jia, Aaronson & Wu (2002), Long-term language attainment of bilingual immigrants: Predictive variables and language group differences. *Applied Psycholinguistics, 23*, 599-621.

Johnson, J., & Newport, E. (1989). Critical period effects in second language learning : The influence of maturational state on the acquisition of English as a second language. *Cognitive Psychology, 21*, 60-99.

Johnson, J., & Newport, E. (1991). Critical period effects on universal properties of language: The status of subjacency in the acquisition of a second language. *Cognition, 39*, 215-258

Krashen, S. (1981). *Second Language Acquisition and Second Language Learning*. Oxford: Pergamon Press.

Krashen, S., & Terrell, T. (1983). *The Natural Approach*. New York: Pergamon Press.

Krashen, S. (1985), *The Input Hypothesis: Issues and Implications*, New York: Longman.

Krashen, S. (2003), *Explorations in Language Acquisition and Use*, Portsmouth: NH: Heinemann.

McNeill, David (1970), *The Acquisition of Language: The Study of Developmental Psycholinguistics*. New York: Harper & Row.

Patkowski, M. (1980), The sensitive period for the acquisition of syntax in a second language. *Language Learning*, 30, 449-472

Patkowski, M. (1990), Age and accent in a second language: a reply to James Emil Flege, *Applied Linguistics. 11*, 73-89.

White, L., & Genesee, F. (1996). How native is near-native? The issue of ultimate attainment in adult second language acquisition. *Second Language Research, 12*, 233-365.

著者略歴

成田一（なりた・はじめ）

　大阪大学名誉教授。英日対照構造・機械翻訳・言語教育専攻。上智大学外国語学部卒、国際基督教大学大学院修士課程修了。1975年大阪大学言語文化部に公募採用、助手、講師、助教授を経て1997年教授昇任。2004年大阪大学大学院言語文化研究科教授。2013年3月退職。1981-82年カリフォルニア大学（UCLA）客員研究員。1988-89年アラバマ大学（UAH）客員準教授。2012年大阪大学功績賞受賞。

　70年代から日英語の文法構造を研究し『名詞』（研究社）、『日本語の名詞修飾表現』（くろしお出版）ほかの書籍を後日著わすが、80年代中期には、その成果を機械翻訳に応用。「構造処理能力の評価法」を考案し翻訳システムの能力を検証。言語処理上の問題点と解決法を提案。日本電子工業振興協会の学術顧問、情報処理学会委員を歴任。『こうすれば使える機械翻訳』（バベルプレス）、『パソコン翻訳の世界』（講談社現代新書）ほか、雑誌（『CAT』（アルク）、『eとらんす』（バベルプレス）連載ほか）、放送、講演などで、機械翻訳の解説、啓蒙を図る。90年代後半からは、言語差と言語習得の相関などを踏まえた英語教育論を日経、読売、朝日新聞、専門誌『英語教育』、『新英語教育』などでも展開し、会話偏重の文科行政の誤謬や財界の「英語の社内公用語化」の動きを理論的に批判。平成14年から毎年言語文化研究科主催の公開講座「教員のための英語リフレッシュ講座」を企画運営し、学内に英語での国際交流の場「イングリッシュ・カフェ」と院生を鍛える「言語教育談話会」を設立運営。「英語教育総合学会」を主宰し、旬なテーマについてシンポジウムを開催。

日本人に相応しい英語教育

2013年 8 月20日　初版第 1 刷発行
2013年10月30日　初版第 2 刷発行

著　者　成田　一
発行者　森　信久
発行所　株式会社　松　柏　社
　　　　〒102-0072　東京都千代田区飯田橋1-6-1
　　　　TEL　03(3230)4813（代表）
　　　　FAX　03(3230)4857
　　　　http://www.shohakusha.com
　　　　e-mail: info@shohakusha.com

装幀　常松靖史［TUNE］
組版・印刷・製本　倉敷印刷株式会社
ISBN978-4-7754-0198-9
Copyright ©2013　Hajime Narita

定価はカバーに表示してあります。
本書を無断で複写・複製することを固く禁じます。

JPCA　本書は日本出版著作権協会（JPCA）が委託管理する著作物です。
複写（コピー）・複製、その他著作物の利用については、事前に JPCA（電話03-3812-9424, e-mail:info@e-jpca.com）の許諾を得て下さい。
日本出版著作権協会　無断でコピー・スキャン・デジタル化等の複製をすることは著作権法上
http://www.e-jpca.com/　の例外を除き、著作権法違反となります。